한국민속학의 새로운 지평

한국민속학의 새로운 지평

한국민속학의 새로운 지평

New Horizons of Korean Folkloristics

박 환 영

도서출판 역락

머리말

한국사회의 모습이 점차로 다변화되면서 외형적으로 보면 한국문화가 여전히 중요한 것 같지만 내면적으로는 한국의 독창적인 문화와 민속이 약화되었거나 기능을 제대로 발휘하지 못하는 경우도 많은 것 같다. 이러한 현상을 수동적으로 그리고 무감각하게 그냥 자연스러운 시대적인 흐름으로 인식하기보다는 좀 더 반성적인 입장에서 접근해 보면 우리의 문화와 민속에 대한 관심의 부족이요, 또한 그러한 분위기를 이끌어내지 못한 사회의 책임이기도 하다. 특히 앞으로 한국의 미래를 이끌어갈 청소년들이 우리 고유의 문화와 민속에 대해 무지해진다면 아마도 수많은 시간에 걸쳐서 다듬어지고 우리 사회 곳곳에 스며들어 있는 조상들의 찬란한 문화유산을 송두리 채 잃어버려서 문화의 고아가 되어버리는 것과도 같은 일이 될 것이다.

한국의 민속학은 이러한 시점에서 한국사회가 필요로 하는 전통문화에 대한 체계적인 이해를 통하여 문화의 정체성을 고취시켜 줄 수 있는 학문 영역의 중심에 있다고 해도 과언이 아닐 것이다. 그만큼 민속학이 가지고 있는 역할과 책임감은 21세기 문화의 시대에 오면서 더욱더 중요하게 인식되고 있다. 그동안 민속학적인 입장에서 엄청난 양의 연구가 진행되었고 지금 이 순간에도 새로운 시각에서 전통사회에서 뿐만 아니라 현대의 한국사회에도 어울리는 진지한 작업이 진행되고 있다. 따라서 인터넷이나 컴퓨터에 익숙한 신세대 젊은이들에게도 호소력을 가질 수 있는 민속학의 새로운 변화와 시도를 기대할 수도 있을 것 같다.

　필자는 이러한 민속학계의 최근 노력에 자극을 받아서 턱없이 부족함에도 불구하고 대내외적으로 많은 사회 및 문화적인 변화를 겪고 있는 현재의 시점에서 한국민속학이 가질 수 있는 하나의 방향을 제시해 봄으로써 향후에 진행될 수 있는 좀 더 폭 넓고 깊이 있는 논의에 조그만 보탬이라도 되었으면 하는 바램으로 그동안의 흩어져있던 관련된 원고와 생각들을 하나의 책으로 묶게 되었다. 지구촌의 다양한 문화가 물밀 듯이 밀려들어오고 있으며 문화적인 가치가 국가의 경쟁력을 가질 수도 있는 문화중심적인 세계무대에서 한국의 어제와 오늘 그리고 미래를 아우를 수 있는 한국민속학의 세계적인 역할과 기여를 기대해 본다. 열정이 앞선 필자를 항상 이해해 주시고 이 책이 나올 수 있도록 용기와 힘을 실어주셨던 역락의 이대현 사장님과 엉성한 원고를 꼼꼼하게 읽고 훌륭한 문장으로 만들어 주신 이소희 선생님께 감사의 인사를 드린다.

2007년 12월 3일
흑석동 서재에서 박 환 영

차 례

제 1 장

한국민속학의 새로운 방향 모색

　문화의 시대로 일컬어지는 21세기가 시작되면서 한국민속학은 한민족의 일상적인 생활문화를 생동감 있게 이어가기 위하여 다양한 분야에서 활발하게 연구가 진행되고 있는 아마도 가장 생동감 있는 학문 분야의 하나로 자리매김 하고 있다고 해도 과언이 아닐 것이다. 외면적으로는 현대화되고 도시화되었지만 대다수 한국인들의 의식 속에는 여전히 면면히 전승되고 있는 전통문화의 요소가 남아 있다.[1] 외래의 문화가 여과도 없이 들어오면서 최근에는 특히 청소년들과 젊은이들이 한국의 전통문화에 대하여 많은 혼란을 겪고 있기도 하지만 그럼에도 불구하고 또 다른 측면에서 보면 외래의 문화를 전통문화와 잘 조화시키는 지혜가 두드러지기도 하다. 가령 예를 들어서 햄버거라는 외래의 음식문화가 토종의 김치와 된장을 밀어내고 젊은 층을 상대로 파고들었지만 역시 고유의 요소를 완전히 배제하지 못해서 '김치 버거'를 등장시켰던 것도 사실이다. 또한 소고

---

1) 박환영, 『도시민속학』, 역락, 2006a.

최근 일본에서 한류의 분위기가 고조되면서 한국음식에 대한 관심도 높아지고 있다. 일본의 한 음식점에서 개발한 한국식 냉면.

기에 갖은 양념을 가미한 한국식 '불고기 버거'도 한국의 음식문화가 반영된 외래의 음식문화의 또 다른 변종인 셈이다.

오늘을 살고 있는 하루가 다르게 변화하는 세상에 그리고 남을 의식할 시간도 여유도 없이 바쁘게 살아가는 도시인들에게 과연 과거로부터 전승되어 오는 우리 고유의 전통과 민속이 무슨 의미가 있을까?

아마도 그냥 과거를 생각할 겨를도 없이 오늘을 사는 것조차도 힘들게 느껴질 수도 있을 것이다. 그러나 결국 모든 인간은 이 땅에서 살고 있는 한 우리가 어디서 왔으며, 우리가 누구이며, 그리고 우리가 어디로 갈 것인가에 대하여 한번쯤은 생각할 것이다. 이러한 질문에 답하기 위해서 종교에 귀의해 보기도 하고, 책 속에서 해답을 찾으려고 노력하기도 하며, 또한 직접 수행을 하거나 자연과 동화(同化)하려고 노력하든지, 다양한 사회봉사 활동에 직접 참여해서 몸으로 느끼려고도 할 수 있다. 이러한 노력의 한 방법으로 단순하고도 순수한 우리의 살아가는 일상생활에 관심을 둘 수도 있다. 즉 몸이 아픈 사람은 몸이 건강해지면 이전의 일상적인 생활이 얼마나 행복한지를 느낄 수 있듯이, 우리가 너무나도 삭막한 환경 속에서 바쁘게 살아가면서 잊고 있었던 우리의 일상적인 생활과 삶의 가치를 발견한다면 그것도 또한 기쁨이요, 보람이 될 것이다.

다시 말해서 21세기 문화의 시대에 민속학은 이러한 물음에 좋은 해답을 줄 수 있는 무한한 가치를 지니고 있다. 일상적인 생활문화 속에서 풀

어낸 이러한 해답을 통하여 민속학은 우리가 실제로 생활하고 있는 시간
과 공간에서 과거와 오늘을 연계해 주고 나와 남을 연계해 주어서 오늘은
과거의 연장이며, 개인은 혼자가 아니라 공동체의 일원임을 인식시켜 준
다. 그리고 과거와 오늘을 통하여 미래를 볼 수 있는 지혜를 보여주고 또
한 나를 남과 연결해서 '우리'라는 공동의 운명체요 구성원이라는 연대감
과 책임감을 심어준다.

한국에서 태어나고 한국에서 자랐기 때문에 한국의 문화와 민속을 잘
알고 있는 것은 당연한 일이다. 그러나 우리가 알고 있는 한국인들의 생활
문화는 일상적인 생활 속에 녹아있기 때문에 오히려 그것이 가지고 있는
본래의 의미나 상징 그리고 가치를 잘 인식하지 못하는 경우도 많다. 더욱
이 서구문물의 유입과 자본주의 사회로 인한 인간성의 상실 그리고 개인
주의가 팽배한 도시문화에 익숙하게 되었다. 이러한 시간과 공간의 급속
한 변화와 사회공동체에 대한 인식의 차이 그리고 삶에 대한 가치관의 차
이가 생기면서 이전에 가졌던 우수한 우리의 전통문화는 조금씩 본연의
역할과 기능을 하지 못한 채 뒷전
에 방치되어 있는 듯하다. 따라서
오랜 시간 동안 축적되어 온 조상
들의 지혜와 생활철학이 고스란히
담겨있는 우리의 생활문화가 점차
로 약화되고 있는 것은 참으로 안
타까운 일이다.

다행스러운 것은 세계의 다양한
문화의 홍수 속에서 오히려 한국
적인 것이 필요하게 되었다는 사
실이다. 단지 우리의 일상적인 삶

↑ 경기도 가평의 가평포도축제

의 측면이 아니라 스포츠, 관광, 축제, 자연환경, 세계의 다양한 유형문화
재 및 무형문화재, 교육, 경제 등 많은 분야에서 자국의 전통문화는 엄청
난 고부가(高附加) 가치를 창출할 수 있는 새로운 문화자원이 되고 있다. 이
렇게 문화에 대한 관심이 고조되고 있는 시점에서 한국민속학은 21세기에
중요한 한 학문분야로서 새롭게 부상하고 있는 것 같다.

문화의 시대인 21세기에 새롭게 부상하고 있는 한국민속학은 급속하게
진행되고 있는 도시화와 산업화라는 정치 및 경제적인 변화와 이것의 결과
로 발생하는 다양한 사회문화적인 변화와 맞물려서 새로운 방향을 모색하
지 않을 수 없게 되었다. 이러한 분위기 속에서 새로운 방향의 가능성을
몇 가지 제안할 수 있는데 필자는 이 책에서 이러한 가능성과 관련해서 새
로운 민속학의 연구영역이 될 수 있는 분야에 대하여 고찰해 보고자 한다.

한국민속학의 연구영역은 시대와 공간의 변화에 대응하여 좀 더 확대되
어져야만 한다. 또한 기존의 전통적인 민속학의 연구영역도 새로운 시각
에서 접근하려는 끊임없는 노력을 경주해야만 한다. 즉 온고지신(溫故知新)

⬇ 은산별신제

을 제대로 실천하기 위해서는 이렇게 옛 것을 현대와 도시공간에 맞게 해석하고 새로운 시대와 공간에 적응하기 위한 부단한 고통을 감수해야만 하는 것이다. 아마도 한국민속학의 새로운 방향은 이전의 전통적인 연구영역의 중요성을 인식하면서 이러한 연구영역이 현재와 미래에 어떻게 적용될 것인가에 대한 모색이며, 또한 기존의 연구영역에서는 잘 다루어지지 않았던 새로운 연구영역의 시작을 의미하기도 한다. 다시 말해서 한국민속학에서 다루어지던 전통적인 기존의 연구영역도 빠르게 변화하고 있는 시대와 공간에 맞추어서 분석하게 되면 현대적인 감각에 맞는 새로운 연구영역으로 거듭 태어날 수 있으며, 비록 전통

⬆ 한국의 여인상을 반영해 주는 춘향

⬆ 남원의 춘향제

적인 한국민속학의 연구영역에서는 잘 다루어지지는 않았지만 과거와 현재를 연계시키고 미래의 방향까지도 함께 모색한다면 전통의 현대적 계승으로 중요한 연구영역이 될 수 있는 것이다.

오늘날 물질문명의 급속한 발달과 도시공간의 확대로 인하여 자연과 어울려져서 친구들과 뛰어놀던 아이들이 컴퓨터 게임이나 다양한 오락의 유혹으로부터 벗어나기가 힘들어졌다. 사방이 삭막한 건물로 둘러싸여져 있는 현대의 도시공간에서 우리 조상들이 즐겼던 풍류나 여유 그리고 친자

⬆ 도시공간 속의 축제

연적인 생활을 기대하기는 정말로 어려워졌다. 이렇게 외부의 공간과 환경은 바뀌었지만 그렇다고 우리 마음속에 남아 있는 전통적인 정서와 문화마저도 바뀔 수는 없는 것이다. 그럼에도 불구하고 너무나도 과도한 외래문화의 영향으로 우리의 일상적인 삶은 점차로 메말라 질 수밖에 없는 것 같다. 이러한 현대 도시의 공간에서 우리가 살아와왔던 그리고 살고 있는 또한 앞으로 살아갈 생활에 대한 시간을 가져볼 수 있다면 또한 전통적인 문화와 잠시라도 소통할 수 있다면 마치 더 넓은 사막의 오아시스와 같이 우리의 메마른 정서를 촉촉하게 적셔줄 수 있을 것 같다. 민속학은 과거의 일상적인 생활문화를 현재의 입장에서 다시 재조명해 봄으로써 다시 미래의 민속문화의 방향을 가늠할 수 있는 민중의 생활문화를 직설적으로 보여주는 학문분야이다. 따라서 현대의 도시공간 속에서 과거의 전통적인 민속문화를 과연 어떻게 전달할 수 있을까 하는 문제가 제기될 수 있다.

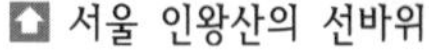
🔼 서울 인왕산의 선바위

🔼 청도 소싸움 축제에서 소달구지 체험

　　민중들의 생활문화는 시대가 바뀌고 공간이 변화하면서 그러한 변화에
맞게 변용될 수는 있지만 그 속에 담겨져 있는 내용은 그대로인 경우가
많다. 가령 예를 들어서 "빈대 잡으려다가 초가삼간 다 태운다"라는 속담
이 있다. 이 속담은 작고 못마땅한 것을 참지 못하고 없애려 하다가 도리
어 더 큰 손실을 입는 경우를 빗대어 표현한 속담이다. 그런데 물질문명이
발달하면서 생활환경에 많은 변화를 가져왔으며, 도시화가 빠르게 신행되
면서 농촌의 생활여건도 이전에 비하여 크게 향상된 것노 사실이나. 이러
한 입장에서 보면 빈대를 찾기가 쉽지도 않으며 설사 빈대가 있다고 해도
불로 태우기 보다는 살충제로 간단히 해결할 수 있는 문제이다. 이러한 분
위기를 반영해 주듯이 오늘날에는 농가의 생활을 반영해 주는 다음과 같
은 속담이 생겨났다. 즉 "벼멸구 잡으려다가 초가삼간 태운다"라는 속담
이 그것이다. 벼멸구를 없애기 위하여 농약을 많이 사용하다 보면 농약을
뿌리는 농부들도 농약에 중독될 수 있으며, 농사철이 되면 농가에서 쉽게

농약을 구할 수 있기 때문에 부작용이 많은 것이다. 다시 말해서 벼멸구라는 곤충을 없애기 위하여 만들어진 농약이 나중에는 인간에게 더 큰 피해를 주게 되니까 어찌보면 빈대를 태우려다가 초가삼간을 태우는 것과 같은 처지가 된 것이다. 따라서 같은 의미를 전달하기 위하여 이전에 흔히 볼 수 있었던 빈대가 오늘날에는 벼멸구로 바뀌게 된 것이다. 이렇게 보면 속담이 전달하고자 하는 내용은 시대와 공간이 변해도 그대로 전승되지만 시대와 공간이 변화하면서 그 시기에 맞는 소재가 등장하는 셈이다.

필자는 이 책에서 12개의 관심분야를 다루고자 한다. 어떤 논의는 다소 새로운 영역일 수도 있고 또 어떤 측면은 이미 다루어진 접근방법인데 보는 시각이 조금 다를 수도 있다. 다시 말해서 여기에서 다루어지는 필자의 관심영역은 축제, 세시풍속, 관례, 혼례, 속담과 수수께끼와 같은 민속언어 등 이제까지 민속학에서 주로 다루어진 영역도 포함되어 있기도 하지만 통일민속학, 환경민속, 민속조사, 해외동포들의 민속, 영국민속학 등과 같은 다소 익숙하지 않는 연구영역도 포함되어 있다. 좀 더 구체적으로 이러한 12개의 연구영역을 기술해 보면 다음과 같다.

첫 번째 관심 분야로 '통일민속학'이라는 용어를 사용하여 한국의 민속학을 북한의 민속학과 연계시키는 가능성을 제시하였다. 오늘날 한국민속학에서 다루어지는 고려시대와 조선시대의 역사문헌 자료를 통하여 대략적이지만 전통적인 한국 사회의 민속을 가늠해 볼 수 있으며 1920년대의 대표적인 민속학자인 이능화와 최남선를 비롯해서 1930년대를 대표하는 손진태와 송석하의 업적도 모두 남북한을 공동으로 하는 하나의 민속학인 셈이다. 이러한 사실에 근거해 보면 오늘날 다루어지고 있는 특히 현장조사에 기초를 둔 민속학적 연구는 북한 지역에서의 민속조사가 불가능하기 때문에 당분간은 대부분이 한반도 남쪽에만 국한될 수밖에 없는 실정이다. 따라서 남북한이 지난날의 분단을 극복하고 하나의 문화공동체로 거듭 태어나기 위해서라도 '통일민속학'이라는 용어는 한국민속학에서 중요하게 다루어질 영역이다.

두 번째 영역은 도시공간 속에서 보여지는 축제 전통축제 중에서 가장 대표적인 축제인 강릉단오제의 발전방안에 대하여 고찰하고 있다. 도시라는 삭막한 공간 속에서도 전통은 남아 있는데 그것을 확연하게 보여주는 것이 바로 이러한 축제를 통해서다. 한국을 대표하는 축제에서 아시아와 세계를 대표하는 축제로 발전하고 있는 강릉단오제가 대대로 전승될 수 있는 방안은 무엇이며 또한 체계적인 전승의 방법과 많은 도시공간에서 많은 민중들에게 공감을 형성할 수 있는 가능성을 점검해 보고 있다.

세 번째 관심대상은 또 다른 축제인 기지시줄다리기를 고찰하면서 특히 축제 속에 남아서 전승되고 있는 구비전승을 살펴보고 있다. 축제는 다양한 문화와 놀이 그리고 다양한 예술적인 요소를 포함하고 있는 종합예술인데 축제가 좀 더 생동감 있게 민중들에게 와 닿을 수 있는 것은 그 속에서 면면히 전승되고 있는 구비전승이 있기 때문이다. 시대와 공간을 초월해서 입에서 입으로 전승되는 축제와 관련된 이야기를 통하여 좀 더 자세하고 체계적으로 축제를 이해할 수 있는 것이다.

네 번째로는 관례와 혼례의 상징을 살펴보고 그것과 아울러서 도시공간 속에서 가족의 의미를 고찰하고 있다. 인간이 태어나서 성인이 되면서 변하게 되는 여러 가지 과정 속에 남겨져 있는 민속상징과 혼례를 통하여 두 사람이 가족을 이루게 되는 의례 속에 보여지는 민속적인 상징을 살펴보고 있다. 그리고 이것을 토대로 가족이 구성되는데 전통적인 사회에서 현대의 도시사회로 넘어오면서 가족이 가지는 민속적인 의미를 심층적으로 다루고 있다.

다섯 번째는 시간의 민속인 세시풍속을 어떻게 받아들이는가 하는 문제를 다루고 있다. 봄, 여름, 가을, 겨울이라는 판에 박힌 시간의 구분과 계절의 변화의 이면에는 민중들의 일상적인 생활 속에 녹아있는 다양한 세시풍속이 들어있다. 시간의 구분을 보다 효율적이고 의미 있게 하기 위하여 이러한 세시풍속 속에는 생업적인 요소뿐만 아니라 속신, 민간의료, 민속놀이 등 다양한 민속문화가 녹아 있는 경우가 많다.

여섯 번째와 일곱 번째는 속담과 수수께끼와 관련해서 하나는 가족과 친족의 문제를 또 다른 하나는 환경문제를 다루고 있다. 기존의 입장에서 속담과 수수께끼의 분석은 형식적인 구조의 분석과 그 속에 담겨져 있는 내용에 대한 분석이 많은 부분을 차지하고 있다. 특히 속담과 수수께끼의 내용에 대한 분석은 여성속담, 동물속담, 상말속담, 농어속담 등과 같이 큰 주제 혹은 핵심어를 하나 설정하여 이러한 내용을 가진 속담을 풀이해 주고 있다. 그런데 이러한 내용 중에서 사회민속을 이해하는데 가장 핵심적인 내용인 가족과 친족에 대한 관심이 필요한 것 같다. 또한 오늘날 인류의 사회문제로 국내와 국외에서 많이 제기되고 있는 환경의 문제를 우리 조상들이 가진 생활의 지혜가 담겨있는 속담과 수수께끼를 통하여 살펴보고 있다.

여덟 번째는 민속학이 다른 학문 분야와 구별될 수 있는 여러 가지 특징 중에서 현지조사의 문제를 본격적으로 다루고 있다. 특히 민속학에서의 현지조사인 민속조사에서 필요로 하는 인터뷰에 대하여 다양한 각도에서 심도 있게 분석함으로써 민속학의 체계적인 접근을 시도하고 있다. 현지조사라는 조사방법에 기초를 두고 있는 민속학은 문헌조사에 기초를 둔 다른 학문영역에 비하여 살아있는 현장의 민속문화를 전달해준다는 장점을 가지고 있다.

아홉 번째와 열 번째는 한국민속학의 범위를 국내에 국한하기보다는 해외에 있는 해외동포들의 민속까지도 포함시키려는 시도를 보이고 있다. 더욱이 중국에 흩어져 있는 조선족 사회를 고찰하고 있다. 특히 경기도 사람들이 모여 사는 경기도마을을 현지조사하여 얻어진 내용을 중심으로 한 편으로는 사회공동체 민속의 측면에서 또 다른 한편으로는 언어민속이라는 측면에서 고찰하고 있다.

열한 번째는 한국 민속학의 무대를 역사적으로 또한 지리적으로 좀 더 확대할 수 있는 가능성을 모색하는 기회를 제공한다. 히말라야에 은둔해 있는 불교황국인 부탄의 민속문화 속에는 우리의 민속문화와 비교민속학적으로 연구해볼 만한 소재가 많은 편이다. 특히 부탄의 불교축제와 가면춤 속에 보이는 민속상징을 통하여 그러한 가능성을 한번 제시해 보고자 한다.

열두 번째는 오래된 민속학의 전통을 가지고 있으면서 최근에는 민속학의 새로운 방향을 모색하고 있는 영국민속학의 연구동향을 살펴보고 있다. 비록 1980년부터 1990년까지의 연구결과를 중심으로 다루고는 있지만 다양한 민속학의 연구영역을 분석하고 있기 때문에 향후 한국민속학의 방향을 모색하는데 유용한 참고자료가 될 수 있다.

이상에서 살펴본 바와 같이 이 책에서 앞으로 본격적으로 다루어질 12개의 연구영역을 보면 어떤 연구주제는 보다 체계적인 입장에서 논의를 진행할 수 있는 반면에 또 다른 어떤 연구 영역은 단지 관심 분야를 소개하는 범위에서 산락하게 소개하고 있을 정도이다. 이러한 일련의 연구 경향은 한국민속학에서 현재 진행 중인 다양한 접근방법을 좀 더 체계적으로 다듬을 수 있는 하나의 보이지 않는 밑거름을 제공해 줄 수 있을 것 같다.

제 2 장

통일민속학

1. 한민족 문화공동체를 위한 민속학

불과 7년 전에 새로운 한 세기가 시작되면서 북한에 대한 국내의 관심은 더욱 더 높아지고 있지만 여전히 한쪽 방향으로만 치우쳐져 있는 것 같다. 다시 말해서 북한을 이해하려는 시도는 많지만 대부분이 북한의 정치, 경제, 외교 등에 일관되고 있는 느낌이다. 최근에 들어서 예술, 문학, 관광 등 다소 문화적인 차원에서 북한사회를 이해하려는 목소리가 높아지고 있는 것은 고무적인 현상이다. 그러나 한민족의 총체적인 문화와 삶을 이해하기 위해서는 무엇보다도 민속학적인 측면에서 북한을 이해하는 것이 시급한 과제로 남아있다.

민속은 일상적인 생활 속에서 축적된 자연적인 민중들의 삶의 방식이며 생활철학이므로 정치적인 이데올로기를 초월해서 한민족 문화공동체를 형성하는데 가상 기초가 되는 것이다. 그러므로 이러한 문화적인 동질감을 외면한 채 성급하게 진행되고 있는 정치, 경제, 외교 등에 치중한 통일정책은 장기적인 안목에서는 바람직하지 못한 것이다. 반세기동안 서로 다른 정치 및 경제적인 틀 속에서 문화적인 동질성도 조금은 약화된 것이 사실이다. 그러나 아직까지도 많은 부분에서 남과 북은 여전히 한민족 문화공동체를 형성하는데 큰 어려움은 없는 듯하다. 문제는 이러한 정체성을 회복하기 위해서 얼마나 우리 스스로가 노력하고 있는가 하는 것이다.

민족의 통일을 위한 여러 가지 노력과 과정 중에서 정치, 경제, 외교 등의 분야와 달리 문화공동체를 되찾기 위한 노력은 외세의 도움도 간섭도 필요 없는 순수한 우리들의 몫이다. 즉 자주통일과 평화통일을 위해서 가장 중점을 두어야 할 분야인 것이다. 필자는 한민족에게 이익이 되는 민족통일은 반드시 문화공동체를 전제로 한 통일이며 이러한 필요성과 당위성을 몇 가지로 나누어서 논의하고자 한다.

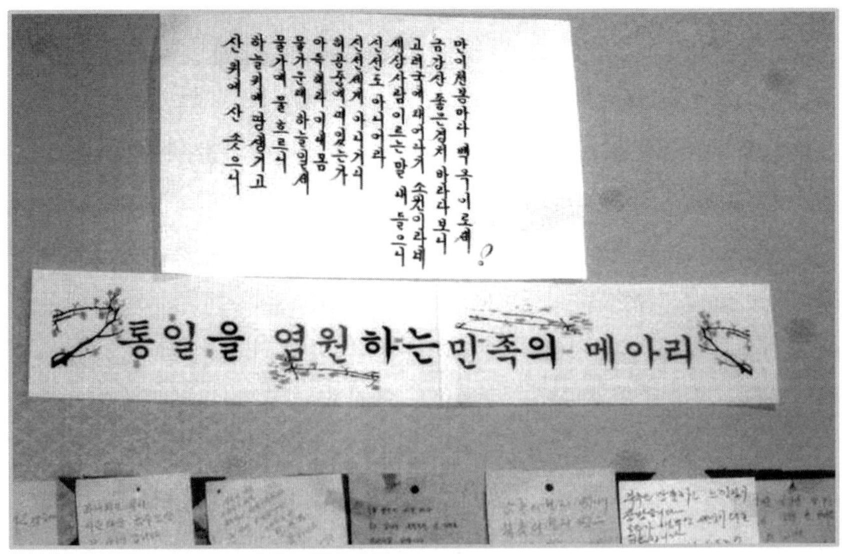

🔼 금강산의 한 음식점에 붙어있는 통일을 염원하는 민족의 메아리

2. 통일민속학의 필요성

구 소련(USSR)의 개방화 정책이 시작되었던 1980년 말부터 국내 학계에서도 한 때는 쉽게 접근할 수 없었던 아시아의 사회주의 국가에 대하여 많은 관심을 보이기 시작하였다. 중국, 몽골, 베트남 등 이전에는 사회주의 국가라는 보이지 않는 거리감을 느꼈던 곳이었다. 이러한 사회주의 국가에 대한 화해와 개방의 분이기는 우리의 반쪽인 북한에까지 미치게 되었고 여러 학문분야에서 북한에 대한 관심을 불러일으키기에 충분하였다. 한편 국내 민속학계에서도 북한에 관심을 가지면서 '통일민속론'이라는 용어가 나오기도 하였다(주강현, 1999a).

필자는 좀 더 적극적이고 포괄적인 '통일민속학'이라는 용어를 사용해서 한민족 문화공동체를 지향하는 민속학의 필요성을 제기하고자 한다. 무엇보다도 통일의 문제를 다룰 때 문화공동체가 필요한 이유는 두 말할 필요가 없겠지만 그러한 중요성에도 불구하고 많은 사람들은 아직까지도 남북한이 가져야 할 문화적인 동질성을 잘 인식을 하지 못한 채 여전히 통일을 위해서는 정치, 외교 및 경제적인 측면만이 중요한 것인 양 주장하기도 한다.

이러한 입장과는 대조적으로 김연갑(2002)은 남북한의 문화적인 동질성을 나타내기 위해서 민속의 한 요소인 아리랑이 얼마나 중요한지를 여실히 보여주고 있다. 예를 들어서 1964년 동경올림픽에 남북한 단일팀을 논의할 때 깃발, 호칭 등에 대한 논의는 서로 다른 정치적인 입장 때문에 일치를 보지 못했지만 한민족의 정서가 담겨있는 아리랑을 단가로 하자는 데는 쉽게 합의를 볼 수 있었다. 또한 1989년 판문점에서 열린 제11차 남북체육회담에서도 단가를 아리랑으로 하자는 데는 논의도 없이 합의를 보았고, 2000년 호주 시드니 올림픽에서도 남북한 선수가 개회식과 폐회식에 공동으로 입장할 때도 단가로 아리랑이 연주되기도 하였다. 그만큼 아리랑은 남과 북을 하나로 묶어 주는데 어떠한 장애물도 없는 우리 민족이 함께 공유하고 있는 민속문화의 하나인 셈이다.

북한 예술단의
가야금 공연 ➡

1988년 서울 올림픽과 2002년 **FIFA** 한일 월드컵에서 일부 제기되었던 개고기 문화에 대한 서구 언론의 비판과 논란은 오히려 한민족의 동질성을 확인할 수 있는 좋은 기회를 제공하였다. 주강현(2000)은 개고기가 대중적인 음식으로 취급되고 있는 북한의 경우와 우즈베키스탄의 고려인의 경우를 들어서 개고기와 문화의 동질성을 이야기하고 있다.

한편 문화상대주의적인 입장에서 한국인의 개고기문화에 대하여 이야기할 때 민속학자는 흔히 우리의 민속에는 두 종류의 개가 존재하는데, 하나는 친구인 개(犬)이고, 또 다른 하나는 식용으로 먹을 수 있는 개(狗)가 있다고 언급하는 경우가 많다. 그러므로 개고기를 구육(狗肉)이라고 지칭하는 것은 식용으로 사용되는 개를 나타내지 친구인 개를 나타내지 않는다

고 항변하기도 한다. 그럼에
도 불구하고 정치, 외교 및
경제적으로 우호적인 서방의
언론은 여전히 한국인의 개고
기문화를 이해하지 못하는 일
방적인 자기민족 중심주의적
인(ethnocentrism) 내용으로 채
워지는 경우가 대부분이다.
이러한 예는 문화적인 동질성

을 가진다는 것이 얼마나 중요한 것인지를 잘 반영해 준다. 바꾸어 말하면
문화적인 동질성이야말로 남과 북을 하나로 묶어줄 수 있는 끈끈한 정서
적인 유대인 것이다.

또한 민중들이 즐겨 사용하는 수수께끼 속에도 남과 북은 서로 한민족
이며, 하나가 되어야 하는 바람이 내포되어 있기도 하다. 수수께끼는 묻고
답하는 형식을 취하는데, 가장 일반적이고, 상식적인 것을 애써 어렵고,
비일상적인 것으로 표현함으로써 대답을 어렵게 만들지만, 일단 정답을
알고 나면 모두가 공감하는 특징을 가지고 있다. 그러므로 수수께끼 속에
는 민중들이 일상적으로 느끼는 민족정서가 잘 나타나 있는 것이다. 먼저
한국의 수수께끼 속에는 6 · 25, 분단의 현실, 민족의 동질성, 그리고 통일
의 염원이 담긴 내용이 제법 있다. 예를 들어서 김성배(1988)가 엮은 수수
께끼에는 다음과 같은 내용이 있다.

- 밑에는 군대가 있고, 중간에는 산이 있고, 산 위에는 공이 하나 있는
  것은? → **공산당**
- 제일 밑에는 공이 있고, 그 다음에는 산이 있고, 당근 밭이 있는 것은?

→ **공산당**
- 개가 천원짜리 돈을 물고 절로 가는 것은? → **개천절**
- 깨지면 하나, 안 깨지면 둘이 되는 것은? → **삼팔선**

첫 번째 수수께끼에서는 북한으로 대표되는 '공산당'을 재치 있고, 유머스럽게 나타내고 있는가 하면, 두 번째 수수께끼는 남과 북에서 공통적으로 민족의 기원으로 여겨지는 단군을 소재로 한 것으로 볼 수 있다. 또한 세 번째 수수께끼는 지금은 휴전선이 되었지만 1945년 8 · 15 해방 이후에 분단의 상징이었던 삼팔선을 소재로 민족통일을 염원하는 내용이 담겨져 있다.

한국의 수수께끼 못지않게 북한의 수수께끼에도 한민족이면 누구나 함께 공유할 수 있고, 통일염원과 민족정신이 담겨있는 내용을 자주 엿볼 수 있다. 예를 들어서 박용순(1986)이 펴낸 『수수께끼집』에 보면 다음과 같은 내용이 나온다.

- 항일무장투쟁 시기에 아동단원이 련락[연락][2]임무를 수행하고 돌아왔는데 무엇인가 한 보따리 싸가지고 왔다. 무엇인가고 물으니 그는 웃으면서 땅바닥에 손가락으로 "十"를 그어보였다. 이것이 무엇일가[까]?
  → **고추가루**
- 사과 반쪽과 제일 비슷한 것이 무엇일가[까]? → **다른 반쪽**
- 우선 우리나라의 지난 시기의 이름 있는 사람들의 이름과 그들이 난 해수 및 사망한 해수를 크게 쓴 표를 벽에 붙이자. 리[이]순신 (1545~1598), 박인로(1561~1642), 박지원(1737~1805), 정약용(1762~1836)과 같은 표에서 동무가 어떤 사람을 골라서 생각하든지 나는 다음과 같은 간단한 계산만 한다면 그 사람이 누구였던가를 곧 알아맞힐 수 있다. 우선 동무자신이 이 계산을 하여보아라. 그 다음에 다른 어떤 동무를 향하여 다음과 같이 말하면 된다. "종이쪼각[조각]에 동무가 지금 생각

---

2) 북한식 표기는 원문 그대로 옮기고 [ ]안에 현대식 한글 맞춤법에 맞게 표기했다.

한 이름 있는 사람의 난 해수 또는 사망한 해수를 옮겨 쓰시오. 그 다음에는 옮겨 쓴 수자[숫자]에서 왼쪽 두 자를 따로 떼어 쓰시오. 이번에는 그것을 가지고 다음과 같은 계산을 해주시오. 즉 따로 뗀 두개의 수자[숫자]로 된 수를 2배로 곱한 후 5를 더하시오. 그 값을 또 5로 곱한 후에 끝에 0을 하나 더 붙이시오. 이리하여 얻어진 수에다가 맨 처음 옮겨 쓴 수자[숫자]에서 나머지 수를 가하시오. 결과는 얼마나 됩니까?" 이러한 계산을 하고 난 결과를 듣고 나면 동무는 곧 처음에 다른 동무가 생각하였던 사람의 이름을 말할 수 있다. 어떻게 알아낼 수 있었는가? → 계산한 결과의 수에서 250을 덜기만 하면 곧 다른 동무가 골라낸 사람의 난말 또는 사망한 해수가 된다.

첫 번째 수수께끼를 살펴보면 '고추'라는 말속에는 가지과에 딸린 한해살이 풀 말고도 고치, 후추라는 의미가 내포되어 있는데, 그 외에도 고추는 '곧추', 즉 구부리지 않고 곧고, 곧바르다는 뜻도 있다. 따라서 ' | '는 고추를 나타내고, 'ㅡ' 가로를 나타내는데 그래서 '고추가로'에서 '고추가루'가 된 것이다. 두 번째 수수께끼는 역시 하나에서 갈라진 두 쪽이 서로 가장 비슷함을 강조하는 내용이 담겨져 있다. 즉 한민족도 정치적으로는 두 쪽으로 갈라져 있지만 문화적으로는 남북한이 서로 유사함을 강조하고 있다. 세 번째 수수께끼는 다소 길고 복잡한 듯 보이지만 조금만 머리를 쓰면 풀 수 있는 수수께끼로 리순신[이순신], 박인로, 박지원, 정약용 등 조선시대의 애국자, 명장, 학자들이 등장한다.

필자는 위에서 열거했던 남북한이 공통으로 가지고 있는 아리랑, 개고기문화, 수수께끼 등은 아마도 한민족 문화공동체를 이루는 극히 부분적인 요소이다. 보다 나은 그리고 미래지향적인 민족통일을 위해서는 반드시 문화가 통일되어야 한다. 그러므로 한민족공동체를 형성하고 있는 다양한 남북한의 민속을 총체적으로 다룰 수 있는 통일민속학이 필요한 것이다.

⬆ 금강산 표훈사에 있는 칠성각(七星閣)

⬆ 칠성각 안의 불교 탱화

⬆ 안동의 한 사찰에 있는 삼성각(三聖閣)

⬆ 삼성각에 모셔져 있는 불교 탱화

3. 통일민속학의 내용 및 범위

통일민속학이란 단지 남북한만을 대상으로 하는 것이 아니라 해외동포들도 포함한 한민족 문화공동체를 다루는 것을 의미한다. 최근 외무부의 통계에 의하면 약 5백 2십만 명의 해외동포들이 140여 개국에서 살고 있다고 한다. 이러한 수치는 중국인, 유대인, 인도인 그리고 이탈리아인 다음으로 해외거주 인구가 많다는 말이 된다. 해외동포들은 한반도라는 모국(mother land)을 가지고 있지만, 그들이 살고 있는 주체국(host countires)의 상태(경제, 자연) 및 소수민족을 향한 정책에 따라서 서로 다른 문제를 가지고 있으며 그들의 직업 또한 지역에 따라서 다양한 편이다. 그럼에도 불구하고 해외동포들은 문화적으로 여전히 한국인의 정체성을 유지하는 경우가 대부분이다.

해외동포들이 지향하는 이러한 한민족 문화공동체는 남북한의 통일에도 많은 기여를 할 수 있다. 즉 남북한이 함께 공유하는 민족문화에 대한 강조는 해외에 나가 있는 수많은 동포들과 연대라는 측면에서도 중요하다. 해외동포들에게 사상 이념적 편향을 주지 않으면서도 민족적 동질성이라는 자기 정체성을 확보해 주는 것이 바로 민족문화이다. 사실 통일 문제가 아니더라도 해외 동포들에게 민족문화에 관한 올바른 교육, 체계있는 지원교육이 실시되어야 한다. 이런 점에 비추어 보더라도 남북한 사회 교류에서 민족 중심적으로 사고하는 것은 남과 북, 해외, 삼자의 동질성 확보라는 차원에서도 중요하다(주강현, 1999a).

또한 통일민속학을 논의하는데 북한을 비롯하여 해외동포들뿐만 아니라 아시아에 있는 몽골도 함께 다루어야 한다. 몽골을 통일민속학을 다루는데 함께 고려해야 할 이유는 다음과 같다. 첫째 몽골은 한국(남한과 북한)과 민속학적으로 많은 동질성을 공유하기 때문에(박환영, 2002b) 함께 다루어진다면 남북한이 가지고 있는 문화의 공통분모를 찾아내는데 많은 도움을 줄 수 있다. 둘째로 몽골은 세계에서 러시아 다음으로 오래된 사회주의 국가였는데 러시아의 페레스트로이카(perestroika : 재구조화)와 그라노스트(glasnost : 개방화)의 영향으로 1989년 민주화와 자유화 바람이 불기 시작하면서 새로운 길을 걷고 있는 아시아의 대표적인 탈사회주의 국가(post-socialist state)이다. 사회주의 체제에서 시장경제에 기반을 두는 자본주의식 경제체제로 전환하면서 몽골이 실제로 겪었고, 지금도 체험하고 있는 다양한 경험(Park, 1997)은 향후 민족통일을 위하여 북한사회가 일부 수용해야 할 미래를 미리 볼 수 있는 기회를 제공해 준다. 셋째, 1989년 몽골에서 자유화와 개방화의 바람이 불기 전까지 몽골과 북한은 서로 가장 가까운 우방으로 사회, 문화, 정치, 경제, 외교 등 다양한 분야에서 많은 교류를 주고받았다. 그 중에서 1950년대 몽골에서는 6·25전쟁에서 고아가 된 북한의 아이들을 위한 고아원이 있어서, 약 200여 명의 북한 고아들이 몽골에서 보살펴졌다고 하며(박환영, 2002b), 그 이후에 북한에서는 보답으로 몽골의 시골에 유치원을 많이 지어 주었다고 한다. 필자는 몽골에서 민속조사를 위하여 여러 지역을 방문한 적이 있었는데 몽골의 대초원에서 선명하게 한글이 새겨진 북한에서 지어주었다는 유치원을 자주 볼 수 있었다.

4. 통일민속학의 현재 그리고 과제

통일민속학은 한편으로는 남북한이 문화적으로 하나가 되고 해외동포들을 포함한 한민족의 문화공동체를 지향하는 민속이며, 다른 한편으로는

⬆ 금강산에 있는 보덕암

우리와 문화 및 민속학적으로 많은 동질성을 가지고 있는 몽골과 같은 탈사회주의 국가를 통하여 민족통일의 방향을 모색하는 민속이다. 다시 말해서 통일민속학은 앞으로 탈사회주의가 진행될 북한사회를 미리 살펴볼 수 있는 특징을 가지고 있다. 북한이라는 용어가 사용되기 시작한 것은 1945년 8·15해방 이후에 남쪽과 북쪽으로 나누어지면서부터이다. 우리는 보통 정치적인 입장에서 북한의 문화나 민속이 남쪽과는 확연히 구별된다고 생각하지만, 문화 혹은 민속적인 입장에서 보면 차이보다는 유사성을 더 많이 볼 수 있다. 예를 들어서 경기도와 강원도 지역은 남과 북으로 나누어져 있지만 여전히 하나의 동일한 지역문화권으로 볼 수 있다. 따라서 통일민속학에서 다룰 수 있는 분야 중에서 강원도와 경기도 지역의 민속을 남과 북의 학자가 공동으로 조사하고 연구하는 일이 시급한 것 같다. 이러한 연구의 바탕 위에서 남과 북의 통일민속학은 좀 더 많은 진전과 발전이 있을 수 있다.

남과 북이 공유하고 있는 강원도 지역의 민속의 중요성은 당장 금강산 관광에서도 여실히 드러나는 문제이다. 금강산 개발이 본격화되면서 많은 한국인들이 금강산을 다녀왔다. 물론 민족의 평화통일을 위해서 중요한 초석을 다지는 계기가 되고는 있지만 기대만큼 효과는 그리 크지 못한 편이다. 단지 북한지역을 다녀왔다고 해서, 그리고 북한지역이 부분적으로 개방된다고 얼어붙었던 민족의 동질성이 회복되는 것은 아니다. 다시 말해서 한민족이 공유했고, 지금도 공유하고 있는 문화전통을 찾아내고, 공동으로 연구하고, 전시하고, 알리는 일이 중요한 것이다.

금강산 관광의 경우도 통일민속학적인 접근이 필요하다. 가령 단순히 아름다운 절경이 어우러진 북한지역을 방문한다는 의미보다는 금강산 지역에 남아있는 문화재를 비롯하여, 민속문화를 지속적으로 수집하고, 연구하며, 또한 전시할 수 있는 가칭 '금강산민속박물관'의 설립이 요구된다. 아울러서 남북한의 민속관련 학자들이 공동으로 참여하여 금강산민속박물관을 유지·발전시킨다면 민족의 평화통일을 위해서 큰 기여를 할 것이 분명하다.

한편 남북의 사회문화 교류에서 민속이 가지는 위치는 중요하지만 이러한 교류를 추진할 북한민속 전문가가 거의 없다는 것이 큰 문제이다. 대부분이 북한의 정치, 외교 및 경제 전문가들이기 때문이다. 이러한 현실에서 북한의 사회문화를 올바로 이해할 수 있는 식견이 나올 수 없다. 따라서 민속문화를 다룰 수 있는 문화전문가, 즉 민속학자의 양성이 시급한 편이다.

▲ 금강산의 바위 곳곳에 새겨진 속도전 슬로건

▲ 북한에서 흔히 볼 수 있는 슬로건

▲ 금강산의 바위에 새겨진 정치적 슬로건

남북한의 민속을 하나로 묶을 수 있는 통일민속학을 다루는 데 있어서 몇 가지 문제점이 없는 것은 아니다. 먼저 북한 민속학에서는 민간신앙(무속신앙 포함)과 민속문학(민요, 설화, 무가 등)에 대한 관심이 소홀한 편이다. 또한 한국(남한) 민속학에 대해서도 언급이 거의 없는 편이다. 최근에 와서 한국에서도 북한민속학에 대하여 부분적인 관심이 생겨나고는 있지만(주강현, 1991b, 2000 ; 이정재, 2002, 2004 등) 아직까지는 시작단계에 불과한 것 같다. 한편 리제오(1989)가 집필한 『조선민속학』의 '제3장 문화생활풍습'의 제1절에 보면 전통적인 명절을 극소수의 지배계급, 착취계급들에게 즐거운 날이지만, 절대 다수의 피착취, 피압박 근로 인민들에게는 오히려 슬프고도 고역에 찬 날, 눈물겨운 날로 묘사되고 있기도 한 반면에, 이미 확립된 선진적인 사회주의 제도에 알맞은 새로운 명절과 그에 따르는 풍습들이 부단히 발생하여 발전하고 있다고 표현하고 있다. 즉 현대 역사와 북한 사람들의 사회정치 생활에서 특별한 의의를 가지는 날을 더 높이 평가하고 있기도 하다. 예를 들어서 8월 15일, 조선노동당 창건일(10월 10일), 조선민주주의 인민공화국 창건일(9월 9일), 조선민주주의 인민공화국 사회주의 헌법 발표기념일(12월 27일), 김일성 생일(4월 15일), 김정일 생일(2월 16일), 그리고 전세계 노동계급의 국제적인 명절(5월 1일), 국제 부녀절(3월 8일), 국제 아동절(6월 1일) 등과 같은 연중행사가 마치 세시풍속으로 기능을 하고 있는 것이다.

통일민속학을 형성하는 하나의 주된 영역인 북한민속학이 가지는 이러한 한계는 한민족공동체라는 화해와 조화의 분위기가 성숙되면 극복될 수 있는 문제이다. 이전까지도 민속명절인 단오, 추석, 설날 등이 북한에서는 공식적으로 인정받지 못했는데, 최근에 이들 명절은 모두 공식적으로 복권을 이루었으며 북한의 텔레비전도 민속명절날 나들이 나온 가족들의 모습을 보여주는 등 전에 없던 풍경을 보여주기도 하는 것은 참으로 고무적인 현상이다. 남북한이 공통으로 가지는 이러한 고유한 세시풍속을 공동

으로 발전 유지시키는 것은 한민족공동체를 형성하는데 중요한 역할을 할
것이다.

5. 통일민속학의 전망

　새로운 세기가 시작되면서 나왔던 여러 가지 표현 중에서 '21세기는 문
화의 시대'라는 말이 있다. 즉 20세기가 자본주의식 사고방식에 의하여
돈만 있으면 다 되는 시대였다면, 21세기는 독창적인 자신들의 색깔을 가
진 문화가 있어야 살아남을 수 있는 시대라는 것이다. 즉 남과 구별되는
문화를 바탕으로 정보와 지식이 우선되는 시대라는 것이다. 이러한 말속
에는 21세기 한민족이 세계에 대처해야 할 방향을 잘 제시해 주고 있다.
　거의 반세기 동안 남과 북이 정치이념의 차이로 분단되어 있었지만 기
본적인 민족의 정서는 변하지 않고 남아 있다. 물론 한쪽은 자본주의식 생
활방식 속에서 단체보다는 개인을 중요시하는 의식이 생겨난 것도 사실이
고, 다른 한쪽은 개인보다는 전체 혹은 집단을 우선시 하는 정서가 강하게
작용하고 있는 것도 사실이다. 그렇지만 남과 북이 가지는 공동된 한민속
의 정서는 여전히 지하수와 같이 개개인의 의식 속에 깊이 자리 잡고 있
는 것이다. 정치적인 문제를 넘어서 평화통일을 염원한다든지, 남북한 단
일팀을 위하여 서로가 접근하는 방식과 절차는 다르지만 목표는 같다든
지, 남북이산가족의 재회를 지켜보면서 괜히 눈물이 난다든지, 스포츠 경
기에서 남은 북을 북은 남을 응원하는 것 등은 이러한 한민족공동체 의식
을 잘 반영해 주는 것 같다.
　통일민속학은 이러한 민족정서의 지하수를 남과 북이 공동으로 찾아내고,

분출시켜서 메마른 대지와 초원을 촉촉하게 적셔주는데 기여할 수 있는 것이다. 겉으로는 웅장하고 당당하게 보이는 고목은 작은 바람에도 잎사귀를 떨구며, 큰 태풍에는 흔적도 없이 날아가거나 뿌리째 뽑혀 버리지만, 보잘 것없어 보이는 산과 들의 잡초는 어떠한 자연환경 속에서도 꿋꿋하게 생명력을 지속하고 있는 것을 볼 수 있다. 이와 유사하게 정치, 외교 및 경제적인 입장에서 민족의 통일을 논의하는 것과 풀뿌리 민중들(grassroots)의 입장에서 문화와 민속적인 입장에서 한민족 문화공동체를 이야기하는 것은 좋은 대조가 될 수 있는 것이다.

남과 북은 20세기의 반을 이러한 피상적이고, 형식적인 아마도 껍데기에 불과한 민족통일을 위하여 서로 앞을 다투어서 시간과 정력을 낭비하였다. 아마도 본질적인 그리고 좀 더 근본적인 민족문화의 화합은 부수적이고, 후차적인 것으로 취급되어서 소홀히 다루어진 것도 사실이다. 자신들의 고유한 문화로 경쟁하는 21세기가 시작되었는데, 여전히 20세기와 같은 외형적인 민족통일에만 집착하는 과오를 범하지 말아야 한다. 한민족 문화공동체를 형성하기 위하여 대두된 통일민속학은 남북의 대다수 민초들이 하나가 되는 실질적인 민족통일을 이루는데 디딤돌이 될 것은 자명한 일이다.

도시공간 속에서
강릉단오제의 전승 및 계승방안 고찰

1. 세계무형문화유산인 강릉단오제

강릉단오제는 강릉이라는 지역과 단오라는 세시풍속과 제의라는 마을 신앙이 합쳐진 종합적인 축제이다. 전국적으로 행하여지는 다양한 축제 중에서 가장 한국을 대표할 수 있는 축제의 하나인 강릉단오제는 이제 아시아와 세계를 대표하는 축제가 되었다. 유구한 세월을 거처서 오늘날 까지 전승되어온 강원도 지역의 향토축제이자 한국의 대표적인 축제인 강릉단오제가 세계를 대표하는 축제로 제대로 자리매김 하기 위해서는 현대적인 측면에서 강릉단오제를 살펴보아야 할 것이다. 즉 강릉단오제 속에 담겨있는 전통적인 문화유산이 오늘날 어떻게 계승되고 발전될 것인가를 살펴보고 또한 내재되어 있는 문화적 가치를 적극적으로 발굴하고 현대적으로 발전시켜 나가야 할 것이다.

  강릉단오제와 같은 전통적인 향토축제가 2005년 11월 25일 유네스코가 선정하는 인류구전 및 무형문화유산 걸작으로 선정됨으로써 한국의 대표적인 축제에서 세계를 대표하는 축제가 될 수 있었던 것은 지역민들의 지속적인 관심과 호응이 있었기 때문에 가능했으며 지역의 전통문화를 체계적으로 수집하고 연구해서 국내뿐만 아니라 아시아와 세계에 알리려고 노력했던 민속학자들의 역할도 중요했던 것 같다. 이러한 노력을 통하여 강릉단오제가 오늘날의 위치에 서게 되었다면 21세기 속에서 강릉단오제의 새로운 위상을 정립하기 위해서는 다시 한번 과거와 현재를 점검하고 나아갈 방향을 재점검해야하는 노력이 필요한 시점인 것 같다. 따라서 본고에서는 이러한 발전방안의 하나로 도시공간 속에서 강릉단오제가 어떻게 전승되고 계승될 것인지를 살펴볼까 한다.

⬆ 강릉단오제의 단오굿

2. 도시공간과 강릉단오제

　강릉단오제는 강릉지방을 중심으로 해서 주로 영동지방에서 단오날을 전후해서 행하여지는 향토신제(鄕土神祭)이다. 따라서 강릉단오제는 강릉을 중심으로 하는 강원도 지방이라는 지역적인 공간과 단오라는 세시적인 시간에다 향토신제(鄕土神祭)라는 제의(祭儀)와 관노가면극이라는 탈놀이와 그네뛰기, 씨름 등과 같은 민속놀이 그리고 난장이 결합된 종합적인 축제인 것이다. 이러한 종합적인 향토축제가 도시화와 현대화의 과정을 거치면서 부분적으로는 변화하고 변모하여 민속문화의 변용을 가져온 것도 사실이다. 특히 "도시"라는 공간은 현대사회와 더불어서 강조되고 있는데 특히 현대사회에서 보여지는 산업화와 도시화의 문제는 도시공간 속에서 전통적인 문화가 변화를 가지고 혹은 새로운 문화가 만들어지는데 중요한 역할을 할 수 있는 것이다(박환영, 2006b).

　강릉단오제가 경험하고 있는 이러한 변화양상에 대하여 한 민속학자는 "단오민속은 산업사회로 치닫는 사회환경의 변화로 인하여 쇠퇴와 인멸의 갈림길에 들어선 감이 없지 않다"(성병희, 2002 : 22)라고 문제를 제기하기도 하였다. 결국 도시화와 산업화로 대표되는 도시공간 속에서 이전의 전통문화는 현대적인 입장에서 다시 재조명해야 하며 향후 어떻게 발전시켜 나갈 것인가에 대한 재점검이 필요한 시점인 것이다.

　흔히 들을 수 있는 21세기는 문화의 시대라는 화두가 말해주듯이 각 지방에는 다양한 축제가 연중 내내 행하여지고 있다. 이러한 축제의 대부분은 관광축제의 성격을 가진 것이 많은 편이다. 그러나 이러한 관광축제의 경우라도 상당수는 각 지역의 역사적인 전통, 특산물, 유적지, 인물 등을 등장시기고 있으며, 진통혼례와 다양한 민속놀이 등과 같은 선동문화를 보고 느낄 수 있는 공간을 제공해 주고 있다. 이와 비교해서 이전부터 내려오던 전통축제의 경우 전승되는 지역이 도시화와 현대화의 변화를 겪게 되면서 지역공동체의 결속력이나 정체성이 이전에 비하여 다소 약해지게 되었다. 또한 지역의 산업화와 도시화로 인하여 지역민이 타지역으로의 이주하거나 타지역민이 지역으로 유입되어 들어오면서 내적으로 그리고 외적으로 많은 변화를 가지게 되었다. 따라서 전통적인 축제의 경우도 도시공간과 현대화라는 시간의 공간을 제외하고는 논할 수 없게 되었다.

도시의 공간과 강릉단오제의 연관성에 대한 문제제기는 이전에도 있어 왔다.3) 그러나 강릉단오제와 같은 전통적인 향토축제가 도시공간 속에서 어떻게 전승되고 계승되는가에 대한 본격적인 논의는 강릉단오제가 세계무형문화유산으로 선정된 2005년 이후에 더욱 더 중요한 이슈가 되고 있는 것 같다. 즉 단지 전통문화의 현대적인 계승뿐만 아니라 아시아와 세계를 대표하는 한국의 축제로서 한국을 방문하는 외국인들에게도 축제의 의미와 내용을 체계적으로 인식시켜 줄 수 있어야 하는 필요성이 제기될 수 있다. 즉 강릉단오제와 도시공간을 어떻게 접목시킬 것인가 하는 문제가 중요한 과제로 남아 있다. 결국 도시라는 공간 속에서도 강릉단오제는 지속적으로 전승 혹은 계승되어야 하는 것이다.

강릉단오제가 행하여지는 강릉은 한국을 대표하는 축제가 행하여지는 강릉이면서 아시아의 단오축제를 대표하는 축제의 장(場)으로서의 강릉이며, 더 나아가서는 세계의 무형문화유산을 대표하는 지역으로서 강릉으로 거듭 태어나야 할 것이다. 다시 말해서 강릉단오제가 지속되어 왔던 민속의 보고(寶庫)로서 그리고 세계를 대표할 수 있는 무형문화유산의 발생지로서 강릉의 위상은 재정립되어야 한다. 문화도시라든지 문화유적지라는

---

3) 성병희(2002).

용어보다는 '세계무형문화유산 도시'라는 새로운 명칭 아래 세계의 유수한 전통도시와 어깨를 나란히 할 수 있는 강릉 특유의 민속박물관, 단오문화관, 단오관련 아트갤러리 등과 같은 문화예술의 공간이 확대되어야 할 것 같다. 다시 말해서 강릉단오제가 만들어진 강릉의 다양한 민속문화를 소개하고 보여줄 수 있는 문화적인 공간과 분위기가 우선적으로 필요한 것 같다.

⬆ 단오굿에 모인 지역주민들

　　강릉이라는 도시의 공간을 좀 더 확연하게 보여줄 수 있는 방법은 강원도지역의 대표적인 축제와 강릉단오제를 연계하는 것이다. 최근까지 강릉단오제에서는 강원도 지역의 무형문화재인 정선아리랑(아라리), 횡성회다지소리, 강릉학산오독떼기, 양구돌산령지게놀이, 사천하평답교놀이 등의 공연은 있어 왔지만 강원도 지역의 대표적인 축제를 보여주는 행사나 전시는 없었던 것 같다. 가령 예를 들어서 강릉단오제 때 행하여지는 무언극인 관노가면극을 춘천의 마임축제와 연계해 보는 것도 흥미가 있을 것 같다. 즉 전통적인 무언극을 현대적인 마임축제와 연결해 봄으로써 과거와 현재가 공존하는 축제의 분위기를 한층 더 고조시킬 수 있는 것이다.

더욱이 강원도지역은 통일민속학적인 입장에서 다른 지역에 비하여 가장 돋보이는 지역이다. 예를 들어서 금강산관광이 활성화되면서 금강산축제를 강원도 지역이 중심이 되어서 북한과 연계한 축제를 기획해 보는 것도 좋을 것 같다. 이러한 맥락에서 북한에 남아 있는 단오의 민속을 강릉단오제와 연계해서 통일민속학적인 측면에서 발전시켜 나갈 수 있다. 즉 강릉단오제의 행사로 진행되는 국내민속 공연의 하나로 북한의 민속공연단을 포함시켜서 강릉이 세계무형문화유산의 발생지로서 통일민속의 수도로서 기능할 수 있도록 지속적인 남북한 민속의 교류에서 핵심적인 역할을 해야할 것 같다.

⬇ 강릉단오제 때 공연되는 관노가면극

오늘날 강릉단오제가 한국을 대표하는 축제가 되었지만 해방 전까지만
해도 전국적으로 가장 이름이 나 있고 가장 많은 인파가 몰리는 단오는
강릉의 단오, 평양의 단오, 그리고 개성의 단오였는데 그중에서 단연 평양
단오가 최고였다. 따라서 평양 단오에서는 전국씨름대회가 열리기도 하였
다. 이러한 우리 고유의 풍속을 오늘날에 이어 받아서 이미 세계의 축제로
인정받은 강릉단오제를 중심으로 남북한이 하나가 되는 단오축제를 기획
할 수도 있다.

한국의 단오축제에서 한걸음 더 나아가서 일본과 중국 그리고 다른 아
시아 지역의 단오 축제의 일부 과정이나 내용을 강릉단오제를 중심으로
함께 준비한다면 명실상부한 세계적인 축제로서 자리매김할 수 있을 것
같다. 다시 말해서 일본이나 중국 등 아시아 지역에서 단오 때 행하여지는
다양한 민속문화를 강릉단오제의 내용 속에 세계민속 공연의 하나로 소개
한다면 단오가 가질 수 있는 아시아적인 가치와 다양한 지역 공간에서 전
승되고 있는 단오의 생명력을 잘 보여줄 수 있다. 이러한 의미에서 강릉단
오제의 전시행사로 보여지는 강릉단오관의 규모가 좀 더 확대되고 세분화
될 필요성이 제기될 수 있다. 즉 북한을 비롯한 전국의 단오 풍속을 보여
주거나 중국과 일본을 비롯한 동북아시아 지방의 단오 풍속을 제대로 보
여주려면 다양한 전시자료와 공연 등이 필요하다. 이와 아울러서 각 지역
의 단오 풍속에 대한 좀 더 체계적이고 구체적인 학문서인 접근도 필요할
것 같다. 단오에 대한 국내와 국외의 민속을 총체적으로 접근해야 하는 이
유는 강릉단오제가 세계의 축제로서 가치를 더욱 더 발휘하기 위해서는
각 지역에서 보여지는 다양한 단오 민속을 아울러서 이해할 필요가 있기
때문이다. 한 지역의 문화는 다른 지역의 문화와 수많은 영향을 주고받는
다. 따라서 강릉단오제도 국내의 다른 지역의 단오축제와 연계되어 있을
뿐만 아니라 다른 아시아 지역의 단오와도 밀접하게 연계되어 있다. 비록

강릉단오제가 세계의 축제로 인정을 받았지만 그 이면에는 각 지역에서 지금도 전승되고 있는 다양한 단오 민속의 역할도 무시할 수 없는 것이다, 더욱이 미래지향적인 입장에서 강릉단오제가 명실상부한 세계축제로 거듭 자리매김하기 위해서도 다른 지역의 단오 민속과의 연계선 상에서 꾸준하게 강릉단오제를 전승 및 발전시켜야 할 것이다.

3. 도시화와 현대화에 따른 세시풍속의 변화로 본 강릉단오제의 의미와 기능

강릉단오제는 단오라는 절기에 매년 반복적으로 행하여지기 때문에 세시풍속의 요소가 중요하게 자리 잡고 있는 셈이다. 단오의 대표적인 민속을 보면 우선 창포 삶은 물에 머리를 감고, 얼굴을 씻고, '단오빔'이라고 부르는 녹의홍상(綠衣紅裳)의 새 옷으로 갈아입기도 한다.[4] 기능주의적인 입장에서 보면 단오의 단오빔은 설날의 설빔과 추석의 추석빔과 동일한 민속적인 내용을 가진 것으로 볼 수 있다. 또한 단오의 민속에는 단오선(端午扇)이 유명했기 때문에 "단오(端午) 선물은 부채이며, 동지(冬至) 선물은 책력이다"라는 말이 전해질 정도이다. 따라서 해방 전까지만 해도 평양 단오에서는 상점에서 단오 부채를 나누어 주기도 하였다고 한다.[5] 또한 농가에서는 단오의 풍속으로는 대추나무 시집보내기를 행하기도 하며, 단오날에는 쑥떡과 수리취떡을 해 먹는다(김명자, 2006 : 237).

오늘날 강릉단오제에서 체험행사의 하나로 단오 수리취떡 만들기, 창포

---

4) 성병희(2002 : 19).
5) 편무영(2002).

뿌리로 비녀깎기, 창포물로 머리감기, 단오 부채 그리기와 단오 부적 그리기와 같은 행사를 진행하고는 있지만 현대화와 도시라는 공간 속에서 단오가 가지고 있는 민속적인 의미와 상징 그리고 기능이 제대로 전달되지 않은 채 흥미 위주의 행사로 그치는 경우가 대부분이다. 물론 이전의 전통문화를 현대화와 도시화, 그리고 산업화의 과정 속에서 오늘날 그대로 전승하고 계승할 수는 없겠지만 부분적이라도 그것이 가지고 있는 민속문화로서의 가치는 한번쯤 생각해봄직 하다. 그러므로 창포와 쑥을 소재로 만들어지는 단오의 풍속을 한데 모아서 함께 전시해 보는 것도 흥미 있을 것 같다.

쑥과 창포는 전통적인 한국 사회에서는 일상적인 생활 속에서 흔히 사용되었던 생활의 소재였다. 즉 민가에서는 단오날 오시(午時)에 쑥을 뜯어 말려 보관하는데 이때 뜯은 쑥은 양기가 강하여 어떤 잡귀나 부정도 물리칠 수 있다고 믿었다. 한편 경북 자인지방에서는 5월 단오 때 행하여지는 한장군 놀이때 사당 문에 창포를 걸어 놓기도 하는데, 전국적으로 단오날에 창포를 거는 사례는 적게 보이나 창포를 이용한 각종 벽사 의식은 많이 보이는 편이다. 창포물로 세수를 하거나 머리를 감고 창포 뿌리로 비녀를 만들어 꽂는 것이 바로 그러한 방법이다(정연학, 2001 : 60). 이러한 단오의 풍속은 일상적인 생활문화 속에서 자연스럽게 만들어진 경우가 많다. 예를 들어서 쑥이나 창포를 걸어 놓아서 액을 쫓거나 말린 쑥을 불에 태워 연기를 내어서 액을 쫓았던 이전의 일상적인 민가의 전통에서 단오날 창포물에 머리를 감거나 쑥으로 떡을 만들어 먹는 단오의 전통을 연계해서 쑥과 창포를 중심으로 하는 일상적인 생활문화에 대한 전시도 필요한 것 같다. 따라서 일반적인 농촌의 생활문화를 보여주는 전시에 못지않게 좀 더 구체적인 단오와 관련된 생활문화를 보여주는 전시공간이 필요한 것 같다.

한편 강릉단오제에는 씨름, 그네뛰기와 같은 다양한 민속놀이가 행하여진다. 이러한 민속놀이는 주로 지역의 세시풍속과 밀접한 관련을 맺고 있는 경우가 많다. 예를 들어서 강원도 지역에서는 정초에는 윷놀이, 널뛰기, 제기차기, 연날리기를 행하고, 대보름날에는 달맞이, 쥐불놀이, 돌싸움, 다리밟기가 있으며, 단오 무렵의 놀이로는 단오제, 화전놀이, 씨름, 그네뛰기 등이 있다. 또한 칠월에는 호미씻이를 하고 머슴의 노고를 치하하였으며, 백중에는 씨름과 장치기를 즐겼다. 팔월에는 달구경을 하고 농악을 치며 즐겼고, 상달에는 집집마다 고사를 지내고 농악놀이를 하였다. 한편 때와 관계없이 노는 놀이로는 골패, 화투, 장기, 바둑과 같은 개인적인 놀이가 성행하였다(김의숙, 전상국, 1997 : 164).

북한지방에서 행하여지는 단오날의 민속놀이로는 씨름과 그네뛰기, 탈놀이 등이 있다. 단오날의 씨름과 그네뛰기는 전국의 모든 지방에서 다 하였지만 그 가운데서도 평양일대에서의 씨름과 그네뛰기는 특별히 유명하였다. 5월 단오의 민속명절을 장식해 주는 특색 있는 큰 놀이는 탈놀이였다. 이날 저녁 전국 각 지역의 마을과 거리의 넓은 마당에 등불을 대낮처럼 켜놓고 여러 장의 멍석을 깔아놓은 위에서 탈놀이를 하였다. 탈놀이로서 전국적으로 이름난 고장과 놀이로는 함경도 북청의 사자놀이, 봉산을 비롯한 황해도 일대의 해서탈놀이, 경기 양주 일대의 산대놀이, 경상도 통영을 중심으로 한 오광대놀이, 강원도 강릉단오제의 관노가면극 등을 대표적으로 들 수 있다(임도준, 1994 : 28). 특히 봉산탈춤은 단오 때에 행하여졌는데 낮에는 씨름과 그네뛰기와 같은 민속놀이를 하고, 밤에는 탈춤을 놀고, 탈춤이 끝나면 장터에서 무당들이 재수굿을 하였던 것이다.[6]

---

6) 이두현(1996 : 165).

⬆ 그림에 투영된 북한의 민속놀이(그네뛰기와 씨름)

　한편 한국의 대표적인 세시 명절로는 설날, 단오 추석 등이 있는데 그 중에서 단오와 추석은 지역적인 세시 명절의 기준이 되기도 하였다. 예를 들이서 "남추석(南秋夕) 북단오(北端午)"라는 속담에서 알 수 있듯이 단오는 영동지역과 한반도 북쪽지역을 중심으로 성황을 이루었고 추석은 중남부 지역에서 으뜸으로 여겨졌다(김선풍, 2000 : 8). 따라서 강릉단오제를 잘 전승하여 가까운 미래에 북한의 단오민속과 비교분석하는 일은 지역적인 세시 명절을 체계적으로 이해하는데 많은 자료를 제공해 줄 것 같다.

　단오 때 행하여지는 민속놀이는 다분히 남성과 여성의 영역을 잘 구분해준다. 따라서 한국의 전통사회에서 단오는 남녀가 함께 즐기는 중요한 명절이었지만 중국에서는 여아절(女兒節)이라 했고, 일본에서노 닝치시내까지만 해도 여아(女兒)를 위한 명절이었다가 차츰 남아(男兒)의 속절(俗節)로 변하였다고 한다(성병희, 2002 : 8). 따라서 중국과 일본의 단오와 비교해서 한국의 단오는 남성과 여성뿐만 아니라 연장자와 연하자, 그리고 양반과 민중들이 모두 하나 되어서 모든 구성원들이 동등하게 향유할 수 있는 모든 구성원들을 위한 세시적인 축제였던 것이다.

강릉단오제에서 행하여지는 씨름의 경우는 주로 남성들의 놀이요, 그네 뛰기는 주로 여성들의 놀이이다. 그런데 전통적인 단오민속을 살펴보면 여성들을 위한 내용이 많이 내재되어 있다. 특히 창포물에 머리를 감거나 창포의 뿌리로 비녀를 만들어 수복(壽福)을 새겨서 꽂고 다니는 것은 단오의 대표적인 여성 민속으로 간주될 수 있다.

세시풍속의 입장에서 단오를 대표하는 것은 단오 부채, 단오빔, 쑥떡, 수리취떡, 창포를 넣고 삶은 물, 창포의 뿌리로 만든 비녀 등이다. 이러한 단오의 민속은 설날의 설빔, 도소주(屠蘇酒), 떡국이나 정월대보름의 이명주(耳明酒), 약밥, 오곡밥, 그리고 추석의 송편과 마찬가지로 널리 알리고 현대에 맞게 전승해야하는 충분한 가치를 지니고 있다. 가령 강릉단오제 행사의 하나로 단오 부채나 창포의 뿌리로 만든 비녀를 기념품으로 만드는 것 외에도 창포로 만든 비누와 샴푸 혹은 쑥이나 창포로 만든 향이나 향수, 익모초와 쑥의 즙으로 만든 요구르트나 음료수, 창포나 쑥으로 만든 약용입욕제(藥用入浴劑), 그리고 단오부적을 넣어서 만든 옷을 단오빔으로 관광상품화 할 수도 있을 것이다.

4. 민속관광의 입장에서 강릉단오제에 나타난
   민속놀이의 발전방향

강릉단오제에서 보여지는 전통적인 제의는 전통적인 유교식 제의와 무교식 제의이다. 전통적인 제의가 가지고 있는 엄숙하고 정격화된 의례가 오늘날까지 전승될 수 있었던 것은 지역민의 꾸준한 관심과 협조가 있었기 때문에 가능한 것이다. 그런데 이러한 전통적인 제의와 함께 축제로서의 강릉단오제를 좀 더 활기차고 생동감 있게 만들어 주는 요소는 바로 민속놀이가 아닐까 한다. 마치 축제가 제의적인 요소와 놀이적인 요소로 결합되어 있듯이 강릉단오제도 제의적인 요소와 놀이적인 요소의 적절한 결합 속에서 축제로서의 가치를 발휘할 수 있는 것이다.

최근에 강릉단오제의 규모와 내용이 엄청나게 불어나면서 전통적인 제의에 대한 관심보다는 전시와 놀이, 그리고 난장에 대한 관심이 더 커져가고 있다는 느낌이 든다. 다시 말해서 강릉단오제는 일종의 향토축제로서 지역적인 기반 하에서 존재하는 경우에 속한다. 그러나 그것이 가지고 있던 본래의 난장적인 축제의 성격은 약화되고 상업적인 성격이 너무 많이 부각되고 있어서 부분적으로는 비판을 받고 있는 것도 사실이다(류정아, 2003 ; 29).

또 다른 측면에서 보면 21세기 문화의 시대에 맞게 강릉단오제를 나타내는 문화적인 코드와 상징도 전통적인 제의에만 국한되는 것이 아니라 현대적인 감각에서 다채로운 행사의 진행과 내용이 시각적이고 디지털화된 것으로 바뀌는 것이 어쩌면 당연한 것인지도 모른다. 그러나 이러한 형식적인 축제의 측면이 지나치게 강조되다 보면 원래 축제의 영역 속에서 제의적인 요소와 조화를 이루던 민속놀이의 요소가 아닌 그저 보고, 먹고, 즐기는 단순한 측면에서의 놀이문화가 문제인 것 같다. 따라서 축제의 알

맹이와 내용에 충실하지 못하면 전통적인 민속놀이마저도 그러한 피상적인 놀이문화로 취급될 수도 있다는 게 문제이다. 다시 말해서 축제의 영역 속에서 제의적인 요소와 잘 조화를 이루어 왔던 전통적인 민속놀이는 제의적인 요소 못지않게 축제가 가지고 있는 본질적인 성격과 특성에 부합되는 풍부한 구조와 살아 숨 쉬는 민중들의 삶의 세계가 그대로 녹아있었던 것이다. 그러므로 놀이지만 구조에서 벗어나지 않으며 일상에서 일탈을 하지만 정해진 틀 속에서 늘 머무르는 넘쳐도 넘치지 않는 나름대로의 규칙과 질서가 민속놀이 속에는 늘 존재하는 것이다.

가령 예를 들어서 단오날 행하여졌던 그네뛰기는 주로 여성들이 행하였다면 씨름은 주로 남성들이 행하였던 것이다. "5월 농부(農夫) 8월 신선(神仙)"7)이라는 속담에서 볼 수 있는 바와 같이 일년 중에서 가장 바쁜 시기인 5월에 단오라는 축제를 행하면서 남성과 여성들은 일상적인 공간에서 일탈하여 축제의 공간 속에 놓여졌던 것이다. 그러나 남성과 여성이 참여하는 활동영역은 차이를 가지고 있었으며 또한 그것은 그 나름대로의 규칙과 질서 속에서 용납되고 받아들여졌던 것이다. 따라서 놀이지만 단지 유흥적으로 행하여졌던 놀이가 아닌 일상적인 삶의 연장선상에서 일탈했지만 그래도 규칙과 질서를 가진 놀이였던 것이다. 강릉단오제 때 행하여지는 관노가면극은 탈놀이로 제의적인 요소와 놀이적인 요소가 혼합된 형태로 전통적인 제의 위주의 축제가 놀이 중심의 축제로 바뀌어가는 중간적인 단계를 잘 보여주는 것 같다. 피상적으로 보면 관노가면극은 양반에 대한 풍자를 나타내는 것 같지만 좀 더 심층적으로 보면 서낭신제와 관련된 가면극임을 알 수 있다. 즉 시시딱딱이는 여역지신(癘疫之神)으로, 장자마리는 토지지신(土地之神) 혹은 동해지신(東海之神)으로 볼 수 있고, 소매각

---

7) 원영섭(1993 : 884).

시를 살리는데 사용한 신수(神樹), 즉 괫대에는 성황지신(城隍之神)이 내려온 것으로 볼 수 있는 것이다.[8]

한편 민속놀이의 참여에 관한 남성과 여성의 구분은 몽골의 대표적인 축제에서도 볼 수 있다. 즉 몽골의 나담축제에서 행하여지는 주요한 세 경기인 씨름, 활쏘기, 말달리기 중에서 오직 씨름만이 오늘날에도 남성들의 놀이이며 말달리기와 활쏘기는 여성들도 참여할 수 있다. 특히 몽골의 나담축제 때 행하여지는 씨름 경기에는 조독(zodog)이라는 가슴이 파진 옷을 입어야만 하기 때문에 여성들의 참여가 이루어질 수 없는데, 이렇게 씨름 경기에서 반드시 착용해야 하는 독특한 의상과 관련된 설화가 오늘날까지도 전승되고 있다(박환영, 2007b).

몽골의 씨름과 마찬가지로 한국의 씨름도 남성들의 민속놀이이다. 전통적인 한국 사회에서 씨름은 단오 외에도 백중과 추석 때에도 행하여 졌는데(이창식, 2006 : 110) 그만큼 가장 대중적인 민속놀이의 하나였다. 한편 중국의 연변지역에서도 우리의 전통문화를 유지하기 위하여 매년 9월에 중국의 조선족들에 의하여 민속체육행사가 행하여지는데 여기에는 널뛰기, 씨름, 그네뛰기, 민속장기 등이 주로 펼쳐지는데(박환영, 2007b) 씨름은 남성들만 참가하며 널뛰기와 그네뛰기는 주로 여성들만 참가한다. 시대와 공간은 바뀌었지만 이전부터 행하여져 오던 놀이와 그 속에 반영된 생활방식은 여전히 그대로 전승되고 있음을 알 수 있다. 아마도 축제의 영역 속에서 놀이적인 요소가 제대로 기능을 발휘하기 위해서는 놀이를 직접 전승해오고, 매년 행하는 구성원들이 자신들의 생활방식에 맞게 자발적으로 놀이에 참여하는 것일 것이다. 인위적으로 만들어지거나 새로운 공간 속에서 다시 재구성된 놀이가 아니라 시간과 공간은 다르지만 이전부터 행

---

8) 김선풍 외(1998), 박환영(2004 : 421).

하여지던 방식대로 행한다면 축제 속에 내재된 제의적인 요소에 못지않게 놀이의 요소가 중요하게 작용할 수 있는 여지가 충분하다.

또한 1930년대 일본학자들에 의하여 연구된 자료에 보면 강원도 지역에는 각 마을마다 줄다리기, 그네뛰기, 씨름, 다리밟기, 널뛰기, 꽃놀이, 횃불싸움, 산놀이, 석전, 천렵, 호미씻이가 연행되었으며, 아이들은 숨바꼭질, 비석치기, 자치기, 공기받기, 고무줄놀이, 술래잡기, 딱지치기, 고누, 돈치기, 팽이치기, 썰매타기, 미역 감기 등을 행하였음을 알 수 있다. 그런데 이 중에서 강원도 지역에서 단오를 전후해서 행하여지던 놀이로는 단오제, 화전놀이, 씨름, 그네뛰기 등이다(김의숙, 전상국, 1997 : 164). 오늘날 강릉단오제에서 행하여지는 놀이와 비교해 볼 때 화전놀이를 제외하고는 거의 차이가 없다. 화전놀이를 강릉단오제에서 행하여 보는 것도 의미 있는 일이겠지만 씨름이나 그네뛰기와 같은 개인적인 경기 외에도 단체가 서로 공조하는 놀이가 단오 때에 행하여진다면 좀 더 많은 참여자들이 축제에 직접적으로 참여할 수 있을 것이다.

⬇ 몽골의 나담축제에서 보여지는 남성들의 민속놀이인 씨름

앞에서도 잠시 언급한 바와 같이 강릉단오제가 북한의 단오를 한데 모아주는 한민족 문화공동체를 가진 단오가 되기 위해서는 남북한이 함께 참여할 수 있는 단오와 관련된 민속놀이가 필요하다. 즉 강릉단오제라는 지역적인 향토축제를 한국을 대표하는 강릉단오제로 인식하기 위해서 뿐만 아니라 통일민속학의 밑거름이 될 한민족 문화공동체를 형성하기 위해서는 북한지역의 단오 풍속과도 연계해서 행사를 진행할 수 있다. 해방 전까지만 해도 강릉의 단오에 못지않게 평양이나 개성의 단오도 유명했다고 한다. 그 중에서 평양의 단오가 단연 최고였기 때문에 강릉의 단오와 평양의 단오와의 긴밀한 연계와 공동 참여가 필요한 것 같다. 특히 단오 때에 행하여지던 민속놀이를 중심으로 두 지역 간의 공동문화 행사를 개최하는 것도 하나의 발전 방안이 될 수 있다. 가령 공동으로 단오 때 한민족 씨름대회를 개최할 수 있고, 또한 공동으로 그네뛰기 대회를 개최할 수 있다. 그런데 좀 더 박진감 넘치는 단체 경기의 요소가 여전히 들어가지 못한 것 같다. 하나의 방안으로 제시할 수 있는 것이 전통적인 민속놀이인 석전(石戰)이다.

단오날에 행하여지는 씨름과 그네뛰기 외에도 단오날 널리 행하여졌던 민속놀이의 하나는 석전(石戰)이다. 석전은 최근까지만 하더라도 전국적으로 행하여졌는데 주수가 대중 끝나는 음력 10월부터 다음해 3월까시의 농한기에 주로 행히여졌는데, 지역에 따라서 조금의 차이가 있지만 정월대보름날을 전후하거나 5월 단오 그리고 8월 한가위 때 주로 행하여졌는데 가장 성행하던 곳은 평양이었다. 한편 석전은 척석희(擲石戲)라고도 하는데 고려 말9)뿐만 아니라 조선 초기까지는 주로 5월 단오 때 자주 볼 수 있는 민속놀이였다. 예를 들어서 조선조 『태조실록』에는 단오일에 임금께서 석

---

9) 손진태(1984 : 80~87).

전을 관람하였다는 기록이 나오며, 때로는 너무 격렬했기 때문에 태종 10년
에는 그해 단오에는 석전을 금하도록 했다는 기록이 나온다(이강로, 1974 :
148). 그러므로 고려 말부터 조선 초까지는 석전이 단오 때에 행하여졌던
것이 일상적인 우리의 풍속이었던 것 같다. 조선후기의 세시풍속지인 유
득공의 『경도잡지』에는 석전(돌팔매놀이)이 고구려에서 시작되었다는 기록
이 나오며, 조선초기에는 고려와 같이 5월 단오 때 돌팔매놀이를 하였고,
서울에서 가장 큰 돌팔매 놀이터는 종로였다.10) 여하튼 석전은 전통적인
민속놀이로 일반 민중들에게 친근한 놀이였다. 조선 후기에 오면서 석전
은 상원(上元)에 하는 것이 보통이지만 지역에 따라서는 여전히 5월 단오
때나 8월 한가위 때 하는 곳도 있었다.11) 따라서 석전이 강릉단오제의 행
사로 진행된다면 고려 때부터 지속되어 온 한민족의 전통문화로서 큰 의
의를 지닌다고 하겠다.

이러한 역사적인 배경을 감안한다면 강릉단오제 때 석전을 민속놀이 행
사의 하나로 도입해 보는 것도 큰 무리는 아닐 것 같다. 예를 들어서 강릉
단오제 때 시연되는 강원도 지정 무형문화재인 사천하평답교놀이 속에도
이미 돌싸움(석전)이 보여지기 때문에 이것을 좀 더 대중적인 공감대를 형
성할 수 있는 핵심적인 단오의 행사로 계승하고 발전시키는 노력이 필요
한 것 같다. 특히 중국과 일본의 단오와 비교해서 강릉단오제는 제의적인
요소는 이미 충분히 검증을 받았지만 놀이적인 요소가 가지는 지역적인
정체성과 공동체적인 민속놀이의 요소는 조금 미흡한 점이 없지 않다. 특
히 조선조에는 중국에서 온 사신들이 석전을 구경하고 싶다고 해서 단오
날이면 석전을 시연해 보이기도 했다는 기록이 등장하는 것으로 미루어
보아서12) 석전은 우리 고유의 민속놀이로 아시아의 여러 민족문화 중에서

---

10) 홍기문(1999 : 175~176).
11) 임동권(1973 : 84).

단연 돋보이는 민속놀이인 것이다. 이러한 민속놀이가 단오 때 행하여졌던 것은 아마도 씨름이나 그네뛰기보다는 좀 더 박진감 넘치는 공동체적인 놀이로서의 기능을 가지고 있었기 때문인지 모른다. 강릉의 단오와 평양의 단오가 민속놀이를 중심으로 한민족의 전통문화를 공동으로 추구할 때 석전이 가장 이상적인 민속놀이가 될 것 같다. 강릉단오제의 경우 이미 전통적인 제의와 단오와 관련된 세시풍속, 씨름과 그네뛰기와 같은 민속놀이 그리고 엄청난 규모의 난장 등 다양한 프로그램이 잘 운영되고 있다. 여기에 북한(특히 평양)의 단오가 곁들여지고 또한 조선 전기까지만 해도 한국인의 대표적인 축제인 단오 때 행하여졌던 전통적인 민속놀이인 석전이 덧붙여진다면 한민족 문화공동체를 위하여 하나의 초석이 될 수 있을 것이다.

5. 한국의 축제에서 세계의 축제로

이상에서 살펴본 바와 같이 도시공간 속의 강릉단오제 발전방안을 모색하기 위하여 상통이라는 시역, 단오라는 세시풍속, 그리고 제의를 비롯한 민속놀이에 대하여 종합적으로 고찰해 보았다.

도시공간 속의 축제로서 강릉단오제는 우선 이전부터 가지고 있던 축제의 전통성, 향토성, 제의성과 민속놀이적인 요소가 담겨있어야 하며 여기에 덧붙여서 먹을거리, 즐길거리, 볼거리 등의 다양성이 좀 더 확대되어야 한다. 그러나 맹목적이고 무의미한 확대보다는 강릉을 중심으로 하는 강원도 지역이라든지 단오라는 세시에 맞는 그리고 전통적인 제의와 민속놀

---

12) 이강로(1974 : 148).

이 또는 난장을 잘 조화시킬 수 있는 볼거리, 먹을거리, 즐길거리를 찾아내고 축제 속에 끌어들이는 것이 중요할 것 같다. 또한 현대적인 도시축제가 가질 수도 있는 지나친 상업주의나 집단이기주의 그리고 지역적인 배타성을 극복하기 위해서는 지역의 전통문화를 보존하여 지역민들을 중심으로 하는 민중들의 일체감을 조성하고, 남북한을 하나 되게 하고 아시아와 세계를 한데 모아 주는 열려있는 축제로서 문화적 의의, 경제적 의의, 관광적 의의 등을 함께 지닐 수 있는 현대적인 향토축제요 도시축제로 전환될 수 있도록 지속적으로 노력하는 것이 필요하다.

또한 이제 강릉단오제는 이제 지역을 대표하는 향토축제라기 보다는 한국과 아시아를 대표하는, 그리고 세계를 대표하는 세계적인 축제가 되었다. 이러한 입장에서 한 단계 더 나아가기 위해서는 북한의 단오와 아시아의 여러 지역의 단오를 한데 모아서 명실상부한 단오축제의 대표로서 한 걸음 더 나아가야 할 것 같다. 따라서 국내적으로는 전국적으로 산재해 있는 여러 지역의 단오 풍속을 한 곳에 모아서 강릉단오제의 한 부분이 될 수 있도록 힘써야 하겠고, 또 한편으로는 북한의 단오 민속도 적극적으로 수용하여야 할 것 같다. 또한 좀 더 박진감 넘치는 공동체 문화를 조성하기 위하여 단오와 관련된 민속놀이의 지속적인 개발이 필요한데 석전이 가장 이상적인 방안이 될 것 같다. 한편 국외적으로는 중국과 일본을 비롯한 다른 아시아 지역의 단오 민속을 체계적으로 수집하고 분석하여 우리의 단오와 비교함으로써 동아시아에 널리 퍼져있는 단오문화 속에서 한국의 단오가 가지는 보편성과 특수성을 보여줄 수 있어야 할 것이다. 강릉단오제가 세계인이 함께 하는 지구촌을 대표하는 축제가 된 이상 강릉단오제는 강릉과 강원도인들 그리고 남북한이 하나가 되는데 기여해야 함은 물론이고 아시아와 전 세계를 하나로 묶어주는 데 중요한 가교역할을 하는 진정한 세계인의 축제로 거듭 태어나야 할 것이다.

제 4 장

축제 속의 구비전승

1. 기지시줄다리기와 구비전승

축제는 다양한 문화요소를 가지고 있는 종합예술로서 지역 주민들의 공동체 의식을 고양시키며 개인보다는 공동체의 중요성을 인식시키는 기능을 한다. 어떤 축제는 제의적인 요소가 강조되어 있어서 축제가 가지는 산만함과 생동적인 분위기보다는 조용하고 정적인 분위기를 반영하는 경우도 있다. 그러나 전제적인 구성요소를 보면 축제 속에는 역시 흥미를 북돋워주고 한데 어울려서 지위와 나이를 초월해서 하나가 될 수 있는 장을 마련해주는 놀이적인 요소도 들어 있다. 대부분의 축제는 이렇게 제의적인 요소와 놀이적인 요소가 적절하게 조화를 이루고 있다. 그런데 또 어떤 축제는 제의적인 측면도 중요하게 내재되어 있지만 외면적으로 보면 놀이적인 요소(특히 민속놀이적인 요소)가 강조되어서 마을의 모든 구성원들이 하나가 되는 시간과 장소를 마련해주는 경우도 있다. 이러한 축제의 대표적인 예로 기지시줄다리기를 들 수 있겠다.

축제가 언제부터 어떻게 시작되었는지를 보여주는 역사문헌적인 자료 외에도 축제와 관련된 다양한 구비전승 자료는 민속학적으로 소중한 자료를 제공해 준다. 특히 구비전승 되는 자료는 구비전승의 주체들이 연로해지고 지역사회가 도시화와 산업화 되면서 전승력이 약화될 수 있기 때문에 현지조사를 통하여 체계적으로 수집하고 분석하는 작업이 시급한 실정이다. 특히 후대의 전승자들은 전통적인 축제를 행하는 필요성과 지역의 특수성을 잘 느끼지 못한 채 형식적인 입장에서 수동적으로 축제에 참가할 가능성이 많다. 그저 역사적인 문헌 자료에 근거하여 지역을 대표하는 역사적인 축제의 하나로 받아들일 수도 있다. 이러한 의미에서 구비전승 자료는 축제를 더욱 더 축제답게 만들고 축제라는 뼈대에 살을 붙이는 작업일 것이다. 또한 축제를 좀 더 지속적으로 전승시킬 수 있는 자생력과 원동력을 재공해 줄 수도 있는 것이다.

축제와 관련된 구비전승에 대한 고찰은 축제 속에 보여지는 민속놀이와 관련하여 과거로부터 전해져 오는 다양한 민속문화를 적나라하게 제공해 주기도 한다. 따라서 이러한 구비전승 자료는 시간과 공간을 초월해서 지역의 공동체가 행하였던 향토문화와 민족의 공동체가 행하였던 민족문화를 잘 반영해 준다. 예를 들어서 몽골의 나담축제에 보여지는 유래담을 통하여 몽골의 나담축제는 시간과 공간을 넘어서 몽골의 유목민들의 일상적인 생활문화가 오늘날까지도 축제의 현장에서 생생하게 느낄 수 있도록 기능을 한다고 볼 수 있다.[13]

이와 유사하게 충남 당진군의 기지시줄다리기에서 보여지는 구비전승 자료를 분석하여 기지시줄다리기를 좀 더 생동감 있게 접근하고자 한다. 필자가 현지조사를 통하여 수집한 구비전승 자료는 "과거"라는 하나의 큰

---

13) 박환영(2007b) 참조.

범주 속에서 전승되어 오는 자료들인데 조선시대의 이야기에서부터 해방을 전후한 이야기 그리고 불과 수십 년 전의 이야기까지 아우르고 있다. 아마도 이러한 구비전승 자료는 기시시줄다리기가 주로 행하여지는 기지시리와 그 주변 지역을 소재로 하는 경우가 대부분이기 때문에 역사적인 문헌자료에서 잘 얻을 수 없는 지역에 관한 유익한 자료를 얻을 수 있다.

충남 당진군 송악면 기지시리에서 면면히 계승되고 있는 기지시줄다리기에 얽혀있는 구비전승은 주로 전설, 민담 그리고 속신 등이다. 이러한 구비전승 속에는 기지시줄다리기와 관련해서 기지시리에서 줄다리기가 어떠한 연유로 언제부터 행하여졌으며, 줄다리기를 주도적으로 준비하는 사람들뿐만 아니라 줄다리기에 참가하는 기지시리와 인근 지역의 사람들이 오랜 시간동안 듣고 경험한 민중들의 끈끈한 생활문화가 잘 반영되어 있다.

기지시줄다리기의 구비전승에 대해서는 이미 몇 차례 민속조사가 실시되었고, 부분적이지만 그 결과물이 나와 있기도 하다.[14] 그러나 줄다리기의 유래와 관련된 전설만이 이러한 구비전승의 주된 영역을 차지하고 있는 편이다.

↑ 기지시줄다리기 행사의 하나인 당제(堂祭)

기존의 자료를 참고하면서 2001년과 2004년에 필자가 현지조사를 해서 얻은 자료를 중심으로[15] 기지시줄다리기의 구비전승을 살펴보고자 한다.

---

14) 임동권(1975), 인권환(1980), 이우영(1986) 등 참조
15) 필자는 2001년 3월과 4월 그리고 2004년 4월과 5월에 기지시줄다리기를 현지조사 하였다.

🔼 기시지줄다리기

2. 전설

기지시줄다리기와 관련된 전설은 주로 기지시줄다리기가 어떻게 유래되었는가에 대한 내용이 대부분이다. 이러한 전설 중에서 대표적인 것은 인권환(1980)이 현지조사를 하고 정리한 '줄다리기 유래담'에 대한 전설인데, 이 내용을 줄여서 요약해 보면 다음과 같다.

여기 '기지시리 줄다리기'가 약 지금으로부터 400년 전부터 시작이 됐습니다. 그거는[그것은] 이 핸[한진] 나루가 터질 적이 그, 이춘삼이라고 하는 분이 거기에 거주헌[거주한] 분으로서, 즉 대표적인 인물이었었죠. 그랬었는데 예에, 하루는 전혀 모르는 사람이 와 가지구. "이곳에 핸[한진] 나루가 터지니 미리 피신들 해라" 이렇게 외치구 대녔읍니다[다녔습니다]. 그 사람은 누군지 성명도 모르는 사람이었고. 예예 그래서 주민들은 전혀 믿지 않고 있다가 그 분이때는 다가온다고 해서, 방을 하나를 거기서 정해 가지고 들랑날랑 하다가 아 이토정이라고 하는데 정확한 기록상에는 없습니다마는 이토정 선생도 고걸 가늠을 하구서 또 거기 같이 있었는데, 그분이 알구 보니께 소금장사 였었어요. 그러니께 이제 소금을 그 주인이다가 맡기구서 들랑날랑 하는데, 이토정이라고 하는 분이 밤새 참, 잠을 못 이루구서 왔다 갔다 하다가아 그 소금장사가 하는 얘기가, "이젠 때가 됐으니까 나가야겠다".구 허드니, 그 소금지게를 지구서 산으로 인저 올라가서 이토정이란 분두[분도] 또 뒤따라서 가고 이춘삼씨도 뒤따라서 이렇게 보니까 자기는 아주 산꼭대기까지 두 사람이 올라갔구, 그 소금장사로 오는 사람은 중간에 지게대를 세웠어요. 그냥 세워서 그냥 젓작대기를 바치고 있느라닌까[있는데], 아 갑자기 물이 세기 들어와 가지고 그 쪽이를 전부 밀고 나가고, 그 산 중턱 그 작대기 짚은 고 밑에 까정[까지] 딱 잘라가더라 이렇게 전설이 돼 왔었습니다. 그래서 그것이 터지고 보닌까 지끔 신평 운정리에서, 하산 진주면 건너막은 인제 그 삽교천, 이것이 그때에는 육지였었죠. (중략)

예에 고렇게 되구 보닌까, 그후에 여러 가지 지역적 지방에 유언비어 또는 갖은 그 미신적인 얘기, 이루쿠 보닌께 지역은 혼란이 돼 있구, 또 그러다 보닌께 각종 전염병은 만연돼 가지고 병마가 각처에 많이 있었구, 또 어른들 얘기 들어 보믄, 그때는 대낮이에두 그 호랭이 맹호같은 놈이 나타나 갖구, 사람도 살해하구 아주 그 인심을 흉흉하게 만들었다는 게지요. (중략)

예에, 그렇게 됐었는데 그쩍이 이토정 같은 분덜이[분들이] 얘기한 걸루 알고 있어요. 철학가라구 한다면은, 그분들이 한 얘기가 우리 송악 김씨는 베틀형이다. 지형이, 그래서 베틀 기(機)자, 그게 기계 기사라ㅣ두 하지만 베틀기자라구 합니다. 그게 잉, 못지(池)자 저 자식 이래 해서 기지시라 이렇게 이름을 지었고, 그러기 땜에 기지시는 예에, 옥녀가 베를 짜는 형국이다. 그래서 옥녀지끔혈이다, 이렇게 철학 선인들이 얘기를 한 거죠. (중략)

요기 내려가면 고 줄다리는 디가 있어요. 고 부락이 여기, 거기는 홍척동이라 이렇게 돼 있어요. 홍척, 홍겨웁게 자기를 한다구 해서 홍척동이라 이렇게 돼 있기 때문에, 이 옥녀 지끔혈이다, 기지씨라, 하는 것은 아주 글자로 풀이해 봐도 그대로 들어맞는 얘기 같예요. 예에 자연부락간의 그 이름

두 그런 편이구. 그래서 그것이 계속해 오다가 왜 그런 애기가 되는가 하면
은 그것을 줄을 다려야 여러 가지 그 병마가 없어지구, 액운도 없어지구,
또 인심이 안정돼서 참 하나의 그 국태민안하는 그런 풍토를 조성하기 위
한 하나의 유도가 아니었었느냐…… (중략)

 이기는 쪽엔 풍년이 들구 지는 쪽엔 흉년이 든다. 아주 그런 정도로 신격
화해서 주민들이 참 줄다리기 하는데 그 성벽이라는 건 이루 말할 수도 없
어요. 대단했던 거죠. 우선 당장에 먹고 사는 문제인 흉년이 든다고 하난께
문제고, 소득세를 전부 부담을 시킨다고 하닌께, 이젠 문제고, 또 따라서 상
품은 항상 따르게 마련이니까요. (중략)

 그러니깐 모든 액운은 다 물러 나가게 해 달라는 것, 또 하나는 평화를
기원하고, 이번에는 이번 행사에는 고 축문대회에다 거기다 삽입을 했습니
다. 그래서 참 주민 총단합, 국태민안해서 남북통일이 빨리 가져와 달라, 고
렇게 거기다 확대, 삽입했죠. (중략)

위에서 기술한 기지시줄다리기의 유래와 관련된 전설의 주요한 내용을
자세히 들여다보면 이 지역에 여러 가지 재난과 괴변이 자주 발생하자 민
심이 흉흉하고 살기가 어려웠는데, 이러한 위기를 극복하고자 마을 사람
들이 모여서 줄을 다리게 되었다는 사실을 알 수 있다. 필자가 현지조사를
하면서 송악면 가교리의 구성회 할아버지(80세)에게서 채록한 전설은 이러
한 내용을 한층 더 보충해주고 있다. 다시 말해서 기지시리를 중심으로 인
근지역에서 줄을 다리게 된 유래가 당시 이 지역에서 일어난 천재지변(지
진)과 대외적인 역경(임진왜란)이었는데, 그러한 구체적인 사례와 관련된 전
설이 여기에 해당하는 것이다. 송악면 가교리에서 수집한 재난이 일어나
서 줄을 다리게 되었다는 내용을 암시하고 있는 세 가지 종류의 전설을
예로 들어보면 다음과 같다.

한진인가 그 쪽에는 그때에 이조 선조대왕 때 토정 선생이 그기에 돌아 다니면서 "이 땅이 꺼지니 빨리 피난 가시오." 이러구 돌아 다녔다는데 그게 역사적인 역사적인 문구는 없어. 토정 선생님이 한진 그 근처에서 살다가 보니까 이 땅이 꺼지게 되었어. 벌써 시간이 날짜로부터 따게 꺼지게 됐는데. 그기서 사는 사람들을 전부 구해야할텐디, 살게시리 맨들어[만들어] 주어야 할텐디 고지를 안들어. 어, 그러니껜 토정 선생님이 돌아다니며 "빨리 피난들 가시오, 피난들 가시오" 하니껜 저놈은 사람 된장 똑똑하니 뭐 글도 잘하구 뭐 유명하다더니 미친지랄하고 돌아다니는 구면 이렇게 냉을 받았다구. 구러자 그 소리를 며칠을 두고 돌아다니다가 허다가 가만히, 시간이 될 것 같은디, 시간이 그 꺼질 시간이 지진이 날 시간이 됐는디. 됐는디 하는데. 어떤 한 사람이 지게에다가 뭐를 지었는데 소금. 소금을 지고 개 한 마리가 뒤 쫓아오고, 줄렁줄렁하고 와서 한진 그 당제. 그기 그전에는 지금은 당제지. 그전에는 평지였지. 산꼭대기. 그기다 지게를 탁 바쳐놓구서 토정 선생이 저기서 만났는디. 만날 적에 그 애기를 해서. 그건은 알 만한데, 그 소금장사가 그건은 알만한데. 말 한마디로 땅 이렇게 허니께. 토정 선생이, 지나가는 사람이 나 보고 나 쳐다보구서, 그건은 알 만한데 이상하거든. 쫓아간거여. 소금장사 한테 무얼 알만한데 그러니께 "빨리 이리 와" 그리고서 뒷떨미를 이렇게 잡아 땡겨서 자기 지게 옆에다가 갖다가 대는 거여. 지게 받친 끝터머리 가선 개가 드러누웠어. 개가. 그러더니 어느, 어느 시간인지도 몰루? 소금장사가 인저 이지함 토정 선생한테 어느 시간도 몰루? 그러니껜 뭐를요? 허허. 그러더니 고 개 드러누운데 한발짝 뒤쪽부터 슬슬슬슬슬 어뜨게 그냥 땅이 없어지는지 이쩐지 물기큼[물같이] 미냥 돼가지고 업어져버려. 그러니께 그냥 아주 그기서 사는 사람들은 싹 죽어버린거여.

서해대교 저 그 밑이 군함드러 댕기라고 왜 저 뭐 했잖여. 밑에 조끔 내려가먼 바위가 허니 큰 놈이 있어. 영웅바위. 영웅. 영웅바위라고 해. 그 바위는 누구 네가 그때는 째그만할[조그만] 때 흙이 있어서니께 몰랐는데. 그 신평 이씨네 종가집 장광에 가서 바위가 있는디 그놈을 깨차내여 영 깨차여지 안 깨지고 그냥 그러니께. 그냥 듰던[두었던] 놈이 그냥 동그랗게 지금도 있다고요. 영웅바위가 지금도 있어요. 그런데 그기 그 바다에 바다 됐던디 그 자리가 신평 이씨네에 종가집 부란 장광에 있던 자리란 말이여. 그런데 임진 난리에 왜놈들이 에 평택으로 상륙해 가지고서 수원을 점령하고 한양을 점령할라고 올라온 거요. 배를 대고. 그러니께 큰 장수가 버티고 서 있는디 그 밑에 고르고 고른 부하가 쩍 엎드려 있는거여. 일본놈이 보니까. 가만 생각허니께 잘 못하면 그게 올라갔다 가는 저희가 한번만에 죽겠거든 일본놈들이. 그러니께 배를 빼 가지고 다시 응 도망간거여. 그러니께 그 영웅바위가 장수가 되고, 그 밑에 바위가 많은 놈이 군사가 된게여. 일본놈들이 눈이 어린거여. 그래가지고서 그 놈들은 도망갔지. 그래 선조대왕께서라무니 그 임진 옛날 일을 다 뭐다구서 나중에 그 영웅 저바위가 그기에 있는디 그 놈 때문에 우리가 애 평택도 그렇고 수원도 그렇고 이렇게 살았습니다. 나라에 고하니께 나라에서 하시는 소리가 그렇게 바위도 나를 위해 줬구나. 그러니 그기다가 옥관자를 갖다 붙여놓아라. 애 바위를 이렇게 파고서 옥관자를 여기다가 해서 놓아라. 어 임금의 영이라고 어디 안할 수 있나. 했지. 그러니 다른 놈들이 도둑놈들이 다 빼갔어.

✔ 김복선과 율곡 선생 전설

그 여기 신평 시장 뒤로 나가보면 망객산이라고 있어. 망객산. 바랄 망(望)자 하고, 손객(客)자. 응 손님을 바라보았다. 망객산이여. 그거는 어째 그 산이 망객산이냐. 율곡 선생님이 천기를 보니까 임진년 난리가 틀림없이 생기긴 생기는디 이거를 평정할 사람이 없어 그래서 여기에 누가 있었느냐 하면 김복선이라는 사람이 있었어. 성(姓)은 김가(金家)요, 이름은 복선인디. 복복(福)자 하고 착할 선(善)자. 에 그 사람을 만나머는 율곡이 암만[아무리] 나라에 국부. 에 나라에 참 아주 훌륭한 선생. 참 동방공자라고 해서 동방공자. 율곡 선생님 보고서 중국에 공자 맹자 있잖아. 그러니께 동쪽에 있는 공자같은 훌륭한 학자다 이거야. 동방공자라고 그랬는데. 그 율곡 선생님이 앞날을 알기는 알아도 이거 어떻게 할 방법이 없어. 그러니께 에 율곡 선생님이 김복선이를 만날라고 에 여기에 왔어. 오머는[오면] 김복선이가 도망 가삤져. 안만나고, 그럼 돌아가고. 김복선이가 가만 생각을 해보니께 그렇게 도망 댕길까닭은 없거든. 그래서 어느날은 같이 낚시를 떡 담고 있는데. 그런데 김복선이가 가서 율곡 선생님 낚시 담그는데 옆에다 낚시끈을 넣었어. 그러니께 율곡 선생님이 김복선이 좀 불러지. 김복선이는 울곡 선생님을 알아. 그렇게 영웅이여. 그러니까 이 근처에 김복선이라는 분이 있다는데 혹시 아시오? 김복선이 보구서. 자기는 김복선이를 모르니께. 대감님, 김복선이를 꼭 보셔야 합니까? 왜 보실라고 그럽니까? 아 내가 좀 물어볼 게[것이] 있는데. 답답해서 그려. 답답해서. 그러니께 그래요. 그 사람 한번 오늘중에 낚시질하고 해서 집에 갈라고 할겝니다. 그러면서 자기도 낚시줄을 거두어서라무니 들러 메고서 응 그거 몇 마리 그렇게 잡은 것 갖고 등렁들렁 가는거여. 그러면서 저를 따라와 보시오. 김복선이를 만나러. <u>호호호</u>. 그러면서 오두막집으로 들어가는 거여. 인저. 김복선이가. 자기 어머니가 있어 김복선이. 어머니의 말하자면 반찬거리를 잡아 갖고선 메었는데. 율곡 선생님이 가서 기침을 커흑 하고 보니께 자기 인저 그 괴기(물고기)를 잡으러 갔던 옷을 다시 벗고서 그에 출입복이라고 요새 말하면 어디 나갈라머는 집에서 작업복 입다가 저기 께끗한 옷을 입잖아. 나와서 하는 소리가 절을 참 땅 닿게 허거서[하고서], 제가 김복선이 올시다. 에헤헤 아 긍방 들어건 사람은 누구야? 그 사람 몰루는 사람이요. 에헤헤. 게 저희 집으로 들어가시죠. 가서 보니께 벽도 얼쭈 떨어져서 바람이 싱싱 들어오구. 먹을 것두 없구. 그렇게 사는 사람이야. 김복선이가. 그래서 여기서 어떻게 사느냐 허니께. 제 운이 그겐가요 뭐. 운이 그래요. 그러니껜 하는 소리가 아 임진년 난리를 어떻게 했으면 백성들이 좀 고통을 덜 받고 살 수 있나. 하하하 썰걸 웃으면서 내 아오. 잉 나라 운수야 어떻게 합니까. 내 아오. 그러니껜 율곡 선생이 깜짝 놀래는겨. 국운(國運)이 내아오라니 어떻게 된일이냐. 그러니껜 김복선이가 방법은 있습니다. 무슨 방법이냐? 그러니껜. 청주에 있는 최풍헌이라는 사람을 대장을 시켜서 총책임만 맡기면 사흘평정이요. 일본 놈이 암맨[아무리] 많다할지라도 사흘평정한다는겨. 그러니껜 율곡 선생님이 깜짝 놀라는겨. 사흘평정이라면 그야말로 이거는 뭐 구신[귀신]이 돌아댕겨 다 쳐부수기 전에는 안된다는 거여. 그래 그 사람은 백정 노릇을 하니 천

인이여서 안 쓸게고. 율곡 선생이 그러구 또 없나? 그러니 예, 저는 칠일평
정이올시다. 여 김복선이는 그 전쟁을 맽겨주며는 이레만에 평정합니다. 그
러니 그 주재하고 여게 사는 것 보니 어떻게 영. 율곡 선생이 그래여. 또 없
나? 예. 에 송구봉을 전쟁 총수를 시키머는 석달평정입니다. 석달. 그러니께
삼일평정, 칠일평정, 석달평정이면 굉장히 이건 뭐 뭔지. 그러니께 송구봉도
나라에서 안 씁니다. 그 아버지가 모의를 하기 때문에 음모작전을 했어요.
그 때문에 안쓸겝니다. 그러면 또 없나. 그 집안에 이순신이라는 사람이 있
지요 그러니께 율곡 선생님의 당질이여. 바로 집안의 당질. 그려. 그러면 그
사람이 평정하나. 팔년 동안 병화만 가지고 있지 아주 전쟁을 말소는 못시
킵니다. 그려. 그럼 어떻게 해서면 좋은가? 없습니다. 그런데 대감님이 사시
는 동안은 일본놈이 못들어 옵니다. 풍신수길이가 벌써 율곡이 있으면 전쟁
했다면 망하니까 엥 전쟁하면 절대 안된다니께. 율곡 선생이 죽어야 말하자
면 전쟁을 할 수 있다. 일본 놈들은 먼저 알았어요. 결국은 최풍헌이도 소용
없고, 김복선이도 소용없고, 송구봉도 소용없고, 결국 순신, 이순신이여.

이상에서 열거한 전설은 지진과 같은 갑작스런 자연재해와 임진왜란과
같은 외적인 난리에 효과적이고 능동적으로 대처하기 위해서 줄을 다리게
되었다는 기지시줄다리기의 유래를 잘 설명해 주고 있다. 한편 이러한 전
설과 아울러서 이 지역이 베틀형국인 틀모시라서 윤달이 드는 해에 극진
한 정성으로 당제를 지내고 줄을 다려야 모든 재앙과 액운을 물리칠 수
있다는 전설도 이 지역에서 전해져 내려온다. 또한 이 지역이 지네 형국인
데, 지네의 다리는 양쪽으로 50개 정도로 많아서 지네의 다리가 활발하게
움직이면 사람들을 해치게 된다.[16] 따라서 지네의 발목을 잡아야 마을에
재난이 없어지며, 지네를 대신하여 지네의 형상을 하고 있는 줄다리기를
윤달 드는 해에 하는 것은 지네의 다리를 당겨서 지네가 꼼짝하지 못하게

---

16) 이우영(1986)은 기지시줄다리기의 유래담을 풍수지리와 관련해서 베틀형국 혹은 지네형
국과 연관지어서 설명하고 있다. 송악면 가교리의 구성회(83세) 할아버지는 기지시줄다리
기의 유래와 접목해서 지네형국설을 좀 더 자세하게 풀이하였다.

하는 상징성을 가진다고 볼 수 있다. 줄을 팽팽하게 당겨서 다리듯이 지네의 다리를 당겨야 좋고, 지네 발목쟁이를 늘려야 좋다는 것이다.

3. 민담

기지시줄다리기에서 보여지는 민담은 꽤 많은 편이다. 어떻게 보면 여러 지역의 사람들이 줄을 다리기 위하여 모이다 보면 다양한 이야기가 생겨나기 마련이다. 또한 줄다리기에 사용할 줄을 각 마을에서 만들면서 하나의 공동체 의식을 가질 수 있는데, 줄을 다리는 날이 다가오면서 만들어 놓은 줄을 행사 당일까지 최상의 상태로 유지하기 위하여 수상(水上)과 수하(水下)에 속한 마을 사람들은 더욱 더 공고한 단결력을 보여주기도 한다. 이러한 과정 속에서 줄다리기의 줄과 관련된 이야기가 종종 보여진다. 이러한 내용을 가지고 있는 필자가 현지조사에서 수집한 민담 두 개[17]를 보이면 아래와 같다.

✔ **기지시줄다리기와 조일성냥 파는 사람 이야기**

합덕 서 사는 조일성냥 파는 사람이었어요. 조일성냥. 그 사람이 그 줄을 이렇게 해서. 지금은, 올해는 이 아래에다 해 놓았는디. 그기는 그전에는 장안에다 해 놓았어. 장안에다가. 에 응. 장안에도 그 이렇게 돌아서 가는 이 안으로. 십자 거리 그기서 부터 이 아래까지 내려오면서 그렇게 해 놓았다구요. 그니껜 게다[거기에] 데구서라무니 조일성냥 파는 사람이 양재물을 팔아. 그때는 양재물이 쓰여 먹었으니까. 그렇게나 데구서 양재물을 뚜드리

---

17) 필자가 수집한 기지시줄다리기와 관련된 민담은 2004년 송악면 가교리의 구성회(83세) 할아버지로부터 얻을 수 있었다.

니께[두드리니까] 양재물 가루가 그, 저 동아줄에 큰 줄이 올라 앉았다구요. 근데 비를 맞으니께, 지금은 비 안 맞게 시리 잘 싸지. 그때는 비 맞거나 말거나 그냥 했지. 에헤헤. 그러니 득 볼게 없지 뭐. 그냥 두고서. 비 맞으니께 이놈이 양재물이 그냥 짚에 슬슬슬슬 녹는 거여. 그냥 줄다려 이렇게 갖다가 비녀장 이렇게 갖다 끼고서라무니 비녀장 끼고 잡아당기니께 픽 끊어져뻐린거야. 에헤헤헤. 그런 수도 있었어요. 그래서 조일성냥 파는 사람 그 사람 합덕 사람인디 그 사람은 모르고 했지. 조일성냥 파는 사람이 양재물을 기지시장날이면 아주 잔뜩 갖고와서 게다 놓고 투전에서 다 부서진 놈도 가져가야할텐디. 부서진 거를 그냥 어찌 줍을 수 없으니께 그, 큰 저 어디가서 줄에가서 떨어진 것 그냥. 에헤헤헤. 그렇게 된 일이 있어요.

✔ 기지시줄다리는 날 이야기

옛날에는 농악대가 물아래[수하]가 한 80개 근 90개. 그르므는 농악 하나에 적어도 얼마가 쫓아다니는가 하머는 20명이 쫓아대녀야 돼요. 안만[아무리] 못 와도 20명. 그르므는 80개라면 얼마여. 20명씩 1600명이지. 그러구 물위[수상]가 한 75 뭐 그렇게 돼니께, 70 정도만 잡아도 20명씩이면 1,400명이다 이거여. 그런데 그때는 어떻든지간 그 공동묘지로 이쪽으로 저쪽으로 해서 메는 사람들이 오만[50,000명]이니 육만[60,000명]이니 그렇게 되게더라구요. 그러니껜 동네에서 농악 갔으니께 어린이 업고 가는거여 또. 안식구도 없구. 에헤헤. 동네가 텅텅 비어요. 그러니께 애들도 같이 데리고 가야지. 아이들 집에 나두면 그래 가만있간[있겠는가]. 그러면 쫓아와서 그기 기지시에서 놓치면 어디로 찾을 수 있는 방법이 없어. 많이 잊어버리기도 했어. 그러니께 늘 울고서 가는 놈. 물어보면 네 아버지는 누구고, 네 어머니는 누구고. 어서[어디서] 사느냐 물으면 그 말 대답하는 놈은 에엥 아주 대려다 그때는 전화가 없으니께 데려다 주는 거여 데려다가. 그렇게까징 했다구요. 그리고 그러니껜 그런데 갈라무는[갈려고 하면] 그야말로 참 옛날 아는[아이는] 군복마냥 일일이 써서 붙여놓곤 했는데. 그것을 내번지지[잃어버리지] 않으면 찾아오는데. 그때는 그게 없으니께 응 어떤 놈이 데려다 주는 놈 백[밖]에 없어. 그러니껜 기지시줄다린다 하면 이 근처 사람들은 또 먼디서[멀리서] 와서 자요. 줄다리는 것 구경하라. 자 서울지구나

자 대구지구 자 부산지구나 와서 한 데 여섯 놈들이 와서 잔다구. 또 이쪽
방에도 자구, 저쪽 방에도 자구. 그러면서 그기 구경허구서 또 와서 자고서
또 가요. 그러니께 줄다리는 날은 뭐 손님도 와서 자기도 허고, 에으 애들
도 와서 자기도 허고. 전부 그러고선 난장구경 허구. 또 와서 자고, 또 가고.
에 아주 집집마두[집집마다] 손님 안치러는 집이 없었어요, 그전에는.

이상의 민담은 기지시줄다리기와 관련해서 그 당시의 생활상을 잘 나타
내어 주고 있다. 특히 당시에는 광목(廣木)을 즐겨 입었는데, 양재물을 가져
다 끓여야 때가 깨끗하게 잘 지워졌기 때문에 집집마다 양재물을 필요로
했던 것인데 이것이 줄다리기 행사 때에는 상대방의 다리는 줄을 약화시
키는 요소로도 사용되었던 것이다. 한편 기지시줄다리기를 하게 되면 온
마을에서 모두 참여했기 때문에 동네의 아이들을 돌볼 사람이 없어서 아
이들도 데려가곤 했는데, 행사장에서 간혹 아이들을 잃어버리는 경우도
많았음을 잘 보여주는 이야기도 있다. 또한 다른 지방에서 줄다리기를 보
기 위해서 온 사람이 마을 곳곳에서 숙식하기도 했기 때문에 집집마다 손
님을 치루지 않는 경우가 없을 정도로 인심도 후하였음을 시사하는 이야
기도 기지시줄다리기와 관련된 대표적인 이야기로 볼 수 있다.

4. 속신

기지시줄다리기는 지역의 다양한 구성원들이 함께 하는 대표적인 대동
놀이이며, 또한 그 속에는 줄다리기와 관련된 재미있는 속신도 찾아볼 수
있다. 인권환(1980) 『한국구비문학대계』 충남 당진편에서 기지시줄다리기

에는 "다린 줄을 끊어서 짚을 다려 먹으면 애기를 못 낳는 분은 애기를 낳는다"와 "다린 줄을 끊어서 짚을 다려 먹으면 허리가 아픈 신경통 환자는 신경통이 낫는다"는 속신을 수집해서 보여주고 있다. 또한 필자가 2001년에 기지시줄다리기를 조사할 때 지역주민들 사이에서 "수상(水上)이 이기면 그 해에는 국태민안(國泰民安)이 되고, 수하(水下)가 이기면 시화연풍(時和年豊)이 든다."라는 속신을 자주 들을 수 있었다.[18] 필자가 2004년 현지조사에서 수집한 기지시줄다리기와 연관되어 있는 속신을 열거해 보면 아래와 같다.

- 다린 줄을 끊어서 다려 먹으면 병도 낫는다.
- 물아래 (수하)가 이기면 풍년이 들고, 물 위 (수상)가 이기면 흉년이 든다.
- 줄다리기를 하면 보통은 수하가 이긴다.
- 줄다리기를 하면 보통은 수상이 진다.
- 줄에 양재물을 뿌리면 줄이 끊어진다.
- 다린 줄을 끊어서 지붕에 올려놓으면 3년 동안 액운이 없어진다.
- (줄다리기의 이전행사로 진행되는) 산신제의 당주는 100일 동안 부부 간에 합방을 하지 않는다.
- 산신제의 당주는 개고기를 먹지 않는다.
- 산신제의 당주는 몸을 청결히 해야 한다.
- 줄을 넘어 다니면 부정탄다.
- 여자가 줄을 넘으면 부정탄다.
- 줄에 바늘을 꽂아 놓으면 큰 줄이 끊어진다.
- 줄을 다리지 않으면 흉년이 든다.

기지시줄다리기를 통해서 엿볼 수 있는 이러한 속신은 다리는 줄과 치병, 줄의 관리와 금기관계, 경기의 승패 여부, 축원행사의 하나인 산신제

---

18) 박환영(2002c).

의 당주 등 다양한 편이다. 특히 "물아래(수하)가 이기면 풍년이 들고, 물위(수상)가 이기면 흉년이 든다."는 속신은 "줄다리기를 하면 보통은 수하가 이긴다"와 "줄다리기를 하면 보통은 수상이 진다"라는 속신과의 연속선상에서 줄다리기를 통한 풍년기원의 염원을 느낄 수 있다. 그러므로 줄다리는 행사장에서 만난 수상(水上)에 속하는 노인들은 "다섯 번 다리면 네 번은 지고 한번 정도는 이긴다"라고 이야기하기도 했다.

한편 "줄에 양재물을 뿌리면 줄이 끊어진다"와 같은 속신은 앞에서 언급한 "기지시줄다리기와 조일성냥 파는 사람 이야기"라는 민담에서도 보여지는 내용이다. 같은 맥락에서 줄에 바늘을 꽂아둔다든지, 줄을 넘는다든지, 산신제의 당주가 매사에 신중하기 못하게 행동하는 것 등은 부정이 탄다고 해서 금기시한 것을 알 수 있다. 또한 다린 줄을 다려서 마시면 건강에 좋고, 지붕 위에 놓아두면 3년 동안 만사형통 하다는 등 다린 줄을 잘 활용하면 운수대통하고 건강해진다는 속신도 제법 많은 편이다.

5. 구비전승을 통해서 본 축제의 의미와 기능

기지시줄다리기는 님녀노소의 구분이 없이 기지시리를 비롯한 수변의 지역과 기타 다른 지역의 주민들까지 모두 단합하여 수상(水上)과 수하(水下)로 나뉘어서 줄을 다리는 대표적인 공동체 민속놀이이다. 기지시줄다리기의 경우 암줄과 숫줄을 연결시키면 보통 직경 1미터의 줄의 길이가 무려 200여 미터나 되고, 머리부분은 1.8미터가 되기고 하는 큰 규모의 줄다리기인 것이다. 기지시줄다리기의 이러한 외형적인 장엄하고 거대한 분위기에 걸맞게 기지시줄다리기 속에는 민중들의 진솔한 일상적인 삶과 애

환을 잘 반영해주는 구비전승과 관련해서 다채로운 전설, 민담 그리고 속
신 등이 내재되어 있다.

⬆ 기지시줄다리기에서 할아버지와 손자

　기지시줄다리기가 오늘날까지 그 명맥을 유지할 수 있었던 것도 어떻게
보면 줄다리기에 참가하면서 느끼고 또한 듣게 되는 이러한 구비전승의
힘도 크게 작용했음을 부인할 수 없다. 기지시줄다리기에 능동적이고, 적
극적으로 참여하는 세대들이 차츰 나이가 들어가면서 그네들이 공유했던
독창적이고도 끈끈한 구비전승도 조금씩 약화되고 있는 것이 현실이다.
기지시줄다리기의 발전방안과 관련해서 무작정 남에게 보여주기 위하여
외면적이고 양적인 확장을 추구하기보다는 아울러서 기지시줄다리기의 과
거를 보여주고 그것을 바탕으로 현재의 모습과 다가올 미래의 방향을 또
한 제시해 줄 수 있는 구비전승과 같은 내적이고 질적인 부분에 있어서도

많은 관심과 연구가 필요한 것 같다.

축제 속에는 축제와 관련된 다양한 구비전승 자료가 내재되어 있다. 지역의 역사성과 향토성, 그리고 공동체 의식을 반영해 주는 이러한 구비전승 자료는 축제가 지역주민에게 좀 더 가까이, 그리고 생동감 있게 다가올 수 있도록 만들어 준다. 기지시줄다리기 속에 들어있는 구비전승 자료를 분석해 봄으로써 축제가 가지는 이러한 의미와 기능을 다시금 확인할 수 있는 것이다.

■ 기지시줄다리기 행사장에 모인 지역 주민들

제 5 장

성인이 되고 결혼을 하고
가족을 이루는 과정의 민속문화

1. 개인의 사회화 과정인 통과의례

한 개인이 부모로부터 독립을 하여 사회구성원의 하나로 인정받기 위해서는 여러 가지 과정을 필요로 한다. 우선 부모로부터 물려받은 신체를 잘 보존하여 건강한 육체를 유지하는 것이며 또한 정신적으로도 선선한 정신을 간직하기 위하여 끊임없이 정신의 수행도 게을리 해서는 안 된다. 우리가 흔히 '어른'이라고 한 개인을 일컬을 수 있는 것은 육체적인 성숙에 못지않게 정신적인 성숙도 포함되어 있는 셈이다.

전통적인 한국 사회에서 부모의 낳으시고 길러주신 은혜에 대한 효(孝)는 한 개인이 사회구성원의 하나로 받아들여지는데 있어서 가장 중요한 요소로 여겨졌다. 이러한 효의 개념 중에서 부모로부터 물려받은 신체에 대하여 함부로 변형을 가해서는 안 되고 항상 부모를 대하듯이 소중하게 여기고 간직해야 하는 사회적인 분위기가 강하게 내재되어 있었다. 조선시대에는 특히 유교문화가 일반민중들의 생활에도 녹아들면서 나라에는 충성을 하고 부모에게는 효를 행하여야 하는 분위기가 팽배해졌음은 부인할 수 없는 사회적 상황이었다.

한국인의 통과의례(通過儀禮)를 부분적으로 살펴보기 위하여 한 개인이 사회화의 과정을 거쳐서 독립된 성인으로 가족을 이루게 되는 과정 중에서 한국 사회에서 흔히 볼 수 있는 신체와 관련된 관례의 민속, 전통 혼례의 과정, 그리고 가족이 가지는 민속학적 등을 살펴보고자 한다.

2. 신체를 통한 관례(冠禮)의 민속

우리의 몸은 많은 부분과 구조를 가지고 있다. 옷을 입어도 밖으로 드러난 부분이 있는가 하면 밖으로 드러내지 않고 감추는 부분도 있다. 어떤 민족은 신체의 일부분에 변형을 가하여 성인(成人)으로 거듭 태어나게 하는 성인식(initiation)을 행하기도 한다. 예를 들어서 신체에 어떠한 변형을 가하는 입사의례를 행하는 다양한 인류 문화가 존재하는데 새끼손가락의 끝마디를 자르거나(남아프리카), 귓불을 자르거나, 콧구멍 사이에 구멍을 뚫거나, 혹은 문신(文身)을 새기거나 머리를 특별하게 깎는 방식도 있고,[19] 성기(性器)의 일부분을 자르는 할례의식이나 음핵의 절단을 통하여 성인으로 대우받는 사회도 있다.

한편 한국의 문화 속에서 신체는 어떠한 상징을 해 왔을까? 한국인의

---

19) 반 겐넵(2000 : 115) 참조.

정서를 보면 신체 중에서 한 개인을 가장 잘 나타내 주는 것은 아마도 머리카락 일 것이다. 전통적으로 한국인들에게 머리카락은 자신이 속한 사회에서 어떠한 지위를 가지고 있는지 나타내 주는 척도로 작용했다.

우선 아이가 태어나서 백일이 되면 삼신상을 차리고 백일잔치를 하는데 특히 백일 날 행하는 중요한 의례 중의 하나는 출생 후 처음으로 머리카락을 자르는 것으로 이것을 "배냇머리 깎는다"고 한다. 배냇머리란 어머니의 뱃속에서부터 가지고 나온 머리라고 해서 산모(産毛)라고도 불린다. 백일 날 이것을 깎아 잘 보관해 두었다가 아이가 자라서 성인이 되면 돌려주어 한평생 간직하며 어버이의 은혜를 되새기도록 하였던 것이다.

또한 1895년 단발령이 시행되기 전까지만 하더라도 성인이 되기 전에 남녀의 구분 없이 모두 머리를 길게 늘어뜨린 모습을 볼 수 있었다. 그런데 성인식을 행하면서 남자는 관례(冠禮)라고 해서 머리를 빗겨 올려 상투를 틀어 관을 쓰고, 여자는 계례(笄禮)라고 해서 머리를 올려 비녀를 끼운다. 결국 상징적 의미에서 성인이 되기 전에는 머리카락을 길게 땋아서 아래로 향하게 하지만 성인이 되면 머리를 위로 올려서 지위가 상승한 것을 나타내게 되는 것이다. 전통적으로 여성들은 계례를 행하여 성인이 된 후 비로소 혼인을 할 수 있었기 때문에 머리를 쪽지거나 틀어 올려서 "머리를 얹는다"는 것은 곧 처녀가 시집가는 것을 의미하기도 하였다.

전통적인 세시풍속(歲時風俗)에 보면 소발(燒髮)이라 하여 한 해 동안 빠진 머리를 모아두었다가 설날 황혼 무렵에 문밖에서 태우는 풍습이 있다. 조선시대의 대표적인 세시기(歲時記)인 『동국세시기(東國歲時記)』와 『경도잡지(京都雜誌)』에도 소발에 대한 기록이 나올 정도로 당시에는 흔한 풍속이었다. 이러한 풍속의 내면에는 크게 두 가지 내용이 들어 있다.

첫째는 나쁜 기운과 질병을 없애고 행운(幸運)과 무병(無病)을 기원하는 의미가 내포되어 있다. 다시 말해서 흔히 두발(頭髮)은 음귀(陰鬼)와 관련되어 있어서 조심스럽게 다루어야 한다. 특히 한국의 민속에서 여자 귀신은 보통 머리를 풀어헤친 상태로 출현하듯이 산발한 여성의 머리카락은 부정적인 의미를 가지는 경우가 많은 편이다. 따라서 민간에서는 빗질을 할 때 빠져 나오는 머리라도 함부로 버리지 않았던 것이다.

둘째 신체발부(身體髮膚)는 부모에게 받은 것이기 때문에 머리카락 하나라도 소중하게 다루어야 한다는 효(孝) 사상이 들어있기도 하다. 한 가닥의 머리카락이라도 소중하게 다루는 민속은 한 사람의 삶과 죽음을 구분해주는 상례(喪禮)에서도 찾아볼 수 있다. 가령 예를 들어서 우리 조상들은 초종(初終)에 이어서 진행되는 습렴(襲殮)의 한 과정으로 죽은 사람의 머리를 빗기고, 손톱과 발톱을 조발낭(爪髮囊)이라고 부르는 작은 주머니에 넣는다. 죽어서 까지도 머리카락은 중요하게 취급되었음을 보여준다.

따라서 한국의 민속문화 속에 나타나는 머리카락을 보면 한편으로는 민중들 속에서 긴 머리를 올려 성인이 된 것을 인정받기도 했고, 또 다른 한편으로는 음귀(陰鬼)와 같은 부정적인 의미를 가지기도 했다. 또한 머리카락은 부모로부터 물려받은 신체의 일부분으로 받아들여서 효(孝) 사상과 연계되기도 하였다. 이처럼 한국문화 속에 반영되어 있는 머리카락을 소중히 여기는 한국 민중들의 고유한 특성은 부정할 수 없을 것 같다.

머리카락의 상징과 더불어서 손톱과 손가락에 대한 상징적인 의미도 함께 살펴볼 수 있다. 우선 손톱은 발톱과 함께 상례(喪禮)의 한 과정인 습렴(襲殮)에서 아주 중요하게 취급된다. 손톱과 발톱을 복숭아 물로 물들이던 풍속은 오늘날에도 흔히 볼 수 있으며 심지어 도시공간 속에서는 손톱과 발톱을 전문적으로 관리해 주는 미용 산업이 크게 인기를 누리고 있는 것도 재미있는 현상이라고 할 수 있다. 이렇게 손톱과 발톱을 소중하게 여기는 풍속은 설화 속에도 잘 반영되어 있으며 속신어[20] 속에도 잘 드러나 있다. 손톱이나 발톱을 잘 다루어야 함을 보여주는 설화의 내용은 다음과 같다.[21]

　　"옛날 한 청년이 산사에서 공부를 하고 있었다. 그는 항상 절 앞에 흐르는 계곡으로 나가 목욕을 하였다. 목욕을 할 때, 그는 언제나 손톱을 자르고 또 오줌을 누는 것이었다. 그런데 그때 쥐 한 마리가 뒤에서 나타나 그의 손톱을 먹고 오줌을 핥았는데 청년은 그것을 눈치채지 못하였다. 집을 떠날 때 가족과 약속한 3년 공부 기한이 끝났기에 청년은 개나리봇짐을 준비하고 출발하였는데 약속한 날보다는 조금 늦게 집에 도착하였다. 그런데 자신의 집에는 이미 자기와 완전히 똑같은—얼굴이나 옷은 물론이고 목소리와 동작마저도 꼭 닮은—청년이 있어, 그 청년을 집에서는 친자식으로 여기고 있었다. 그 청년은 약속한 날의 제시간에 집으로 돌아갔기 때문이다. 아무리 이야기를 하여도 집에서는 먼저 온 청년을 친자식으로만 생각하고 그를 받아주지 않았다. 아내가 옷

⬆ 효의 사상이 반영된 상례(喪禮)에서 습렴의 과정(안동민속박물관)

⬆ 효의 사상이 반영된 상례(喪禮)에서 상장(喪杖)인 대나무 지팡이는 아버지를 상징한다.(안동민속박물관)

을 조사하여 보았지만 양쪽 모두 그녀가 만들어 준 것이었다. 몸의 특징이 잇는 부분을 조사 해 보았지만, 역시 똑같은 특징을 지니고 있었다. 가족들의 나이를 두 사람에게 말하게 해 보았지만 두 사람 모두 맞추었다. 가족들

---

20) 이러한 속신어로는 "손톱이나 발톱을 주워먹은 닭을 잡아먹으면 그 사람이 죽는다(충남, 전북)"과 "손톱, 발톱을 깎아서 불에 넣으면 해롭다(손이나 발이 오그라 진다)(전국)" 등이 있다. 김성배(2001 : 214).

21) 손진태(2000 : 80~82).

이 어렸을 때의 이야기를 여러 가지 물어 보았는데 또 모두 똑같았다. 마지막으로 어머니는 「우리 집에 밥그릇과 접시가 몇 개 있는지 말하거라. 이것을 맞추는 사람이 진짜 내 자식일 것이다.」라고 말하였다. 가짜 자식은 그것을 맞추었지만, 진짜 자식은 그것을 맞출 수가 없었기에 하는 수 없이 청년은 방랑의 길을 떠났다. 어느날 청년은 깊은 산 속에서 길을 잃어 인가를 찾고 있었다. 어둠이 깃들었을 때 호롱불을 켠 한 집을 겨우 발견하고 문 앞에서 하룻밤 쉬어갈 것을 애원하자, 한 여인이 나와서 그를 맞이하였다. 그날 밤 여인은 「당신이 오실 줄 알고 있었습니다. 당신이 괴로워하고 있는 이유도 잘 알고 있습니다」라고 약 한 봉지를 꺼내 청년에게 건네주면서 말을 이었다. 「이 약을 갖고 집으로 돌아가세요. 그리고 이것을 당신과 당신의 아내, 이상한 청년에게 먹이세요. 그렇게 하면 모든 것이 밝혀질 것입니다.」 청년은 다음날 집으로 돌아가 시키는 대로 해 보았습니다. 그랬더니 이상한 청년은 즉사하여 한 마리의 쥐로 변해 쓰러졌다. 아내는 복통을 일으키더니 이윽고 여러 마리의 쥐새끼를 낳았지만 쥐새끼들은 모두 죽어서 태어났다. 청년만은 무사하였다. 그래서 겨우 그 청년은 이상한 쥐를 물리치고 친자식이 되었던 것이다. 원래 이것은 청년이 버린 손톱과 오줌으로 인하여 청년의 정기가 그것들을 먹거나 핥은 쥐로 옮겨졌기 때문이다. 청년의 정기를 받은 쥐였기 때문에 그 쥐는 청년과 똑같은 사람으로 변할 수가 있었다. 그래서 손톱을 깎으면 그것을 하나하나 모아서 콧김을 불어 반드시 요강단지 속에 버리지 않으면 안 된다.

-1927년 6월 2일 경남 마산군 표동 명주영 군의 이야기

신체의 일부분이라고 소중히 여기지 않으면 안 된다는 의식은 이렇게 손톱이나 발톱 등을 깎아서 함부로 버리지 않은 것과도 잘 연계되어서 한국 여러 지역의 민속문화 속에 많이 반영되어 있다. 한편 신체의 일부분을 변형시키거나 모양이나 형태를 바꾸거나 절단하는 것과 관련된 내용 중에서 성인식과 결부되어서 다루어지는 인류의 다양한 문화가 존재하는데 최근에는 도시공간 속의 도시설화 속에서도 이와 유사하게 신체의 부분적인 묘사를 통하여 어린이에서 어른이 되어가는 과정을 암시적으로 표현하기

도 한다.

도시공간 속에 전승되는 이러한 유형의 도시전설을 보면 그 속에는 수 많은 민속문화를 내포하고 있는 경우가 많다. 단지 현재에 생겨남 도시설화로 보기보다는 이전부터 전승되어 오던 과거의 전통적인 성인식에서 신체의 부분적인 변형을 가져오던 것과 연결하여 다루어봄직도 할 것 같다. 또한 한국의 민속문화 속에서 부모로부터 물려받은 신체의 소중함과 손톱과 발톱 그리고 머리를 함부로 깎거나 버리지 않는 민속문화가 있는데 다른 문화권 속에는 신체의 변화를 자연스럽게 성인이 되어가는 과정으로 설명하려는 의도가 엿보이기도 한다. 예를 들어서 필자가 영국에서 수집한 도시설화는 아이의 교육과 관련해서 일종의 성인이 되는 과정에서 겪게 되는 습관과 그것을 교묘하게 임신과 출산과 관련해서 잘 풀어서 연계시키고 있다. 다음은 필자가 영국에서 수집한 도시설화이다.

> 다섯 살짜리 개구쟁이 아이가 있었는데 항상 손가락을 입에 넣는 습관이 있었다. 그래서 그 아이의 엄마가 아이의 버릇을 고치기 위하여 말하기를 "네가 자꾸 손가락을 입에 넣으면 너의 배가 조금씩 부풀어져서 나중에는 펑 하고 터지고 말거야." 그렇게 하자 아이의 버릇은 곧 고쳐졌다. 얼마 후 아이는 엄마와 함께 시내버스를 타게 되었는데 부풀어 오른 배를 가진 한 임산부가 버스에 타고 있었다. 그러자 그 아이가 임산부에게 다가가서 말하기를 "아주머니! 나는 아주머니가 무슨 짓을 했는지 잘 알고 있어요!"

위의 도시설화는 일종의 수수께끼의 양식을 가지고 있다. 즉 '아이가 임산부에게 무슨 말을 했을까?'라고 하면 수수께끼가 된다. 이 속에는 아이가 자라면서 배우게 되는 예절이나 좋은 습관에 못지않게 성인이 되면 알게 되는 성(性)에 대한 교육도 간접적으로 내포하고 있다. 어린이라는 천진난만하고 순수한 입장에서 변화해 가는 신체의 변화에 지혜롭게 접근하는 인류문화의 지혜가 보여진다.

3. 한국의 전통혼례

한국인의 생활문화 속에서 혼례(婚禮)는 대례(大禮) 혹은 "인륜지대사(人倫之大事)"라고 부를 만큼 아주 중요하게 여겨져 왔다. 이것은 전통적인 한국사회에서 개인이 중심이기보다는 공동체가 중심이 되었고 따라서 사회공동체의 가장 핵심적인 요소인 가족과 친족을 구성하기 위하여 꼭 필요한 의례가 혼례이기 때문이다. 더욱이 일상적인 생업활동에서뿐만 아니라 조상을 위한 다양한 제의(祭儀)를 지속하기 위하여 가문(家門)이나 친족집단의 전통을 계승하고 이어갈 수 있는 새로운 가족의 구성원들이 절실히 필요했던 것이다.

전통적인 한국사회에서는 신랑이 신부집에 가서 혼례를 치루는 경우가 많았다. 신부집에서의 혼례를 마친 신부는 신랑과 함께 신랑집에 가서 시댁어른들에게 인사를 올리는 또 다른 의례를 행하였다. 이러한 풍속을 반영하듯이 오늘날까지도 결혼한다는 말을 남성의 입장에서는 "장가간다"(문자 그대로의 의미는 장인집에 간다)라고 하며 여성의 입장에서는 "시집간다"(문자 그대로의 의미는 시집에 간다)라고 표현한다.

비록 현대에 오면서 예식장에서 혼례를 진행하는 서구식 혼례가 유행하고는 있지만 이러한 서구식 혼례 속에도 여전히 과거의 전통적인 혼례가 부분적이지만 남아서 전해 내려오고 있다. 그만큼 전통혼례는 한국인의 일상적인 생활문화를 반영하면서 끈끈하게 지속되어 오고 있는 셈이다. 전통적인 혼례의 내용과 의미를 대략적으로 살펴보면 다음과 같다.

흔히 우리 조상들은 "육례를 갖추어야 진정으로 혼례를 한 것이다"라고 말할 정도로 혼례를 구성하고 있는 다양한 의례 중에서 최소한 여섯 가지 주요한 의례, 즉 육례(六禮)를 거쳐야만 혼례를 제대로 올린 것으로 간주하여 왔다. 전통혼례에서 육례란 납채(納采), 문명(問名), 납길(納吉), 납징(納徵), 청기(請期), 친영(親迎)이다. 그러나 이러한 여섯 가지 의례는 일상적인 생활 속에서 다루어지기보다는 이상적인 의미에서 여겨진 것이며 오히려 현실적인 생활공간에서는 실질적으로 행하여지는 사례(四禮), 즉 네 가지 의례의 과정이 좀 더 보편적으로 받아들여졌던 것이다. 전통혼례에서 보여지는 주요한 네 가지 의례는 의혼(議婚), 납채(納采), 납폐(納幣), 친영(親迎)이다.

전통적인 한국사회의 혼례를 살펴보기 위하여 혼례의 주요한 네 가지 의례과정을 분석해 보면 다음과 같다. 한국사회에서 전통혼례의 첫 번째 과정은 의혼(議婚)에서 시작한다. 의혼(議婚)이란 양가(兩家)에서 서로 상대 집안의 내력과 여러 가지 측면에서 상대 집안의 제반 사정에 대하여 알아보고, 혼인할 당사자의 사람 됨됨이 등을 자세하게 탐문하는 과정을 의미한다. 즉 혼인은 일생의 중대사이며 혼인을 잘하느냐 못하느냐에 따라 그 사람이 어떤 일생을 살아가느냐를 좌우하는 수가 많기 때문에 자녀를 가진 집에서는 혼인문제에 상당히 신경을 쓰게 된다. 따라서 멀고 가까운 친척 또는 이웃에게 적당한 혼처를 부탁하는 일이 많아서 중매인의 역할이 중요하며, 일단 중매가 들어오면 의혼(議婚)을 통하여 상대 집안을 알아보게 되는 것이다.

전통혼례의 두 번째 과정은 납채(納采)이다. 납채(納采)는 당사자의 부모끼리 중매인을 통하여 일단 혼인시키기로 합의하여 정혼(定婚)하게 되면 신랑집에서 신부집에 사주(四柱)와 청혼서(請婚書)를 보내는 것을 말한다. 사주는 백지에 신랑의 생년월일시(生年月日時)를 적는다. 사주를 받은 신부집에서는 허혼서(許婚書)와 택일을 보내는데 양가의 서신은 모두 혼사(婚事)를 주관하는 주혼자(主婚者)인 부모의 명의로 한다.

한편 전통혼례의 세 번째 과정은 납폐(納幣)로 신랑집에서 신부집으로 함(函)을 보내는 것으로 지방에 따라 그 양식 또한 다양하다. 지방에 따라서는 함에 많은 물건을 넣어 보내기도 하지만 보통은 신부의 치마 저고리 감 두 벌 정도와 혼서지(婚書紙)를 넣어 보냈다. 혼서지는 일종의 혼인 문서인 셈이다.

마지막으로 전통혼례의 네 번째 과정은 친영(親迎)이다. 친영이란 문자 그대로 신랑이 친히 신부를 맞이한다는 의미이다. 그러나 좀 더 넓은 의미로 친영에는 신랑이 신부를 맞이하기 위하여 신부집에 가서 행하는 다양한 의례와 신부가 신랑집에 가서 시부모를 비롯한 시댁의 어른들께 인사를 올리는 의례 등이 포함되어 있다. 흔히 우리가 알고 있는 전통혼례는 친영이 대표적이다. 이것은 신랑과 신부가 서로 직접 참여하여 행하는 의례이기 때문이다.

⬇ 전통혼례에서 신랑

친영(親迎)의 과정 속에서 가장 두드러지는 것으로 전안례(奠雁禮), 교배례(交拜禮), 합근례(合졸禮), 방합례(房合禮), 동상례(東床禮), 현구고례(見舅姑禮) 등이 있다. 우선 전안례는 신랑이 기러기를 신부측에 전하는 의식(儀式)이다. 살아있는 기러기 보다는 나무로 깍은 목기러기를 주로 사용하는데 기러기와 같이 새끼를 많이 낳고, 짝을 바꾸지 말고 평생 금실 좋게 살아가겠다는 신랑의 굳은 다짐을 전달하는 의례인 셈이다. 교배례는 신랑과 신부가 서로 마주보고 절하는 의례이다. 신부는 음(陰)의 이치에 맞게 두 번 절하고 신랑은 양(陽)의 이치에 맞게 한 번 절 한다. 이렇게 하는 것은 신부와 신랑이 음과 양의 조화를 이루는 것을 상징한다. 합근례는 신부와 신랑이 함께 합환주(合歡酒)인 술을 마시는 의례인데 반으로 나눈 표주박 잔에 술을 마시기도 한다. 이것은 반으로 나눈 표주박 잔은 세상에 하나 밖에 없기 때문에 신부와 신랑도 평생 하나 밖에 없는 존재로 여기며 아끼고 살아가고자 하는 희망과 의지가 담겨져 있다.

■ 전통혼례에서 교배례

또한 방합례는 다른 말로 신랑과 신부가 첫날밤을 보내는 의례인데 전통 혼례에서 자주 등장하는 일명 '신방 엿보기' 풍속이 여기에 속한다. 다음으로 동상례는 신부측 젊은이들이 행하는 '신랑다루기' 풍속이다. 일부 지방에서는 실제로 신랑을 거꾸로 매달아 놓고 발바닥을 때리기도 한다. 이러한 의례는 신랑의 지혜와 인내성을 시험하는 것으로 이러한 난관을 잘 극복한 신랑은 신부측의 한 구성원으로 정식으로 통합하게 되는 것이다.

한편 친영의 여러 과정 중의 하나인 현구고례(見舅姑禮)는 다른 용어로 폐백(幣帛)이라고도 하는데 이것은 신부가 시가(媤家)에 와서 드리는 인사로 볼 수 있다. 신부는 미리 친정에서 준비해 온 대추, 밤, 술, 안주, 과일 등을 상(床) 위에 놓고 시부모와 시가의 어른에게 근친(近親 : 가까운 친척)의 차례로 큰절을 하고 술을 올린다. 제일 먼저 신부, 즉 며느리에게 절을 받은 시부모는 치마에 대추를 던져주며 부귀다남(富貴多男)하라고 당부한다. 이때 신부는 시부모와 시집 식구와 친척들에게 줄 옷이나 버선 그리고 간단한 예물 등을 내 놓기도 한다. 신부는 현구고례를 통하여 비로소 시가(媤家)의 새로운 구성원이 되었음을 시집의 가족과 친척들에게 인정받게 되는 것이다.

한편 전통혼례의 풍속은 지역적인 차이를 가지고 있기도 한데 필자는 강원도 평창군의 진부면 수항리에서 민속조사를 하면서 전통적인 혼례와 관련해서 단자놀이라는 혼례와 관련된 풍속을 조사할 수 있었다. 즉 전통혼례의 한 과정으로 신부의 아버지가 신랑의 지혜와 재치 그리고 됨됨이를 확인하기 위한 수수께끼 형식의 일종의 시험이 있었는데 이것을 단자놀이라고 부른다. 즉 이전에는 어려서부터 한자(漢字)를 배웠기 때문에 한자에 대한 깊이 있는 지식을 요구하는 문제가 많았다고 하는데 필자가 강원도 평창군 진부면 수항리에서 수집한 단자놀이는 파자(破字) 한자(漢字)를 통한 수수께끼의 형태를 지니고 있기도 하다. 예를 들어서 강원도 평창군 진부면 수항리의 한 할아버지는 혼례를 앞두고 신부집에 인사를 드리러 갔다가 단자놀이를 한 경험을 들려주었는데 장인어른이 묻고 신랑이 그 물음에 답하는 형식이었다고 한다. 문제의 내용은 다음과 같다.

장인　어흠! 선비의 입에 벼가 풍년이 들었구나!
신랑　이렇게 저를 높이 평가해 주셔서 감사합니다.

장인이 신랑이 될 사람을 보니 아주 흡족해서 자신의 딸과 혼인을 시키고자 딸의 혼례를 좋은 의미에서 "선비(士)의 입(口)에 벼(禾)가 풍년(豊)이 들었구나"로 풀어서 길례(吉禮)라고 표현했는데, 신랑이 이것을 알아차리고 질문에 잘 대답을 하였던 것이다. 예나 지금이나 지혜로운 신랑을 맞으려는 장인의 기대는 변함이 없지만 여러 지역에 남아서 전해져 내려오는 혼례의 민속문화 중에는 신랑의 지혜를 엿보는 것이 제법 있는 편이다. 이렇게 일종의 지혜 시험을 마치면 나중에 동상례(東床禮)라는 '신랑다루기'를 통하여 또 다른 시험이 신랑을 기다리고 있는 셈이다. 한 사회의 구성원으로서 성인이 되고 남편이 된다는 것은 곧 한 가정을 책임지는 의무와 책임감을 가지게 되는 것이다. 그러한 사회적인 기대에 부응하기 위해서는 앞으로 겪게 되는 수많은 시련을 지혜롭게 극복할 수 있는 생활의 지혜와 슬기로운 철학이 신랑에게 필요했던 것이다.

4. 가족의 민속학적 의미

가족은 한 사회의 가장 기본적인 최소단위로 보통 혼인에 의하여 성립

된다. 따라서 한 개인이 성공적으로 사회생활을 영위하는데 있어서 가족은 중요한 역할을 하게 되는 것이다. 가족을 정의하는 방법은 다채로운 인류문화를 반영하듯이 다양한 편이다. 예를 들어서 토니(Tonnies)는 가족을 한 지붕 밑에서 동거하며 소유와 향락을 같이하며 동일한 재산에 의해 부양되며, 한 식탁에서 같이 식사하고 죽은 자에 대하여 경외감을 갖고 협동생활과 작업을 하는 집단으로 정의하였다. 한편 쿨리(Cooley)는 친밀한 대면적 결합과 협력을 특징으로 하는 1차적 집단으로 가족을 정의한 반면에 머독(Murdock)은 주거를 같이하며 경제적 협동과 자녀의 출산으로 특징 지워지는 사회집단을 가족이라고 정의하였다. 더불어서 펄스(Firth)와 같은 학자도 가족을 정의하면서 부부만이 아니라 반드시 자녀가 있어야 가족으로 볼 수 있음을 강조하기도 한다.22)

한국의 민속문화 속에는 가족을 형성하는 다양한 유형이 잘 나타나 있다. 예를 들어서 단군신화(檀君神話)를 보면 천제(天帝)인 환인(桓因)의 아들인 환웅(桓雄)이 지상에 내려와 웅녀(熊女)와 혼인을 하여 단군(檀君)을 낳았음을 알 수 있는데 이것이 아마도 우리 민족 최초의 가족이 되는 셈이다. 그리고 민속문학 속에는 구약성서『창세기』에 나오는 "노아의 방주" 이야기와 같은 홍수신화가 많이 나타나는데 주된 내용은 이 세상에 홍수가 나서 모두 떠내려가고 오직 남매만 살아남게 되는데 인류사회의 멸종을 막기 위하여 근친혼임에도 불구하고 혼인을 하여 가족을 이루게 된다는 이야기가 전승되고 있다. 결국 민속문화를 통하여 알 수 있는 한국인의 사고 속에 투영된 가족은 머독(Murdock)과 펄스(Firth)의 정의23)와 같이 부부만이 아니라 자녀의 존재도 중요하게 다루고 있음을 알 수 있다.

가족을 이야기 할 때 다음으로 논의할 수 있는 것은 "집(家)"이다. 토니

---

22) 이광규(1992)와 박환영(2002c) 참조.
23) 이광규, 앞의 책.

(Tonnies)의 정의24)와 같이 가족은 같은 지붕 밑에서 공동으로 생산활동을 영위하게 되는데 집은 가족 구성원들 사이의 협동과 친밀한 관계를 가능하게 하는 공간이면서 사회생활의 축소판으로 사회화의 기능을 담당하게 된다. 따라서 전통적인 유교문화권에서 가족은 하나의 사회공동체로서 가정교육을 담당하였다. 즉 기본적인 교육으로 천자문(千字文), 동몽선습(童蒙先習), 소학(小學), 명심보감(明心寶鑑) 등을 학습하는 장소이며 또한 이러한 이론적인 지식을 실제로 경험할 수 있는 공간을 제공해 주었다. 흔히 인성교육의 기초는 가족 구성원을 중심으로 이루어지는 가정(家庭)에서 이루어졌다고 할 정도로 집에서 이루어졌던 교육은 중요하게 여겨졌던 것이다.

전통적인 한국의 농촌 사회에서 가족 구성원들 사이의 협력과 결속은 필수적인 요소였다. 특히 노동집약적인 벼농사에서 필요로 하는 노동력을 확보하기 위하여 농촌사회에서 가족 구성원의 수는 곧 노동력을 의미했기 때문에 대가족의 형태가 보편화되기도 하였다. 또한 가족 구성원들 사이의 노동도 잘 분할되어 있어서 집 안의 일을 주로 여성인 아내가 담당하게 되어서 흔히 안주인으로 불렸던 반면에 집 밖의 일은 남성인 남편이 주도하게 되어서 바깥주인으로 불렸던 것이다. 전통적인 한국사회에서는 이렇게 남녀가 활동하는 영역이 구분되었기 때문에 가족 구성원들의 경제활동은 젠더(gender ; 性)에 의하여 확연하게 구분되는 경우가 많았다.

한편 가족을 형태상으로 분류할 때는 핵가족(核家族), 직계가족(直系家族), 확대가족(擴大家族), 합동가족(合同家族) 등으로 분류하는 것이 일반적이다. 핵가족은 부부가족(夫婦家族)으로 불리기도 하는데 부부와 미혼의 자녀들로 구성된 집단이다. 한편 직계가족은 양 부모와 가계계승자(대부분은 장남)의 생식가족(生殖家族)과 그의 자녀들로 구성된 가족형태를 말한다. 또한 확대

---

24) 이광규, 위의 책.

가족은 다른 말로 대가족(大家族) 혹은 복합가족(複合家族)이라고도 일컬어지는데 2인 이상 자녀의 생식가족과 부모세대가 함께 동거하는 경우에 해당되는데 보통 동거하는 생식가족은 아들에 한정하는 것이 대부분이다. 이러한 경우 부모가 사망하면 생식가족 단위로 분열하고 재산도 분할상속하는 경우가 대부분인데 사망한 부모의 상속재산을 공동으로 유지하면서 분할하지 않으면 합동가족(合同家族)이 된다.

전통적으로 농경문화를 중심으로 생활을 영위했던 우리나라의 경우 경작지를 잘 경작하기 위하여 대가족이 효율적이었다. 따라서 보통은 확대가족 내지 직계가족이 일반적인 가족의 경향이었다. 그런데 이러한 내면에는 가부장적인 그리고 부계(父系) 중심의 가족관이 숨어있다. 즉 직계가족이든 확대가족이든 모두 결혼한 장남이 부모를 모시는 직계가족이거나 결혼한 장남을 중심으로 결혼한 차남도 함께 거주하는 확대가족인 경우가 많기 때문이다. 다시 말해서 전통적인 한국사회에서 '집'을 중심으로 직계가족이 효과적으로 계승 및 유지되며 계승자는 장남인 경우가 많았다. 또한 한국사회에서 '집'이란 과거의 시조(始祖)로부터 조상을 거쳐 미래의 자손(子孫)에 이르기까지 연결된다는 의식을 내포한 시간을 초월한 관념적 집단이 거주하는 공간이기도 하였다. 따라서 집은 과거의 가족, 현재의 가족, 그리고 미래의 가족을 연결시켜 주는 관념적인 공간을 제공해 주는 기능을 하는 것이다.

최근에는 이러한 전통적인 가족의 구조와 형태가 조금씩 바뀌고 있다. 특히 오늘날에는 맞벌이 부부가 늘어나면서 자녀를 갖지 않는 부부가 생겨나고 있는가 하면, 부부가 각각 집 안과 밖의 구분을 두지 않고 모든 일을 공동으로 분담하기도 한다. 더욱이 어떤 경우에는 자녀의 교육 때문에 부부가 오랜 기간 동안 떨어져서 생활해야 하는 경우도 있다. 최근에는 '기러기 아빠'와 같은 용어가 생겨나면서 이러한 세태를 잘 반영해 주고 있다. 또한 아직까지는 부분적인 가족의 유형이 되겠지만 농촌지역에서는 농촌 총각들이 해외에서 신부를 맞이하는 경우가 많아지고 있어서 핵가족이나 직계가족 또는 확대가족의 형태를 가지면서 태어나는 자녀의 양육이나 교육을 전적으로 시댁에 의존해야 하는 경우도 있다.

오늘날 한국사회에서 나타나는 가족의 특징은 부부가 각자 독립적으로 경제활동에 종사하는 부부가족인 핵가족이 증가하고 있다는 사실이다. 때로는 조기유학의 열풍으로 인하여 가족을 이루는 최소한의 구성요소인 부부와 자식이 장기간 떨어져서 생활을 하기도 하며 남편과 아내의 직장 때문에 가족이 주말에만 한 지붕 밑에서 가족의 기능을 수행하는 주말가족이 생겨나기도 한다. 이러한 경우 다른 가족(보통은 남편 쪽이나 아내 쪽의 은퇴한 부모 혹은 결혼한 형제자매들)의 긴밀한 도움과 협조가 필요하게 된다. 따라서 오늘날 나타나는 새로운 형태의 가족 유형은 가족 구성원들이 각각 독립된 형태로 부계이던 모계이던 어느 한쪽에 쉬우치지 않으며 필요하면 모여서 협력하는 일종의 '유목형' 가족유형과 유사한 형태를 보여준다. 이것은 전통적인 한국사회에서 보여 졌던 가부장적인 대가족을 중심으로 한 가족의 유형과 확연하게 구분되기도 하지만 그 이면에는 상당부분 전통적인 요소가 내재되어 있기도 하다. 즉 오늘날 결혼한 자녀들이 부모 집에서 얼마 떨어지지 않은 곳에 거주하면서 자녀의 교육을 비롯해서 생활전반에 걸쳐서 부모를 중심으로 서로 상호 협력하는 경우가 많은데 이것은 피상적으로 보면 두 개 혹은 그 이상의 핵가족이 공조하는 형태로 보일 수도 있지만 좀 더 심층적으로 보면 전통적인 한국사회에서 보여 지는 일종의 확대가족의 또 다른 형태로 볼 수도 있는 것이다.

5. 개인에서 확대가족까지

우리의 민속문화에 보면 "사람은 두 번 태어난다"라는 속담이 있다. 한 번은 부모로부터 태어나고 또 다른 한번은 결혼을 하면서 성인으로서 그리고 사회의 독립된 구성원으로서 역할을 하게 됨을 의미하는 것이다. 부모의 존재가 없다면 개인이 생겨날 수 없듯이 사회가 존재하지 않으면 한 개인이 사회화를 진행 할 수 없는 것이다. 즉 개인은 부모로부터 나와서 사회의 여러 구성원들과 수많은 교류를 통해서 한 사회의 구성원으로서 받아들여지는 것이다. 이러한 의미에서 이제까지 다루었던 신체의 민속학적 상징, 혼례의 다양한 과정 속에 내재되어 있는 민속문화 그리고 가족이 가지는 민속학적 의미 등의 문제는 한국의 민속문화를 이해하는데 필수적인 내용이다.

신체와 관련하여 관례와 성인식 그리고 특정한 신체 부위를 다루는 것에 있어서 생겨나는 속신(주로 금기)은 한국사회에서 강하게 내재되어 있는 효(孝)의 개념과도 밀접하게 연계되어 있는 것 같다. 그리고 전통 혼례의 과정에 반영되어 있는 민속문화를 통하여 비록 오늘날에는 혼례의 과정이 많이 축소되고 간편화 되었지만 여전히 그 속에는 이전부터 전해져 오는 전통적인 혼례의 핵심적인 내용이 그대로 남아 있다. 다시 말해서 신랑은 동상례, 즉 신랑다루기를 통하여 신부집에 받아들여진다면 신부는 현구고례(見舅姑禮)를 통하여 시댁에 받아들여지는 셈이다. 한편 가족은 한 개인이 성인이 되고 혼례를 통하여 가정을 형성하면서 생겨나는 최소 단위의 공동체 집단으로 전통적인 한국 사회에서는 가부장적인 대가족 구조가 주종을 이루었는데 오늘날에는 결혼하여 독립한 젊은 부부 가족이 시댁 혹은 친정 부모를 중심으로 연계되어 있거나 기러기 아빠 혹은 주말부부와 같이 남편과 아내가 일시적으로 떨어져 있는 가족 등 다양한 형태의 가족 구조가 보여지고 있다. 그런데 이러한 현대판 가족 구조 속에도 부분적이 기는 하지만 이전과 마찬가지로 확대가족적인 요소가 내재되어 있는 경우 가 많다.

속담과 수수께끼 속에 보여지는
가족과 친족의 민속연구

1. 속담과 수수께끼, 그리고 가족과 친족

속담과 수수께끼 속에는 일상적인 생활 속에서 민중들의 희로애락을 나타내는 생명력 있는 생활의 철학이 담겨져 있다. 즉 다양한 민중들의 삶이 그대로 녹아 있는 것이 바로 속담과 수수께끼인 셈이다. 이러한 삶 속에는 한국인들의 공동체 의식을 이루는 근간이 될 수 있는 가족과 친족에 관한 내용도 많이 들어 있다. 특히 민속학에서 현지조사의 대상으로 자주 인용되는 공동체 집단(가족, 친족, 마을공동체)을 형성하는데 근간을 이루는 것이 바로 가족과 친족인데, 민속조사에서 가장 기초가 되는 것으로 인식되기도 한다(上野和男 외, 1987). 또한 몽골의 속담과 수수께끼 속에도 가족과 친족에 관한 내용이 많이 나오기 때문에(박환영, 2002d) 향후 진행될 수 있는 비교민속학적인 연구에서도 활용될 가치가 있다. 그러나 무엇보다도 이러한 가족과 친족에 대한 속담과 수수께끼를 살펴보는 것은 한국인들이 대대로 유지하고 있는 공동체 집단을 이해하는데 중요한 요소로 작용할 수 있는 것이다. 더욱이 북한의 수수께끼 속에도 가족과 친족 사이의 관계를 은유해서 표현하는 것이 많이 보이기 때문에(박용순, 1986) 남북한 문화공동체를 형성하는 데도 하나의 초석이 될 수 있다(박환영, 2002e).

가족과 친족을 나타내는 속담과 수수께끼는 지역에 따라서 조금의 차이가 나타날 수 있으며, 수집하고 정리한 학자에 따라서 그 내용이 조금씩 가감되기도 한다. 따라서 대표적인 속담과 수수께끼 사전을 하나씩 선정하여 그것을 민속학적으로 살펴보고자 하는데, 필자는 이기문(1962)의『속담사전』과 김성배(1973)의『한국수수께끼사전』에 나오는 가족과 친족에 초점을 맞추어서 고찰하고자 한다. 이기문의『속담사전』에 실려있는 가족과 친족에 관련된 속담은 서로 중복되는 내용도 있기는 하지만 대충 약 630개 정도인데, 이 속에는 약 100여 개의 한자속담인 고사성어도 포함되어 있다. 필자가 본 논문에서 다룰 속담은 한자속담인 고사성어를 제외한 530여 개의 가족과 친족에 관련된 속담이다.

한편 김성배(1973)의『한국수수께끼사전』에는 가족과 친족에 관련된 수수께끼가 약 190개 정도가 올라있다. 이러한 내용들을 모두 분석해 보면 가족과 친족에 관련되어 있는 속담과 수수께끼가 가지는 몇 가지 특징을 발견할 수 있다. 먼저 가족과 친족에 관련된 속담을 살펴보고, 이어서 수수께끼를 살펴보겠다.

2. 속담 속의 가족과 친족

　민속자료로서 속담을 다룰 때 속담 속에는 여러 가지 내용이 들어있다. 그 중에서도 사람과 관련되는 인륜의 문제가 많은 편인데, 가족과 친족의 내용도 여기에 포함시킬 수 있다. 심재기(1999)가 속담 속에 나타나는 인륜의 내용을 분석한 것을 보면 며느리, 자식, 아버지, 어머니, 딸, 서방, 아들, 사위, 사돈, 시아버지, 시어머니, 손자, 장가, 마누라 등 다양한 편이다. 특히 이중에서 자식과 며느리에 관한 내용이 많은 것이 특징인데, 이것은 자녀교육과 고부(姑婦)관계가 한국인들에게 중요하게 인식되어 왔음을 잘 나타내주고 있는 증거이다. 대충 여덟 가지로 나누어서 가족과 친족에 관련된 속담을 살펴보고자 한다.

(1) 부모와 자식 사이의 관계를 나타내는 속담

　부모와 자식 사이의 관계를 나타내는 속담이 먼저 눈에 띈다. 친부모와 의붓 부모 혹은 친자식과 의붓자식 사이의 차이를 암시하거나, 부모가 생각하는 아들과 딸의 위치, 그리고 자식의 올바른 교육과 효(孝)에 관한 속담이 많은 편이다. 우선 부모와 자식 사이의 관계를 반영해 주는 속담의 구체적인 예를 들어보면 다음과 같다.

- 가을에 내 아비 재(齋)도 못 지내거든 봄에 의붓아비 재 지낼까
- 겨울 화롯불은 어머니보다 낫다
- 귀한 자식 매 한대 더 때리고 미운 자식 떡 한 개 더 준다
- 글 잘하는 자식 낳지 말고 말 잘하는 자식 낳으랬다
- 나이 섦은 딸이 먼저 시집 간다

- 난봉 자식이 마음 잡아야 사흘이다
- 남의 친환(親患)에 단지(斷指)
- 내 딸이 고아야 사위를 고른다
- 눈 먼 자식이 효자 노릇 한다
- 늙은 아이어미 석자 가시 목구멍에 안 걸린다
- 다리 뼈가 맏아들이다
- 대대(代代) 곱사등이
- 도둑 맞으면 어미 품도 들춰 본다
- 도둑의 때는 벗어도 자식의 때는 못 벗는다
- 돈 모아 줄 생각 말고 자식 글 가르쳐라
- 딸 셋을 여의면 기둥 뿌리가 패인다
- 딸 손자는 가을 볕에 놀리고 아들 손자는 봄 볕에 놀린다
- 딸은 두번 서운하다
- 딸은 산적(散炙) 도둑이라 하네
- 딸자식은 도둑년이다
- 딸의 집에서 가져 온 고추장
- 딸이 셋이면 문을 열어 놓고 잔다
- 막내 딸 시집 보내려면 내가 가지
- 막내 아들이 첫 아들이다
- 망신하려면 아버지 이름자도 안 나온다
- 무자식(無子息) 상팔자
- 미운 놈 보려면 딸 많이 낳아라
- 발이 의붓자식보다 낫다
- 버리댁이 효자(孝子) 노릇 한다
- 보리떡을 떡이라 하며 의붓아비를 아비라 하랴
- 봄에 의붓아비 재 지낼까
- 부모가 반(半) 팔자
- 부모가 착해야 효자가 난다
- 부모는 자식이 한 자만 하면 두 자로 보이고 두 자만 하면 석자로 보인다

• 부모는 차례 걸음이라
• 부모 속에는 부처가 들어 있고 자식 속에는 앙칼이 들어 있다
• 부아 돋은 날 의붓아비 온다
• 부잣집 가운데 자식
• 셈 센 아버지가 참는다
• 아들 못난 건 제 집뿐 망하고 딸 못난 건 양 사돈이 망한다
• 아들 셋을 기르면 눈알이 변한다
• 아들네 집 가 밥 먹고 딸네 집 가 물 마신다
• 아버지는 아들이 잘 났다고 하면 기쁘하고 형은 아우가 더 낫다고 하면 노한다
• 아버지 종도 내 종만 못하다
• 아비만한 자식이 없다
• 아비 죽은 지 나흘 후에 약을 구한다
• 어머니가 반 중매장이가 되어야 딸을 살린다
• 어머니가 의붓어머니면 친 아버지도 의붓아버지 된다
• 어미는 좁쌀만씩 벌어 오고 아들은 말 똥만씩 먹는다
• 어미 본 애기, 물 본 기러기
• 어미 잃은 송아지
• 어미한테 한 말은 나고 소한테 한말은 안 난다
• 어버이 죽었는데 춤 추기
• 영감 밥은 누워 먹고 아들 밥은 앉아 먹고 딸의 밥은 서서 먹는다
• 의붓아비 돼지고기 써는 데는 가도 친아비 나무 패는 데는 가지 말라
• 의붓아비 소 팔러 보낸 것 같다
• 의붓아비 아비라 하랴
• 의붓아비 제삿날 물리듯
• 의붓어미가 티를 내는 것이 아니라 의붓자식이 티를 낸다
• 의붓자식 다루듯
• 의붓자식 옷 해준 셈
• 자기 자식에겐 팥죽 주고 의붓자식에겐 콩죽 먹인다
• 자식 떼고 돌아서는 어미는 발자국마다 피가 고인다

- 자식은 애물이라
- 자식은 오복(五福)이 아니라도 이는 오복에 든다
- 자식을 보기에 아비만한 눈이 없고 제자를 보기에 스승만한 눈이 없다
- 자식 추기 반 미친 놈, 계집 추기 온 미친 놈
- 작은 어미 제삿날 지내듯
- 제 부모가 나쁘다고 내버리고 남의 부모 좋다고 내 부모라 할까
- 죽어서 상여 뒤에 따라 와야 자식이라
- 없으면 제 아비 제사도 못 지낸다
- 첫 딸은 세간 밑천이라
- 한 부모는 열 자식을 거느려도 열 자식은 한 부모를 못 거느린다
- 한 아들에 열 며느리
- 한 어미 자식도 아롱이 다롱이
- 후레 아들
- 흉년에 어미는 굶어 죽고 아이는 배 터져 죽는다

이상의 속담을 살펴보면 부모와 자식 사이의 다양한 관계를 엿볼 수 있다. 즉 아무리 잘해주어도 역시 의붓부모나 의붓자식은 다르다는 의식이 강하게 나타나 있으며, 막내아들과 막내딸을 귀하게 여기는 정서도 잘 드러나 있다. 물론 제일 어린 자식을 귀하고 소중하게 다루는 것은 당연한 일이지만, 속담 속에 투영되어 있는 이러한 민속을 좀 더 분석하여 유목생활을 하는 몽골인들이 가지고 있는 막내(otgon)를 소중히 여기는 민속(박환영, 2000a)과 비교연구를 해볼 수 있을 것 같다. 한편 자식을 위해서 자신을 희생하는 어머니의 모정(母情)과 못나고 불구의 몸을 가진 자식의 극진한 효성(孝誠), 올바른 자식의 교육을 위하여 매를 들어야 하는 부모의 심정 등이 속담 속에 잘 나타나 있다.

(2) 딸과 며느리를 대비한 속담

한국의 여성들은 전통적으로 시집을 가게 되면 '시댁의 귀신'이 되어야 한다는 강박관념 속에서 살아야만 했다. 이렇게 한국의 여성들이 한 때 공통적으로 가졌던 운명관 속에서 딸과 며느리의 위치는 좋은 대비가 될 수 있다. 딸과 며느리를 상호 비교하고 있는 속담은 다음과 같다.

- 가을볕에는 딸을 쬐이고, 봄볕에는 며느리를 쬐인다
- 배 썩은 것 딸을 주고 밤 썩는 것 며느리 준다
- 죽 먹은 설겆이는 딸 시키고 비빔 그릇 설겆이는 며느리 시킨다
- 딸의 시앗은 바늘방석에 앉히고 며느리 시앗은 꽃방석에 앉힌다
- 딸의 차반 재 넘어가고 며느리 차반 농 위에 둔다
- 배 썩은 것 딸을 주고 밤 썩은 것 며느리 준다
- 양식(糧食) 없는 동자는 며느리 시키고 나무 없는 동자는 딸 시킨다
- 죽 먹은 설겆이는 딸 시키고 비빔 그릇 설겆이는 며느리 시킨다

이상의 속담은 대부분 딸을 귀하게 여기고 사랑하는 마음과 며느리를 귀찮게 여기고 미워하는 마음을 가진 시어머니의 이중성을 잘 나타내주고 있다. 또한 "딸의 차반 재 넘어가고 며느리 차반 농 위에 둔다"라는 속담 속에는 딸이나 며느리가 모두 부모보다는 자신들의 남편을 더 많이 생각하고 있음을 나타내어 준다. 다시 말해서 이러한 속담을 통하여 딸에게는 더 없이 인자한 어머니가 며느리에게는 둘도 없이 엄격한 시어머니로서 이중적인 역할을 수행하였던 전통적인 한국의 여성상과 더불어서 남편을 아끼던 여성들의 애틋한 정성을 느낄 수 있는 것이다.

(3) 사위와 장모(혹은 장인) 또는 며느리와 시어머니(혹은 시아버지) 사이의 관계를 소재로 한 속담

부모와 자식 사이의 관계를 나타내는 속담에 못지않게 사위와 장모 혹은 장인 또는 며느리와 시어머니 혹은 시아버지 사이의 관계를 나타내는 속담이 많은 편이다. 혼인을 인륜지대사(人倫之大事)로 여기던 전통적인 생활 속에서 혼인으로 맺어진 인척(姻戚) 중에서 사위가 가지는 장모와 장인 사이의 관계나 며느리가 가지는 시어머니와 시아버지와의 관계는 부모자식 간의 관계와 마찬가지로 중요하게 다루어질 수밖에 없는 것이다. 이러한 속담의 구체적인 예는 다음과 같다.

- 가르친 사위 / 길러낸 사위
- 가시어미 눈 멀 사위
- 가시어미 장 떨어지자 사위가 국 싫다 한다
- 가을비는 장인의 나룻 밑에서도 피한다
- 가을 아욱국은 사위만 준다
- 강 건너 시아비
- 같은 떡도 맏며느리 주는 것이 더 크다
- 계집 때린 날 장모(丈母) 온다
- 고양이 덕은 알고 며느리 덕은 모른다
- 골무는 시어미 죽은 넋이라
- 굿하고 싶어도 맏며느리 춤추는 꼴 보기 싫다
- 귀머거리 삼년이요 벙어리 삼년이라
- 시집살이 못하면 본가(本家)집 살이 하지
- 꿈에 사위 본듯
- 나갔던 며느리 효도한다
- 남의 사위가 나갔다 들어갔다
- 너무 고르다가 눈 먼 사위 얻는다

• 대문 턱 높은 집에 정강이 높은 며느리 들어온다
• 동정 못하는 며느리 맹물 발라 머리 빗는다
• 들 적 며느리 날 적 송아지
• 딸 없는 사위
• 떡 다 건지는 며느리 없다
• 맏며느리 손 큰 것
• 며느리가 미우면 발 뒤축이 달걀 같다고 나무란다
• 며느리 늙어 시어미 된다
• 며느리 사랑은 시아버지, 사위 사랑은 장모
• 며느리 새움에 발꿈치 희어진다
• 며느리 시앗은 열도 귀엽고 자기 시앗은 하나도 밉다
• 모진 년의 시어미 밥 내 말고 들어온다
• 못생긴 며느리 제삿날 병난다
• 무던한 외며느리 없다
• 미운 열 사위 없고 고운 외며느리 없다
• 부뚜막 땜질 못하는 며느리 이마의 털만 뽑는다
• 부잣집 맏며느리 감이라
• 불난 집 며느리 싸대듯
• 불 없는 화로(火爐), 딸 없는 사위
• 사람은 늙어지고 시집은 젊어진다
• 사위가 고우면 요강 분지를 쓴다
• 사위가 무던하면 개 구유를 씻는다
• 사위는 백년 손이요 며느리는 종신 식구라
• 사위도 반 자식이라
• 사위 자식 개 자식
• 새 며느리 친정 나들이
• 생 가시아비 묶듯
• 손 큰 며느리가 시집살이 했을까
• 수양 딸로 며느리 삼기
• 시모(媤母)에게 역정 나서 개 옆구리 찬다

- 시아버지 죽으라고 축수했더니 동지 섣달 맨발 벗고 물 길을 때 생각 난다
- 시어머니 죽으라고 축수했더니 보리방아 물 부어 놓고 생각난다
- 시어머니 오래 살다가 며느리 환갑날 국수 양푼에 빠져 죽는다
- 시어미가 죽으면 안방이 내 차지
- 시어미 죽고 처음이다
- 시어미 죽는 날도 있다
- 십년을 같이 산 시어미 성(姓)도 모른다
- 쓰니 시어머니
- 씨아와 사위는 먹어도 안 먹는다
- 열 사위는 밉지 아니하여도 한 며느리가 밉다
- 열 집 사위 열 집 며느리 안 되어 본 사람 없다
- 염병은 며느리를 주지 않는다
- 예쁘지 않은 며느리가 삿갓 쓰고 으스름 달밤에 나선다
- 오라는 딸은 안 오고 외통 며느리만 온다
- 의젓잖은 며느리가 사흘만에 고추장세 바탱이 먹는다
- 의젓하기는 시아비 뺨 치겠다
- 작은 며느리 보고 나서 큰 며느리 무던한 줄 안다
- 장모는 사위가 곰보라도 예뻐하고 시아버지는 며느리가 뻐드렁니 애꾸 라도 예뻐한다
- 저녁 굶은 시어미 상(相)이다
- 조는 집에 자는 며느리 온다
- 좁은 데 장모(丈母) 낀다
- 종가(宗家) 집 며느리 틀이 있다
- 집안 망신은 며느리가 시킨다
- 집안이 망하려면 맏며느리가 수염이 난다
- 첫 사위 오면 장모가 신을 거꾸로 신고 나간다
- 집 귀신이 된다
- 초생달은 잰 며느리만 본다
- 안방에 가면 시어머니 말이 옳고, 부엌에 가면 며느리 말이 옳다

• 안주 안 먹으면 사위 덕 못 본다

이상의 내용 중에서 "장모는 사위가 곰보라도 예뻐하고 시아버지는 며느리가 뻐드렁니 애꾸라도 예뻐한다"라는 속담에서 볼 수 있듯이 사위에게는 장모의 사랑이 최고이며, 며느리에게는 시아버지의 사랑이 최고인 셈이다. 그러나 위의 속담을 살펴보면 사위를 아끼는 장모의 마음이 잘 나타나 있는 반면에 며느리를 아끼는 시아버지의 마음보다는 며느리와 시어머니 사이의 불편한 관계가 오히려 더 많이 나타나 있다. 그만큼 고부(姑婦)간의 갈등은 전통적인 한국인의 생활문화 속에서 중요하게 자리잡고 있음을 알 수 있다.

(4) 형제자매에 관한 속담

형제자매를 나타내는 속담은 그렇게 많은 편은 아니다. 부모와 자식 사이의 관계나 사위와 며느리가 가지는 장인, 장모와 시부모 사이의 관계를 나타내는 속담이 많은 것과는 좋은 대조를 보이고 있다. 전통적으로 종적인 부모자식 간의 관계를 무엇보다도 중요하게 여겼던 한국인의 의식구조를 간섭적으로 반영하고 있다고도 말할 수 있다. 몇 개이지만 형제자매에 관한 속담을 들어보면 다음과 같다.

• 갈모 형제라
• 누이네 집에 가면 어석술 차고 간다
• 소나기 삼형제(三兄弟)
• 한 날 한 시에 난 손가락도 길고 짧다
• 형만한 아우 없다
• 형 보니 아우

- 형은 먹어라 하는데 아주머니는 먹지 말란다
- 형제는 잘 두면 보배, 못 두면 원수
- 누이 좋고 매부 좋다
- 배 안엣 조부(祖父)는 있어도 배 안엣 형(兄)은 없다

이상의 속담에서 알 수 있는 바와 같이 남자 형제들 사이에 관한 속담이 대부분이고, 자매(姉妹) 사이의 속담은 거의 찾아볼 수 없다. 소나기가 보통 세 가닥으로 내리는 것을 '삼형제'와 비유한 것은 그 만큼 형제들 사이의 관계가 밀접하고 긴밀한 것을 잘 암시해 준다. 그리고 "형은 먹어라 하는데 아주머니는 먹지 말란다"라는 속담은 형과 남동생 사이의 관계는 친밀하지만 형수와 시동생 사이의 관계가 때로는 좋지 않음을 나타내어 준다.

(5) 인척(姻戚)과 외척(外戚)을 소재로 한 속담

인척과 외척은 부계친(父系親)을 의미하는 혈족(血族)과 더불어서 친족을 이루는 주요한 공동체 집단이다(박환영, 2002c). 인척과 외척을 나타내는 속담은 다양한 편인데, 인척의 경우 사돈 사이의 관계가 많이 묘사되어 있으며, 동서(同婿)사이의 관계라든지 처갓집에 관한 내용이 주종을 이루고 있다. 인척을 나타내는 속담과 비교하여 외척에 관한 속담은 외삼촌과 외손자에 관한 내용이 많은 편이다. 좀 더 구체적으로 인척과 외척에 관한 속담을 열거해 보면 다음과 같다.

- 거짓말이 외삼촌보다 낫다
- 나 부를 노래를 사돈집에서 부른다
- 남의 사돈이야 가거나 말거나

• 동서 시집살이는 오뉴월에 서릿발친다
• 동서 춤 추게
• 두 동서 사이에 산 쇠다리다
• 뒷간과 사돈집은 멀어야 한다
• 만만찮기는 사돈집 안방
• 매부(妹夫) 밥그릇이 클사 해 한다
• 방둥이 부러진 소 사돈 아니면 못 팔아먹는다
• 봄 사돈은 꿈에도 보기 무섭다
• 사돈네 논 산다
• 사돈도 이럴 사돈 다르고 저럴 사돈 다르다
• 사돈 밤 바래기
• 사돈을 하려면 근본을 봐라
• 사돈의 잔치에 중이 참여한다
• 사돈의 팔촌
• 사돈이 말하는데 싸라기 엎지른 것까지 들춘다
• 사돈집과 짐바린 골라야 좋다
• 시누 올케 춤 추는데 가운데 올케 못출까
• 시누 하나에 바늘이 네쌈
• 시아주버니와 제수는 백년 손
• 아재미 때리는 몽둥이는 있어도 시앗 때리는 몽둥이는 없다
• 열 시앗이 밉지 않고 한 시누이가 밉다
• 염라대왕이 외조부(外祖父)라도
• 영감님 주머니 돈은 내 돈이요 아들 주머니 돈은 사논네 논이다
• 오달지기는 사돈네 가을 닭이다
• 외가집 들어가듯
• 외가집 콩죽에 잔 뼈가 굵었겠나
• 외삼촌 물에 빠졌는가
• 외삼촌 사는 골에 가지도 말랬다
• 외삼촌 산소에 벌초하듯
• 외손(外孫)의 방축(防築)이라

- 외손자는 업고 친손자는 걸리면서 업은 놈 발 시리다 빨리 가자
- 외손자를 구애하느니 절굿공이를 귀애하지
- 외손자를 보아주느니 파밭을 매지
- 인왕산 차돌을 먹고 살기로 사돈의 밥을 먹으랴
- 일가 못된 건 계수(季嫂)
- 처가살이 십년이면 아이들도 외탁한다
- 처가집 세배는 살구꽃 피어서 간다
- 처가집에 송곳 차고 간다
- 고자 처가(妻家)집 가듯
- 처삼촌 뫼에 벌초하듯, 의붓딸의 새남하듯
- 처숙부(妻叔父) 뫼에 성묘(省墓)
- 친사돈이 못된 형제보다 낫다
- 친정 일가 같다
- 친형제 못 두면 친사돈 둔다
- 평계가 좋아서 사돈네 집에 간다

　　혼인에 의하여 성립되는 인척 사이의 관계는 겉으로 보기에는 가까우면서 실질적으로는 어렵고 먼 사이임을 나타내는 속담이 제법 눈에 들어온다. 예를 들어서 "뒷간과 사돈집은 멀어야 한다", "만만찮기는 사돈집 안방", "방둥이 부러진 소 사돈 아니면 못 팔아먹는다" 등이 이러한 경우에 해당하는 속담이다. 한편 외척 사이의 관계를 나타내는 속담 중에서 외삼촌과 외손자가 숙부(혹은 큰 아버지)와 친손자보다는 소원한 사이임을 나타내는 속담이 많은데, 이러한 예는 "외삼촌 산소에 벌초하듯", "외삼촌 사는 골에 가지도 말랬다", "외손자를 구애하느니 절굿공이를 귀애하지", "외손자를 보아주느니 파밭을 매지" 등이다. 특히 외삼촌과 조카 사이의 관계가 소원함을 나타내는 속담은 한국의 여성들이 "시집을 가기" 때문에 자연스럽게 조카에게 미치는 외삼촌이나 외척들의 영향력이 숙부나 큰아

버지와 같은 혈족들에 비하여 미미했음을 시사해준다. 그러나 몽골의 경우 시집을 간 여성들의 시댁에서의 권익을 보장하기 위하여 나가츠(nagats)라고 부르는 외삼촌은 조카와 긴밀한 관계를 유지하기도 한다(Park, 1997).

(6) 남편과 아내에 관한 속담

남편과 아내에 관한 속담은 남편보다는 아내에 관한 내용이 많은 것이 특징이다. 대부분의 내용이 부부 사이의 인연, 부부싸움, 악처, 본처와 첩의 관계 등에 관한 것이다. 특히 조강지처(糟糠之妻)의 중요성을 강조한 속담이 단연 돋보인다. 이러한 속담의 예를 들어보면 다음과 같다.

- 깍은 서방님
- 남편은 두레박, 아내는 항아리
- 남편을 잘못 만나면 당대 원수, 아내를 잘못 만나면 당대 원수
- 아내 나쁜 것은 백년 원수, 된장 신 것은 일년 원수
- 내외간 싸움은 개 싸움
- 내외간 싸움은 칼로 물 베기
- 노닥노닥 기워도 마누라 장옷
- 먹지 않는 종, 투기(妬氣) 없는 아내
- 물과 불과 악처(惡妻)는 삼대(三大) 재액(災厄)
- 미운 마누라 숙젓광이에 이 숙인다
- 바가지 긁는다
- 봉사님 마누라는 하느님이 점지한다
- 아내가 귀여우면 처가집 말뚝 보고 절을 한다
- 온통으로 생긴 놈 계집 자랑, 반편으로 생긴 놈 자식 자랑
- 아내가 없는 처가집 가나 마나
- 아내 행실은 다홍치마 적부터 그루를 앉힌다
- 이 방 저 방 서방(書房)이 제일이라

- 중년(中年) 상처는 대들보가 휜다
- 참외를 버리고 호박을 먹는다
- 첩 정은 삼년 본처 정은 백년
- 한 밥그릇에 두 술이 없다
- 함지 밥 보고 마누라 내쫓는다

부부는 일심동체라는 말이 있듯이 남편과 아내가 잘 조화를 이루게 되면 행복한 가정을 꾸미게 되는 것은 보편적인 인생의 법칙임에는 틀림이 없다. 그러므로 "남편은 두레박, 아내는 항아리"라는 속담과 같이 남편이 벌어다 오는 돈을 아내가 집안 살림을 알뜰하게 하고 저축을 하게 되면 풍족한 생활을 영위할 수 있다. 그러나 "남편을 잘못 만나면 당대 원수, 아내를 잘못 만나면 당대 원수"라는 속담에서 알 수 있듯이 남편과 아내가 서로 맞지 않게 되면 평생을 불행하게 살아야 하는 것이다. 더욱이 "아내 나쁜 것은 백년 원수, 된장 신 것은 일년 원수"라는 속담과 같이 남편보다는 일방적으로 아내를 잘 만나야 함을 강조한 것도 있다. 한편 "참외를 버리고 호박을 먹는다"라는 속담은 말쑥하고 알뜰한 아내를 참외에 비유하고, 둔하고 못 생긴 첩을 호박에 비유함으로써 조강지처(糟糠之妻)의 중요함을 강조하고 있는데, 이와 유사한 속담으로 "첩 정은 삼 년 본처 정은 백년" 등이 있다.

(7) 동물에 빗대어 가족과 친족관계를 나타내는 속담

동물의 습성을 가지고 가족과 친족관계를 묘사한 속담은 그렇게 많지는 않다. 그러나 속담의 내용은 부모와 자식간의 관계, 혼인, 친척간의 싸움, 근친상간 등 다양한 편이다. 이러한 속담의 몇 가지 예를 들어보면 다음과 같다.

- 고슴도치도 제 새끼가 함함하면 좋아한다
- 깃 없는 어린 새 그 몸을 보존치 못한다
- 두더지 혼인(婚姻)
- 망둥이 제 동무 잡아먹는다
- 범도 새끼 둔 골을 두남 둔다
- 말(馬)도 사촌까지 상피(相避)를 본다
- 아침 아저씨 저녁 소 아들
- 일가 싸움은 개 싸움

이상의 속담을 살펴보면 먼저 부모의 눈에는 자식이 모두 잘 생겨 보이며, 부모가 가지고 있는 자식에 대한 애정은 각별하다는 것을 고슴도치와 범의 일반적인 습성을 통하여 속담으로 표현한 것이 눈에 들어온다. 또한 서로가 서로를 잡아먹는 망둥이의 습성을 친척간의 싸움으로 그리고 자신의 분수를 넘어서는 과도한 희망을 가진 것을 두더지의 혼인 이야기로 비유한 속담도 있다. 덧붙여서 가까운 친척끼리는 남녀간에 서로 관계를 맺을 수 없음을 말(馬)을 교배시키는 방식에 빗대어서 표현한 속담도 있고, 아무렇게나 부릴 수 있는 사람을 소(牛)에 비유하고, 친척 사이의 다툼을 개싸움으로 묘사한 것도 재미있다.

(8) 기타

가족과 친족에 관련된 속담 중에는 특정한 범주에 넣을 수 없는 것도 많은 편이다. 이러한 속담에는 이웃사촌, 조상, 할아버지와 손자, 삼촌, 사촌, 육촌 등에 관한 내용이 대부분이다. 이러한 속담을 구체적으로 살펴보면 다음과 같다.

- 가까운 남이 먼 일가보다 낫다
- 가난한 놈은 성(姓)도 없다
- 꾸어 온 조상은 자기네 자손부터 돕는다
- 나갔던 상주(喪主) 제청(祭廳)에 달려들 듯
- 나갔던 상주 젯상 엎지른다
- 남의 친기(親忌)도 우기겠다
- 동성(同姓)은 백대지친(百代之親)
- 두겁 조상(祖上)
- 먼 사촌보다 가까운 이웃이 낫다
- 명주옷은 사촌까지 덥다
- 명주옷은 육촌까지 다습다
- 사촌네 집도 부엌부터 들여다 본다
- 사촌이 땅을 샀나, 배를 왜 앓아
- 삼대(三代) 적선(積善)을 해야 동네 혼사(婚事)를 한다
- 삼촌 못난이 조카 장물 짐 진다
- 성부동(姓不同) 남
- 성(姓)을 갈겠다
- 손자를 귀애하면 코묻은 밥을 먹는다
- 손자 잃은 영감
- 손자 환갑(還甲) 닥치겠다
- 술 취한 사람 사촌 집 사준다
- 아니 되면 조상 탓
- 아저씨 아니어도 망건이 독난다
- 아주머니 떡도 싸야 사 먹지
- 아주머니 술도 싸야 사 먹지
- 양가문(兩家門) 한 집에는 까마귀도 앉지 말랬다
- 억지가 사촌보다 낫다
- 염라대왕이 제 할아버지라도
- 우장을 입고 제사를 지내도 제 정성이라
- 원두한이 사촌을 모른다

- 이웃 사촌
- 일가 못된 것이 항렬(行列)만 높다
- 일 안하는 가장(家長)
- 치고 보니 삼촌이라
- 피로 피를 씻는다

이상에서 열거한 바와 같이 기타의 범주에 속하는 속담은 가족과 친족에 대한 많은 교훈을 제시해 주고 있다. 예를 들어서 "동성(同姓)은 백대지친(百代之親)"이라는 속담에서 알 수 있는 바와 같이 같은 종씨(宗氏)면 아무리 멀어도 같은 친족임을 강조한 것이라든지, "피로 피를 씻는다"라는 속담에서는 혈족끼리 서로 싸우는 것이 얼마나 뼈아픈 일인지를 상기시키고 있다. 이러한 맥락에서 보면 "성부동(姓不同) 남"이라는 속담과 같이 결국 같은 종씨(宗氏)가 아니면 남이며, "명주옷은 사촌까지 덥다" 혹은 "명주옷은 육촌까지 다습다"라는 속담과 같이 같은 일가 중에서 한 사람이 출세하거나 부귀해지면 그 혜택이 사촌이나 육촌까지 미치기 때문에 역시 친족이 중요함을 강조하고 있다.

한편 친족의 중요성을 다른 측면에서 강조한 속담도 제법 눈에 보인다. 다시 말해서 아무리 가까운 친족이라도 서로가 노력하지 않으면 오히려 남보다 못하다든지, 또는 친족 사이에도 교류가 없으면 이해관계를 따지게 된다는 내용이 있다. 이러한 속담의 예는 "이웃 사촌", "먼 사촌보다 가까운 이웃이 낫다", "아주머니 떡도 싸야 사 먹지", "원두한이 사촌을 모른다" 등이다.

3. 수수께끼 속의 가족과 친족

김성배(1973)의 『한국수수께끼사전』에 나오는 가족과 친족에 관련된 수수께끼는 대략 190여 개인데, 이것을 내용을 중심으로 크게 다섯 가지로 나누어서 살펴볼 수 있다. 대부분의 수수께끼는 일상적인 생활 속에서 흔히 볼 수 있는 것을 소재로 하고 있다. 예를 들어서 감자, 옥수수, 밤송이, 인삼, 송편, 고추와 같은 먹거리에서부터 도리깨, 솥뚜껑, 지게, 수레, 참빗, 쇠스랑, 자물쇠, 골무, 달구지, 바늘, 실, 젓가락 등의 민구(民具)에 이르기까지 다양한 편이다. 따라서 이러한 수수께끼를 통하여 일상적인 생활 속에서 가족과 친족이 어떻게 여겨지고 있는지를 가늠할 수 있는 것이다.

(1) 부모자식간의 관계를 나타내는 수수께끼

앞에서 살펴 본 가족과 친족에 관련된 속담과 마찬가지로 수수께끼의 경우도 부모와 자식 사이의 관계를 나타내는 것이 많은 편이다. 여타의 수수께끼와 비슷하게 일상적인 부모와 자식간의 관계를 일탈하여 표현하는 수수께끼가 많으며, 또한 사물이나 동식물이 가지고 있는 세세한 특징을 은유적으로 표현한 내용이 대부분이다. 이러한 수수께끼를 구체적으로 열거해 보면 다음과 같다.

- 나오자마자 아버지 뺨을 때리는 것은? → **성냥**
- 고향은 고향인데 제일 고마운 고향은? → **어머니 뱃속**
- 눈을 빼 가지고 새끼를 낳는 것은? → **감자**
- 뒤뜰에 아기 업고 기다리는 것은? → **옥수수**
- 딸은 딸이라도 딸 노릇 못하는 딸은? → **대보름 달**

- 딸은 춤추고 엄마는 눈물 흘리는 것은? → **촛불**
- 모자는 모자라도 쓸 수 없는 것은? → **모자(母子)**
- 뿌리 없는 새삼은? → **어머니 잃은 고아**
- 산보다 높고 바다보다 깊은 것은? → **어머님의 은혜**
- 새끼가 어머니 뒷구멍 쑤시는 것은? → **열쇠**
- 새끼 낳고 죽는 것은? → **매미**
- 아기가 엄마 엉덩이 철썩하면서 먹는 것은? → **부싯돌**
- 아들 위 아버지는 앉고, 아버지 위 아들은 못 앉고 하는 것은? → **솥뚜껑**
- 아들 삼 형제가 아버지 귀에 막대기를 꽂고 뺑뺑 도는 것은? → **도리깨**
- 아들은 건너가도 아비는 못 건너가는 것은? → **활과 살**
- 아들은 늙고 아버지는 젊은 것은? → **목화**
- 아들은 5리를 가도 아버지는 못 가는 것은? → **총**
- 아들이 위에서 춤추고 아버지는 아래서 화가 나서 버티고 서 있는 것은? → **바람 불 때 나무**
- 아들은 아들이라도 내 아들이 아닌 것은? → **도리깨 아들**
- 아들이 아버지 목을 쥐고 있는 것은? → **지게와 작대기**
- 아버지가 산에 가서 아들을 떼놓고 오는 것은? → **포수의 총알**
- 아버지가 아들한테 절하는 것은? → **대**
- 어미는 아래에 있고 자식은 머리에 올라가 있는 것은? → **소나무**
- 어미는 하나인데 자식은 천이나 만이나 되는 것은? → **대들보 서까래**
- 어미 잡아먹고 바가지 쓰고 나오는 것은? → **논고동**
- 웃다가 아들 잃어버리는 것은? → **밤송이**
- 죽어 가는 아버지가 산 자식을 묶어 내는 것은? → **볏섬**
- 죽은 아비가 산 자식을 묶는 것은? → **모를 찌는 것**
- 훌륭한 부모가 되려면 꼭 있어야 할 것은? → **자식**
- 흙 속에 아기는? → **인삼**
- 은 사르릉 놋 사르릉 무슨 소리인가? → **딸 애기 오줌누는 소리**
- 자식 잡아서 아비 제사에 쓰는 것은? → **밤**

이상의 수수께끼를 살펴보면 일상적인 생활 속에서 베어져 나오는 생활의 여유에서 나오는 삶의 교훈을 느낄 수 있다. 가령 "나오자마자 아버지 뺨을 때리는 것은? → 성냥", "딸은 춤추고 엄마는 눈물 흘리는 것은? → 촛불", "아들이 아버지 목을 쥐고 있는 것은? → 지게와 작대기" 등과 같은 수수께끼는 자식된 도리를 가지고는 차마 하지 못하는 것을 사물이 가지고 있는 속성에 비유하여 표현한 수수께끼이다. 즉 일상적인 것을 일탈적인 것으로 바꾸어 봄으로써 오히려 일상적인 것의 가치를 강조한다고도 볼 수 있다. 또한 "고향은 고향인데 제일 고마운 고향은? → 어머니 뱃속", "눈을 빼 가지고 새끼를 낳는 것은? → 감자", "새끼 낳고 죽는 것은? → 매미" 등과 같은 수수께끼는 모정(母情)의 위대함을 잘 암시해 주고 있다.

(2) 형제자매간의 관계를 나타내는 수수께끼

형제자매 사이의 관계를 나타내는 수수께끼는 같은 주제의 속담과 대조적으로 내용이 풍부한 편이다. 동생과 형 사이의 관계를 묘사하거나 여러 형제들을 함께 비유하는 속담이 대부분이다. 형제들 사이의 관계를 나타내는 수수께끼가 많은 것과 대조적으로 자매들에 관한 수수께끼는 많이 찾아볼 수 없는 것이 특징이다. 형제자매 사이의 관계를 나타내는 수수께끼를 열거해 보면 다음과 같다.

- 다섯 형제가 톱 하나씩 들고 있는 것은? → **손가락**
- 동생과 형이 달음질 시합을 하는데 형이 절대로 동생을 이기지 못하는 것은? → **수레**
- 동생은 고기를 잡아오는데 형은 못 잡아오는 것은? → **참빗**
- 동생은 달려가고, 형은 가만히 있는 것은? → **활**
- 동생은 때려도 형은 못 때리는 것은? → **똥**
- 동생이 형의 뺨을 때리며 나오는 것은? → **쇠똥, 말똥**

- 동생은 상투를 꽂고 형은 상투를 못 꽂는 것은? → **지붕**
- 동생은 앞에 가고 형은 뒤에 따라 오는 것은? → **네 발 달구지**
- 동생은 옷을 입어도 형은 못 입는 것은? → **대**
- 둥그런 운동장에서 형제가 정답게 이야기하며 가는 것은? → **시계**
- 삼형제가 손뼉치고 하늘로 올라가는 것은? → **도리깨**
- 삼형제가 어울려 똥구멍이 하나인 것은? → **쇠스랑**
- 형제가 모자 하나 쓴 것은? → **솔잎**
- 아우는 형의 방에 들어가도 형은 아우의 방에 들어가지 못하는 것은?
  → **큰그릇과 작은 그릇**
- 언니는 상투 꽂고 동생은 머리 땋은 것은? → **지붕**
- 오 형제가 각각 톱을 하나씩 가지고 있는 것은? → **손톱, 발톱**
- 오 형제가 두건을 하나 쓰는 것은? → **골무 끼운 손**
- 팔 형제는 뒷 담 쌓고 두 형제는 앞 담 쌓는 것은? → **송편 빚는 것**
- 형님이 놀면 동생이 방해하는 것은? → **자물쇠**
- 형은 빨간 치마 입고, 동생은 파란 치마 입고 있는 것은? → **고추**
- 형이 동생한테 먼저 절하는 것은? → **벼**
- 형제가 셋이 있는데 제일 큰형은 제일 빠르고, 제일 작은형은 제일 느리고, 중간 형은 보통인 것은? → **시계의 초침, 시침, 분침**
- 어느 집에 4남매가 사는데 이름은 각각 따끔이, 빤빤이, 텁텁이, 오도독이란다. 누구의 집일까? → **밤송이**

이상의 수수께끼를 고찰해 보면 형이 동생에게 이기지 못한다든지, 형이 동생에게 절을 하는 것 등과 같이 일상적이지 않는 상태를 표현한 내용이 대부분이다. 일상적인 생활이나 도구를 일상에서는 잘 일어나지 않는 상황을 빌어서 표현하는 묘미를 느낄 수 있다. 또한 "동생은 때려도 형은 못 때리는 것은? → 똥"과 같은 수수께끼는 먼저 나온 똥을 형으로, 그리고 나중에 나온 똥을 동생으로 은유한 것이다. 비교민속학적으로 볼 때 몽골의 풍습은 조금 디르디. 예를 들어서, 몽골에서 쌍둥이가 태어나면 먼저 나온 것이 동생인데 이것은 동생이 형을 위해서 문을 열어준다고 믿기 때문이라고 한다.

(3) 인척과 관련된 수수께끼

인척과 관련된 수수께끼는 주로 며느리 혹은 사위와 시어머니 혹은 시아버지 사이의 관계를 나타내는 수수께끼가 많은 편이다. 시댁에서 며느리를 귀찮게 여기는 내용을 다루고 있는 수수께끼가 있는가 하면 사위의 입장에서는 장인이나 장모보다는 자신의 부모가 더 소중함을 시사하는 수수께끼도 있다. 이러한 수수께끼를 몇 가지 들어보면 다음과 같다.

- 거르삭삭걸걸 거르삭삭걸걸은 무슨 소리인가? → **며느리 오줌 누는 소리**
- 돈은 돈인데 못 쓰는 돈은? → **사돈**
- 며느리는 꽃만 피우고, 아들은 늘 아들만 생기는 것은? → **수세미**
- 며느리는 며느리라도 쓰지 못하는 며느리는? → **쥐며느리**
- 자기 장모와 매형의 장모가 물에 빠졌다. 누굴 먼저 건질까? → **매형의 장모**
- 자기 장인과 매부의 장인이 물에 빠졌다면 누굴 먼저 구하니? → **매부의 장인**
- 재도 재도 못 넘는 재는? → **처제**
- 제 장인이 중요한가 매부의 장인이 중요한가? → **매부의 장인**

이상의 수수께끼를 살펴보면 전통적인 집안에서 며느리는 시댁어른의 눈치를 보면서 어려운 생활을 하였던 모습을 쉽게 떠올리게 한다. 그런데 그렇게 조심을 해도 오줌을 누는 소리까지 조심을 할 수는 없었던 모양이다. 며느리가 밉기 때문에 오줌 누는 소리조차도 밉게 들리는 것을 "거르삭삭걸걸 거르삭삭걸걸은 무슨 소리인가? → 며느리 오줌 누는 소리"와 같

은 수수께끼로 표현하였다. 한편 사랑스럽고 귀여운 딸은 오줌 누는 소리
까지도 귀엽게 들린다고 하여 "은 사르릉 놋 사르릉은 무슨 소리인가? →
딸애기 오줌 누는 소리"와 같은 수수께끼로 비유해서 표현한 것과는 좋은
대조를 보이고 있다.

(4) 한자어와 관련해서 가족과 친족을 나타내는 수수께끼

한자어를 이용해서 가족과 친족을 나타내는 수수께끼는 그렇게 많은 편
은 아니다. 부모, 자식, 아내, 남편 등에 관하여 한자어를 풀어서 설명하고
있는 수수께끼가 대부분이다. 이러한 종류의 수수께끼를 예로 들어보면
다음과 같다.

- 계집이 자식 안은 글자는? → **좋을 호**(好)
- 나무 위에 서서 보는 글자는? → **어버이 친**(親)
- 어머니가 갓을 쓰고 조개를 줍는 글자는? → **실**(實)
- 시끄러운 글자는? → **아내 처**(妻)
- 여자가 아들을 안고 있는 것은? → **호**(好)
- 열 여덟의 아들은? → **오얏 리**(李)
- 판원에 제 아비가 말을 탄 것은? → **달릴 등**(騰)
- 하늘보다 더 높은 것은? → **지아비 부**(夫)
- 아들이 갓 쓴 글자는? → **자**(字)
- 아들이 긴 막대기에 흙덩이 낀 것은? → **효도 효**(孝)

이상의 수수께끼 중에서 몇 가지는 전통적인 가정에서 남편과 아내의
지위가 어떠했는지를 조금은 이해할 수 있게 해 준다. 예를 들어서 "시끄
러운 글자는? → 아내 처(妻)"와 "하늘보다 더 높은 것은? → 지아비 부(夫)"
와 같은 수수께끼는 한편으로는 집안의 여러 가지 일에 바쁘고 말이 많아

서 시끄러운 아내와 다른 한편으로는 가장(家長)으로서 위엄과 권위를 가지고 있는 남편을 잘 묘사해주고 있다.

(5) 기타

가족 혹은 친족과 관련해서 어느 특정한 범주에 포함시킬 수 없는 수수께끼를 기타로 구분하였다. 여기에 속하는 수수께끼는 남편, 아내, 손자와 할아버지, 사촌, 외삼촌, 이모, 고모 등 다양한 친척관계를 내포하고 있다. 이러한 수수께끼의 구체적인 예를 열거하면 다음과 같다.

- 바가지는 바가지인데 깨지지 않는 바가지는? → **마누라 바가지**
- 사촌이 없으면 자신도 필요 없는 것은? → **열쇠와 자물쇠**
- 손자는 할아버지 방에 들어가도 할아버지는 손자 방에 못 들어가는 것은? → **그릇**
- 손자보고 절하는 것은? → **대나무(竹)**
- 숲 속에 할머니가 기어다니는 것은? → **머릿니**
- 신부는 신분데 신랑이 없는 신부는? → **신부(神父)**
- 처는 처인데 결혼 않는 처는? → **부처**
- 편은 편인데 못 먹는 편은? → **남편**
- 하나+하나 했는데도 답이 하나, 둘, 셋… 되는 것은? → **신부+신랑=자녀들**
- 아무리 멀리 가도 멀어지지 않는 것은? → **친척**
- 외삼촌의 외삼촌의 누이의 딸은? → **어머니와 이모**
- 이모도 고모 같고, 고모도 이모 같은 것은? → **메밀**
- 주머니는 주머니인데 걸어다니는 주머니는? → **아주머니**

이상의 수수께끼를 살펴보면 "하나+하나 했는데도 답이 하나, 둘, 셋… 되는 것은? → 신부+신랑=자녀들"와 같은 수수께끼는 남자와 여자가 만나서 가족을 구성하는 과정을 순차적으로 나타내고 있으며, "아무리 멀리 가도 멀어지지 않는 것은? → 친척"과 같은 수수께끼는 친척 사이의 유대를 강조하고 있다. 한편 다소 유머를 가미한 수수께끼도 엿볼 수 있는데 여기에 속하는 수수께끼는 "바가지는 바가지인데 깨지지 않는 바가지는? → 마누라 바가지", "편은 편인데 못 먹는 편은? → 남편", "처는 처인데 결혼 않는 처는? → 부처", "신부는 신분데 신랑이 없는 신부는? → 신부(神父)", 그리고 "주머니는 주머니인데 걸어다니는 주머니는? → 아주머니" 등이다.

4. 가족과 친족 속담 및 수수께끼의 민속학적 가치

속담과 수수께끼 속에 보여지는 가족과 친족을 민속학적으로 살펴보았다. 어떻게 보면 이미 수집되어서 문헌화된 속담과 수수께끼를 고찰해 보는 것이 민속학적으로는 그렇게 높은 가치가 없을 수도 있다. 특히 수집만 되었지 체계적으로 분류되지 않은 속담과 수수께끼는 언제 어디에서 누구로부터 수집했는지를 알 수가 없기 때문에 현장성이 결여되어 있고, 지역성과 시대적인 감각도 느낄 수 없는 약점을 지니고 있기도 하다. 그러나 역시 속담과 수수께끼는 그 자체로서 많은 민속적인 내용을 담고 있기도 하다. 다시 말해서 속담과 수수께끼 속에는 사라져 가는 전통적인 민중들의 진솔한 생활방식과 삶의 모습이 살아 숨쉬고 있는 셈이다.

속담의 경우 이미 지역과(김주석 외, 2001 ; 고재환, 2002) 주제별로(송재선, 1996, 1997a 등) 특성화된 속담사전이 많이 나온 편이지만, 좀 더 구체적으로 가족과 친족에 관한 내용만을 별도로 묶어서 다루지는 못하였다. 다만 가족과 친족의 일부분으로 취급될 수 있는 여성과 관련된 속담사전은 최근에 나온 바 있다(송재선, 1995b). 한편 속담과는 대조적으로 수수께끼의 경우는 아직까지도 민속학적으로는 많은 관심의 대상이 되지는 못하는 것 같다. 그러나 한국인의 생활문화를 총체적으로 이해하기 위해서는 역사적인 자료와 민속의 현장에서 수집되는 다양한 구술자료뿐만 아니라 속담과 수수께끼와 같은 민속자료의 고찰도 필수적인 일이다. 이러한 의미에서 피상적이기는 하지만 속담과 수수께끼 속에 나타나는 가족과 친족의 부분적인 고찰은 앞으로 민속의 현장에서 수집되고, 역사적인 자료에서 검증될 가족과 친족에 대한 민속학적인 연구를 더욱 더 체계화시킬 수 있는 하나의 과정으로 중요하게 취급될 수 있는 것이다.

제 7 장

속담과 수수께끼에 나타난 한국인의 환경관

1. 속담과 수수께끼, 그리고 환경관

속담과 수수께끼는 한 민족이 가지고 있는 삶의 방식과 생활철학을 내포하고 있는 민족의 정신적인 문화유산이다. 세월이 지나면서 민족의 구성원은 바뀌지만 속담과 수수께끼는 민중들의 가슴속에 오랫동안 지속된다. 따라서 속담과 수수께끼에 나타난 한 민족의 생활문화는 민중들의 일상적인 삶과 밀접하게 연관되어 있는 것이다

속담과 수수께끼는 간결하면서도 특유의 재치와 해학을 제공하기 때문에 민중들의 입을 통하여 쉽고 자연스럽게 전승된다. 모두가 알고 있거나 익숙한 것 그리고 공감하는 내용을 가지고 삶의 교훈과 충고를 제시하기도 한다. 또한 속담과 수수께끼 속에 보여지는 다양한 은유와 비유는 곧 일상적인 삶에서 축적되고 얻어진 민중들의 삶에 대한 지혜라고 말할 수 있다.

속담과 수수께끼는 아주 일상적인 소재를 가지고 민중들의 희로애락을 숨김없이 표출하고 있기 때문에 그 속에는 진솔한 민중들의 목소리가 숨겨져 있는 것이다. 한국인의 민속 속에 투영된 환경관을 고찰할 때 특히 속담과 수수께끼가 중요하게 취급될 수 있는 이유가 여기에 있는 것이다. 최근 국내에서도 환경과 민속을 주제로 다양한 입장에서 제법 많은 관심을 보이고 있다. 예를 들어서 민속학 개론서에 환경의 문제가 본격적으로 언급되는가 하면(최인학 외, 2001), 비교민속학회에서 2001년에 '민속과 환경'이라는 주제로 학술대회를 개최하여 2002년에는 『민속과 환경』이라는 단행본을 출간하기도 하였다(비교민속학회, 2002). 그러나 이러한 다방면적인 접근방법에도 불구하고 아직까지 속담과 수수께끼에 관련된 환경민속은 구체적으로 논의되지 않고 있는 듯하다.

아래에서 필자가 고찰할 속담과 수수께끼는 주로 송재선(1995a)과 김성배(1988)를 각각 참고하였다. 다만 속담의 경우 제한적이지만 일부 최창렬(1999)과 필자가 개인적으로 수집한 것을 여기에 덧붙여서 분석하였다.

2. 속담에 보여지는 한국인의 환경관

속담 속에는 한국인들의 일상생활과 밀접한 자연친화적인 내용을 많이 엿볼 수 있다. 이러한 속담은 일상적인 생업활동(농업 혹은 어업)에 기초한 내용이 대부분이다. 사계절에 따라서 파종을 하고, 성장기를 거쳐서 수확을 하고 그리고 휴식기를 거쳐서 다시 파종을 하는 농경사회에서 성공적인 풍작은 자연의 변화에 능동적으로 대처하고 주어진 환경에 순응하는 것이었다. 한편으로는 지극히 단순한 생활방식이지만 다른 한편으로는 인간이 자연과 공생하는 슬기로운 한국인의 환경관을 잘 묘사해 주고 있다.
이러한 속담을 몇 가지 유형으로 나누어서 살펴보면 다음과 같다.

(1) 자연친화적인 내용

자연친화적인 내용을 가진 속담은 대부분 농경생활과 관련한 농부들이
느끼는 그네들의 주어진 자연환경을 잘 반영해주고 있다. 먼저 농부들은
항상 흙에서 그네들의 일상적인 생업활동을 영위할 뿐만 아니라 결국은
흙에 묻히게 되는 운명을 가지고 있는 셈이다. 즉 흙에서 나서 흙을 경작
하여 생활을 지속하고 다시 흙으로 돌아가는 농부들의 인생역정 속에서
흙은 마치 포근한 어머니의 품과 같으며, 그네들의 후손들이 또한 같은 운
명을 이어갈 신성한 공간이므로 흙을 오염시킬 수 없는 농부들의 환경철
학을 엿볼 수 있다. 이러한 내용을 암시하는 속담은 다음과 같다.

- 농군에게는 흙내가 고소하다.
- 흙에서 나서 흙으로 돌아간다.

한편 오늘날과 같이 화학적인 농약과 비료에 의존하여 자연을 오염시키
고, 훼손하는 농경방식과 비교해서 자연친화적인 방법으로 해충을 다스리
거나 자연의 생태를 이용하는 생활의 지혜가 담긴 속담도 있다. 이러한 속
담은 들쥐나 병충해의 방지를 위하여 정월(正月)에 쥐불을 놓거나 겨울철
에 보리밭을 자주 밟아 줌으로써 보리의 뿌리가 쉽게 뿌리를 내릴 수 있
도록 도와주는 내용이다.

- 정월 일진에는 자자(子字) 든 날 쥐불을 놓아야 한다.

- 해충에는 불지르는 것이 상책이다.
- 겨울 보리밭은 밟을수록 좋다.

(2) 자연의 순환 질서에 순응하고 주어진 자연환경을 중요시하는 내용

한국인들은 농경생활을 하면서 자연의 질서에 순응하고 주어진 자연환경을 소중하게 여기는 생활자세를 가지게 되었다. 이것은 사계절이 뚜렷한 기후와 기상학적인 요건에서 한번 때를 놓치면 풍작을 기대할 수 없을 뿐만 아니라 다음 번 농사에서도 큰 낭패를 볼 수밖에 없었기 때문이다. 다시 말해서 봄에 씨를 뿌리고, 여름에 정성을 들여서 돌보고, 가을에 추수를 하게 되면 겨울에는 다음 농사 때까지 잘 곡식을 보관해야만 했다. 이러한 연속적인 농경생활의 리듬 중에서 어느 하나라도 제 때를 놓치게 되면 전체적인 농경의 순환체계에 큰 장애를 일으키게 되었던 것이다. 또한 자연의 순환질서에서 벗어나서 너무 지나치게 곡물의 성장을 기대하는 것도 좋지 않으며, 순간적인 이득을 위하여 주어진 자연환경을 인위적으로 바꾸는 것도 조심해야 한다는 내용도 속담 속에 담겨져 있다.

- 농사는 봄에 씨 뿌리고, 여름에 가꾸고, 가을에 거두고, 겨울에 저장하는 일을 제때에 해야한다.
- 칠월받이 한 논은 폐농한다.
- 칠월에 나락 검은 집에는 손노릇 가지 말랬다.
- 농민은 땅을 분별해서 경작하여야 한다.
- 거머리 논에 개똥밭이다.
- 지렁이가 많은 땅은 건땅이다.
- 똥장군은 비 오는 날 지랬다.
- 바가지 거름을 주면 농사 망친다.
- 물갈이 논 말리면 폐농한다.

130

- 밭못자리 삼 년 하면 한 해 농사가 도망간다.

(3) 근검절약 및 자연보호적인 내용

속담 속에 반영된 한국인의 환경관 중에서 근검절약 및 자연보호적인 내용을 또한 들 수 있다. 서구의 자본주의적인 사고방식은 '다다익선(多多益善)'과 같이 많으면 많을수록 좋다는 식이다. 그러나 순간적인 자신의 안위와 풍족보다는 뒤이어 살아갈 후손들의 윤택한 자연환경을 생각했던 것이다. 또한 한 곳에 머물러 있지 않고 조금씩 변화하는 자연의 이치를 파악해서 너무 과욕을 부리지 말고 적절하게 대처하라는 의미를 내포하고 있다. 다시 말해서 인간과 자연환경은 단지 일시적인 관계를 맺고 있는 것이 아니라 영원히 지속될 인간과 함께 상호보완적인 관계에 있음을 나타낸다.

이러한 교훈을 속담을 통하여 제시하면서 한국인의 일상적인 생활과 밀접하게 연관되어 있는 곡식(특히 쌀), 나무, 그물코 등을 그 예로 들고 있다. 즉 곡식은 농부들의 피와 땀이 일구어낸 노력의 결정체인 동시에 자연이 인간에게 베풀어주는 은혜의 상징이다. 이렇게 소중한 곡식을 항상 아끼고 절약함으로써 불필요한 음식물 찌꺼기로 인한 환경오염을 방지할 수 있는 것이다. 또한 산이나 바다와 같은 주위의 자연환경을 근시안적인 이득에 눈이 어두워서 무모하게 남용하지 말고 자손 대대로 이어질 수 있도록 훈계하는 내용의 속담도 여기에 속한다.

- 차면 넘친다
- 개숫물에 밥풀 하나만 떠도 하늘에서 벌을 받는다.
- 곡식을 가지고 장난하면 곰보 색시 얻는다.
- 곡식 찌꺼기를 버리면 죄받는다.

- 곡식은 농부의 땀을 먹고 자란다.
- 곡식 한 알 한 알에는 농민의 피땀이 스며 있다.
- 낟알 하나에 땀이 열 방울이다.
- 쌀뜨물로 불 끄면 눈 먼 아이 낳는다.
- 나무를 많이 때면 산신령에게 미움을 받는다.
- 나무를 아껴 때면 산신령이 복을 준다.
- 그물코가 촘촘하면 고기 씨를 말린다.

(4) 자연의 재활용을 강조하는 내용

자연의 재활용을 통하여 자연환경을 보호하고 유지하는 한국인의 생활 습관은 속담 속에서도 자주 등장한다. 주로 농경생활에 생활의 기반을 두고 있었던 한국인의 생활전통에 걸맞게 농사와 관련한 재활용을 많이 볼 수 있다. 특히 농경생활에서 필수적인 거름을 제공했던 똥에 관한 속담이 많은 편이다. 이러한 속담 속에 반영된 똥의 이미지는 동전의 양면과 같이 부정적인 입장과 긍정적인 내용이 혼합되어 있다. 먼저 똥에 대한 부정적인 내용을 담고 있는 속담을 살펴보면 다음과 같다.

- 겨 묻은 개 똥 묻은 개를 흉본다
- 똥은 건드릴수록 구린내만 난다
- 채 맞은 똥덩이 풍기듯
- 똥은 말라도 구리다
- 똥이 무서워서 피하나, 더러워서 피하지
- 아끼다 똥된다

위에서 언급한 속담들은 모두 똥의 부정적인 면을 묘사하고 있다. 그러나 이렇게 부정적으로 똥을 나타내지 않고 긍정적으로 똥을 바라보는 입장도 있다. 예를 들어서 "똥 떨어진 데 섰다"라는 속담은 뜻밖에 좋은 일이 생겼음을 나타낸다. 즉 똥이 행운과 복을 가져다주는 상징으로 사용되는 예이다.

한편 우리 조상들은 흔히 현대인에게는 혐오감을 줄 수도 있는 똥을 농경생활에 재활용함으로써 자신들의 생업과 밀접하게 연관되어 있는 자연환경을 보호할 수 있었다. 그러므로 조상들이 일상적인 생활 속에서 터득한 환경에 관한 생활의 지혜가 담겨져 있는 똥에 관련된 이러한 긍정적인 내용의 속담들을 구체적으로 살펴보는 것은 당연한 일이다. 더욱이 농촌에서는 사람의 똥인 인분뿐만 아니라 오줌 그리고 개똥도 거름으로 중요하게 취급되었다. 또한 설거지한 구정물이나 쉰밥, 그리고 쓸모없는 참외 껍질을 돼지의 사료로 사용하는 등 속담 속에는 다양한 형태의 재활용 방법이 소개되어 있다.

- 농사꾼이 똥 무서우면 농사 못 짓는다.
- 지[자기]똥 3년 안 먹으면 빌어먹는다.
- 겨울 새벽에 개똥 줍는다.
- 한설날(寒雪日) 개똥 줍는다.
- 씨앗은 오줌으로 선별하면 생육이 좋다.
- 달밤에는 김매고, 식전에는 개똥 줍는다.
- 식전에는 개똥 줍고, 낮밤에는 김맨다.
- 돼지는 구정물을 좋아한다.
- 돼지에게 참외 껍질을 먹이면 기름기가 없어진다.

3. 수수께끼에 나타나는 한국인의 환경관

수수께끼는 묻고 답하는 형식을 취함으로써 듣는 사람으로 하여금 끝없는 상상의 세계를 펼칠 수 있는 기회를 제공한다. 수수께끼는 지극히 일상적인 것을 우회적으로 설명하거나, 예리한 관찰력을 토대로 주위의 사물이나 현상을 보통과는 다른 각도에서 분석하기도 한다. 일상적인 것을 뒤집어서 본다든지, 일반적으로 받아들여지는 형식을 벗어나는 것과 같은 일탈적인 형식을 통하여 수수께끼는 민중들의 정서를 더욱 더 적나라하고 솔직하게 대변할 수 있는 것이다. 한국인의 환경관을 나타내는 수수께끼는 앞에서 언급한 속담의 유형과 비교해서 주로 자연의 질서에 순응하고 자연환경을 중요시하는 내용과 자연의 재활용을 강조하는 내용으로 이루어져 있다.

(1) 자연의 순환 질서에 순응하고 주어진 자연환경을 중요시하는 내용

지속적이고 영원한 자연의 순환질서 속에서 한국인이 느낄 수 있는 인간들의 순간적인 삶은 아마도 그네들이 생활하고 있는 자연환경을 소중하게 여기게 만들었을지도 모른다. 특히 전형적인 한국의 농가 마을에서 흔히 볼 수 있는 배산임수(背山臨水)의 요건은 사계절이 뚜렷한 자연환경에 순응하고 적응하려는 한국인의 생활철학을 읽을 수 있다. 이러한 자연 및 생활 문화적인 배경은 수수께끼 속에서도 잘 나타나 있다. 예를 들어서 위대하고 영속성을 가지고 있는 자연환경인 사계절, 일년(365일), 물, 구름, 소금, 바다 등을 그리고 자연환경에 친화적인 전형적인 농가마을 등을 수수께끼의 소재로 다루고 있다.

- 머리는 따뜻하고, 가슴은 덥고 배는 서늘하고, 꼬리는 어는 것은? → **사계절(四時)**
- 발도 노자도 없이 천하를 유람하는 것은? → **물, 구름, 소금, 바다**
- 양지 바른 동산 아래 초가집 3채, 그 앞에 맑은 개천이 흐르는 것은?
  → **산 좋고 물 맑은 살기 좋은 우리 마을**
- 한 나무가 있는데 그 마디가 네 층이요, 각 층마다 가지 아흔 개가 나고 아래 한 층은 꽃이 피고, 그 위 한층은 잎사귀가 푸르고, 또 그 위 한 층은 잎사귀가 누르고, 제일 위의 한 층에는 꽃도 없고 잎사귀도 없는 것은? → **일년 사시(四時)**

(2) 자연의 재활용을 강조하는 내용

속담을 통하여 나타난 자연의 재활용과 마찬가지로 수수께끼 속에서 보여지는 자연의 재활용도 주로 똥에 관한 것이다. 일상적인 사물에 대한 수수께끼 특유의 예리한 관찰은 그 대상에 관한 민중들의 정서를 숨김없이 드러내 보이고 있다. 사람의 똥 혹은 가축이나 조류의 똥을 먹는 음식으로 은유해서 표현하는 것은 똥에 대한 한국인의 생활자세를 잘 반영해 주는 것이다. 다시 말해서 아무 짝에도 쓸모가 없을 것 같은 그리고 지저분한 똥은 일상적인 생업활동에서 재활용의 과정을 거쳐서 다시 우리들의 음식이 되었던 것이다. 그러므로 똥을 대하는 한국인의 자세는 자연환경을 오염시키는 부정적인 냄새나는 오물이 아니라 자연의 재활용을 통하여 오히려 자연환경을 건강하게 만드는 촉매제요, 또한 인간이 먹는 자연친화적인 농작물이나 가축의 음식으로 여겼던 것이다. 그러므로 똥은 민중들이 공감하는 수수께끼 속에서 금싸라기, 밥, 아기, 쌀, 장군, 떡국, 팥 단자, 콩, 전병(빈대떡) 등으로 은유 될 수 있는 것이다.

- 나무다리 밑 네발 공상(空床)은? → 제주도에서 변소 밑에서 사람의 똥을 먹는 돼지
- 담 밑에 금싸라기는? → **새똥**
- 들어가기만 하면 똑 같은 빛깔로 나오는 것은? → **똥**
- 밥이 한 사람 몫 밖에 없는데 엄마 아기 똥개가 어떻게 나누어 먹으면 되느냐? → **엄마는 밥을 먹고 아기는 엄마 젖을 먹고 똥개는 그 똥을 먹으면 되니까**
- 버릴 줄만 알고 가지고 올 줄은 모르는 것은? → **똥장군 : 인분을 퍼 나르는 그릇**
- 뼈 없는 아기는? → **똥**
- 산 울 밑에 쌀 뿌려 놓은 것은? → **새똥**
- 장군은 장군인데 싸우지 못하는 장군은? → **똥장군 : 인분을 퍼 나르는 그릇**
- 저 한 질에 모밀계 떡국은? → **말똥**
- 저 한 질에 팟 단주[팥 단자]는? → **쇠똥**
- 파란 풀밭에 까만 콩을 까고 가는 것은? → **염소 : 즉 염소똥을 까만 콩에 비유**
- 행길에 전병 부치는 것은? → **소똥**

4. 전통적인 삶의 지혜 속에 담겨있는 환경관

속담과 수수께끼에 나타난 한국인의 환경관은 대개가 자연 친화, 자연 순응, 근검절약 및 자연보호 그리고 자연의 재활용 등이다. 이러한 내용은 우리가 생활하고 있는 자연환경에 대하여 많은 관심을 가지면서 최근에 흔히 제기되는 있는 문제이다. 다시 말해서 이전에 우리의 조상들이 입이 마르도록 이야기했던 자연환경의 소중함이 오늘날 새삼스럽게 대두되고

있는 셈이다. 현대인들이 공감하고 있는 환경문제는 겉만 번지러하게 그럴싸한 포장만을 하고는 있는데 사실 이러한 환경문제는 훨씬 이전부터 한국인의 일상적인 삶 속에서 자연스럽게 다루어져 오던 극히 일상적인 생활방식이었다. 오늘날과 같이 공식화된 과학적인 근거는 없었지만 우리의 조상들은 일찍이 오랜 시간동안의 수많은 시행착오 끝에 얻어진 인생의 지혜로운 생활철학과 생업의 현장에서 반복적으로 관찰되고 숙달된 다양한 경험이 한데 어우러져서 한국인의 정서에 맞는 환경관을 형성하였던 것이다.

오늘날 우리가 직면하고 있는 환경문제는 결코 과거와 무관할 수 없다. 과거는 이미 지나가 버렸지만 현대인에게 현재를 제공해 주었고 또한 미래를 가늠할 수 있는 슬기로운 지식의 보고인 셈이다. 따라서 우리 조상들이 가졌던 자연친화적인 삶을 간접적으로나마 체험할 수 있는 자연환경과 관련된 다양한 속담과 수수께끼를 지속적으로 수집하고 발굴하여 이것을 체계적으로 분석하는 일이 시급한 과제로 남아있다.

장승(충남 당진)

장승(국립부여박물관)

제 8 장

전통적인 시간의 구분에 대한 이야기

1. 시간의 구분과 민속

↑ 복조리

우리는 무심코 알람시계를 맞추어서 아침에 일어난다. 그리고 하루 종일 수십 번, 아니 수백 번 시계를 보면서 살아간다. 이렇게 시간에 대한 모든 것을 시계를 보면 알 수 있다. 시계를 통하여 알 수 있는 24시간의 구분 외에도 우리는 은연중이지만 봄이나 여름, 가을, 그리고 겨울과 같은 계절적인 시간의 구분도 가지고 있다. 봄이 오면 꽃이 피고 무더운 여름에는 태양 볕 아래에서 더위를 식히면서 보양 음식을 먹고 가을에는 높고 푸른 하늘 아

래에서 독서를 하고 겨울에는 매서운 추위를 이겨내면서 살아가면서 우리
는 생활문화 속에 숨어있는 시간의 구분을 느낄 수 있다.

고전 작품을 읽다보면 현재에는 생소한 시간의 구분이 종종 등장한다.
예를 들어서 『삼국유사』에 실려 있는 욱면비(郁面婢)와 관련된 이야기를 보
면 삼국시대에는 어떻게 저녁의 시간을 구분했는지를 알 수 있다. 즉 저녁
을 경(更)이라는 용어를 이용하여 구분하였음을 알 수 있다.25) 또한 오늘날
까지도 달력이나 신문 그리고 다양한 대중매체에서도 날씨와 관련해서 24
절기를 자주 사용하기도 한다. 곧 1년을 4등분한 것이 춘하추동(春夏秋冬)
4계절이라면 1년을 24등분한 것이 24절기인 셈이다.

이렇게 보면 시간을 어떻게 구분하고 일상적인 생활 속에서 구분된 시
간을 활용했는지에 대한 좀 더 구체적인 검토가 필요한 것 같다. 이러한
본격적인 논의에 앞서 여기서는 봄, 여름, 가을, 겨울로 사계절을 구분하
고 여기에 속하는 세시풍속을 중심으로 우리 조상들이 일상적인 생활의
현장에서 구분했던 시간의 민속에 대하여 살펴보고자 한다.

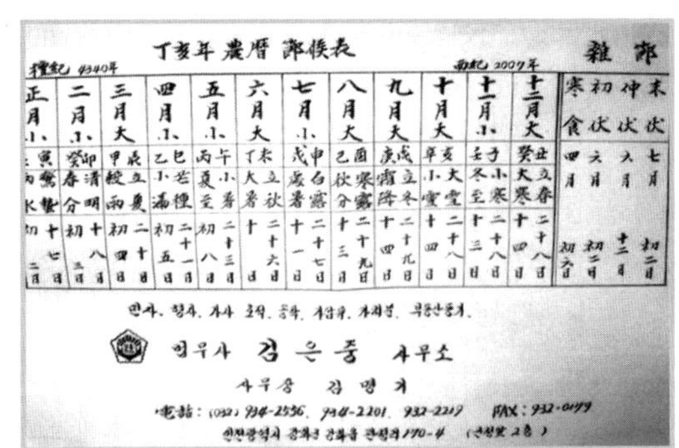

강화도 양오리의
농력 절후표 ▶

---

25) 경(更)은 시각을 나타내는 말인데 하룻밤을 5등분하였다. 즉 초경(初更) 혹은 일경(一更)은
밤 8시부터 밤 10시까지이고, 이경(二更)은 밤 10시부터 밤 12시까지이고, 삼경(三更)은
밤 12시부터 새벽 2시까지이다. 또한 사경(四更)은 새벽 2시부터 새벽 4시까지이고 오경
(五更)은 새벽 4시부터 새벽 6시까지이다.

2. 봄의 세시풍속(歲時風俗)

　우리 조상들은 전통적으로 한 해를 봄, 여름, 가을, 겨울로 네 등분하고, 이것을 다시 태양의 운행에 따라 봄이 시작되는 입춘(入春)에서 시작하여 추위가 절정에 이르는 대한(大寒)까지 24등분을 하였는데 이것이 곧 24절기(節氣)이다. 따라서 매년 봄, 여름, 가을, 겨울마다 6절기가 있는 셈인데, 봄에 해당하는 절기에는 입춘(立春), 우수(雨水), 경칩(驚蟄), 춘분(春分), 청명(淸明), 곡우(穀雨)가 있다.

　조선시대의 선비 학자인 정학유(丁學遊)의 『농가월령가(農家月令歌)』는 조선시대 농촌생활의 다양한 풍속을 절기(節氣)에 따라 자세하게 기술하고 있는데, 태양력(太陰曆)을 기준으로 하여 1월, 2월, 3월이 봄에 해당된다. 정월(正月) 1월은 봄의 시작을 의미하는 맹춘(孟春)으로 입춘(立春)과 우수(雨水)가, 2월은 중춘(仲春)으로 경칩(驚蟄)과 춘분(春分)이, 3월은 모춘(暮春)으로 청명(淸明)과 곡우(穀雨)가 들어 있다.

　입춘(立春)은 문자 그대로 추운 겨울이 물러나고 따뜻한 봄이 비로소 시작됨을 알리는 봄의 첫날이다. 입춘이 되면 집안 곳곳에 한 해의 희망을 적어서 붙이는데 이것을 춘축(春祝), 춘첩자(春帖子), 입춘방(立春榜)이라고 부른다. 춘축의 가장 일반적인 것으로는 '입춘대길 건양다경(立春大吉 建陽多慶)'이다. 입춘을 맞아 집안이 대길할 것과, 음(陰)을 상징하는 겨울이 가고 양(陽)을 상징하는 봄이 섰으니(建), 복(福)이 깃들기를 소망하는 바람을 담고 있다. 다음으로 '국태민안 가급인족(國泰民安 家給人足)'이라는 춘축은 나라가 태평하고 백성이 편안하며 집집마다 형편이 나아지기를 바라는 마음을 담고 있다. '소지황금출 개문만복래(掃地黃金出 開門萬福來)'라는 춘축도 제법 많이 사용되는데, 땅을 쓸면 황금이 나오고 문을 열면 모든 복이 들어온다는 뜻이다. 여기에는 부지런함과 봉사심을 가지고 생활하면 자연스럽게 개방적인 마음씨와 포용적인 자세를 가지게 되는데, 이러한 덕목을 가진 사람에게는 福이 온다는 내용이 숨어있다. 가난한 백성들이 새해에 거는 기대와 희망이 어떠했는지를 엿볼 수 있다.

지금도 입춘이 되면 입춘방을 대문에 붙이는 경우를 종종 볼 수 있다.(안동의 한 마을에서) ▶

우수(雨水)는 눈 대신 비가 내리기 시작하면서 겨울 동안 얼어붙어 있던 대지가 촉촉해져 만물이 소생하는 절기이다. 경칩(驚蟄)은 겨울잠을 자던 동물이 눈을 뜨고 활동을 개시하기 시작하는 절기이다. 옛말에 "우수·경칩이면 대동강 물도 풀린다."라고 하였다. 경칩에는 흙일을 하면 탈이 없다고 하여 겨울 내내 미루어 두었던 벽을 바르거나 담을 쌓기도 한다. 특히 이 날 벽을 바르면 빈대가 없어진다는 속신(俗信)이 있다.

밤과 낮의 길이가 같다는 춘분(春分)은 완연한 봄기운을 느낄 수 있다. 추운 북쪽지방에서도 "추위는 춘분까지"라고 하였다. 청명(淸明)은 봄의 절기로 하늘이 맑고 높아 보이는 때이다. 청명은 보통 한식과 겹치거나 (6년에 한번씩) 하루 전이 되기도 한다. 그래서 "청명에 죽으나 한식에 죽으나 매일반"이라고 했다. 전통적으로 농촌에서는 보통 이날부터 춘경(春耕)이 시작된다. 곡우(穀雨)는 봄의 마지막 절기로 곡식의 성장에 필요한 비가 내리기 시작하는 절후이다. 이때가 되면 '곡우낙종(穀雨落種)'이라고 해서 씨나락을 물에 담그고 묘판을 설치하는 등 본격적인 농사가 시작된다.

지금까지 농가 생활의 세시풍속을 중심으로 살펴보았는데 일상생활 속의 세시풍속도 이에 못지않게 다양한데, 조선시대의 대표적인 세시풍속기인 홍석모(洪錫謨)의 『동국세시기(東國歲時記)』, 김매순(金邁淳)의 『열양세시기(洌陽歲時記)』, 유득공(柳得恭)의 『경도잡지(京都雜志)』에 잘 묘사되어 있다.

봄의 시작을 알리는 정월(正月)의 대표적인 세시로 설과 정월대보름이 있다. 설에는 세화(歲畫)를 붙이고, 차례(茶禮)를 지내고, 세배를 하며 덕담(德談)을 나누고, 도소주를 마셨다. 여기에서 '도소주(屠蘇酒)로 악귀(惡鬼)를 물리친다'라는 속담이 생겨나 오늘날까지 전해지고 있다. 정월대보름에는 부럼, 귀밝이술(耳明酒), 더위팔기(賣暑), 여러 집을 돌며 오곡밥을 먹는 백가반(百家飯)이, 쥐불놀이, 줄다리기, 지신(地神)밟기 등의 풍속이 있다.

2월 초하루는 머슴날로 이날은 그 해에 성인이 되는 머슴들이 선배인 성인 머슴들에게 음식을 대접함으로써 어른 대접을 받았고, 비로소 성인 머슴들과 품앗이를 할 수 있었다. 동지 후 105일째 되는 날은 한식일(寒食日)이라 하여 불을 사용하시 않고 찬 음식을 먹었다. 이날은 조상의 무덤에 떼를 다시 입히고 농가에서는 나무를 심거나 채소씨를 뿌려서 새해 농사 준비를 했다.

3월 3일은 삼짇날이라고 하는데, 이날은 진달래꽃을 찹쌀가루에 넣어서 화전(花煎)을 만들어 먹기도 했다. 또 이 날 흰나비를 먼저 보면 좋지 않은 일이 있고, 색깔이 있는 나비를 먼저 보면 길(吉)한 일이 있다는 속신(俗信)이 있다.

봄의 세시풍속에는 크게 두 가지 의미가 담겨있다. 첫째는 신과 조상에게 성심껏 마련한 음식을 천신(薦新)하고, 제사하는 것이고, 둘째는 다복(多福)과 대풍(大豊)을 축원하는 것이다. 즉 봄의 세시풍속은 한 해를 시작하는 입장에서 신과 조상을 먼저 생각하고, 앞으로 펼쳐질 한 해를 무탈(無頃)하고 건강하게 보낼 수 있기를 바라는 기원이 담겨있다. 이렇게 의례와 놀이가 내재되어 있다는 점에서 세시는 삶의 지혜가 녹아있는 하나의 시간구분인 셈이다.

3. 여름의 세시풍속

여름철은 음력 4월에서 6월까지로 파종 후 성장의례가 중심이 되는 계절이다. 4월에는 입하(立夏)와 소만(小滿)이 들어 있어 여름이 비로소 시작됨을 알린다. 농촌에서는 소만 날부터 퇴비를 장만하며, 마을의 이웃들끼리 서로 모심기를 해주기도 한다. 또한 봉선화가 피면 부녀자들은 손톱에 봉선화 꽃물을 들이기도 한다.

5월은 여름철 세시풍속의 중심으로 망종(亡種)과 하지(夏至)의 절기인데 단오날이 대표적인 명절이다. 단오는 음력으로 5월 5일인데 조선시대에는 설날, 한식, 추석과 함께 대표적인 4대 명절이었음이 『동국세시기』에 나온다.

6월에는 소서(小暑)와 대서(大暑)가 들어 있으며 더위가 기승을 부리는 때이다. 특히 삼복(三伏) 더위가 들어 있어서 몸과 마음이 지치게 되므로 보양음식을 먹는다. 음력으로 6월 15일은 유두날이라고 하는데 이 날 동쪽으로 흐르는 물에 머리를 감으면 건강에 좋다고 한다. 여름의 세시풍속 중에서 오늘날에도 흔히 접할 수 있는 복날의 민속학적 의미에 대하여 좀 더 자세하게 살펴보면 다음과 같다.

✔ 복날

복날(伏日)은 흔히 '복다림' 혹은 '복달임'으로 불린다. 즉 복이 들어가 기후가 지나치게 달아올라서 아주 더운 철을 의미한다. 이러한 복날의 더위는 소위 삼복(三伏) 더위로 잘 알려져 있다. 삼복(三伏)이란 하지(夏至)부터 셋째 경일(庚日)을 초복(初伏), 넷째 경일(庚日)을 중복(中伏), 입추부터 첫째 경일(庚日)을 말복(末伏)이라 하여 이를 통틀어 삼복(三伏)이라고 한다. 이때 더위를 삼복더위라 하여 1년 중 더위가 가장 심한 때이다.

복날을 나타내는 복(伏)은 엎드린다는 내용을 담고 있다. 즉 복날은 가을의 서늘한 금기(金氣)가 여름의 무더운 화기(火氣)를 두려워하여 엎드린다는 내용을 담고 있다. 다시 말해서 가을의 서늘한 금기(金氣)가 여름의 화기(火氣)를 두려워하여 세 번(초복, 중복, 말복) 엎드리고 나면 무더운 더위가 거의 지나가게 되는 셈이다.

복날이 되면 궁중에서는 높은 벼슬아치들에게 빙과(氷菓)를 주었고, 궁(宮) 안에 있는 장빙고에서 얼음을 가져가게 했다고 한다. 그러나 민중들과 관련해서 복날을 살펴보면 복날과 관련된 다양한 민속이 남아 전해져 오고 있는데, 그 속에 어떠한 의미가 있는지 살펴보자 한다. 먼저 농촌의 생활문화를 자세하게 묘사하고 있는 조신시대 『농가월령기(農家月令歌)』의 유월령(六月令)의 일부를 살펴보자.

"유월(六月)이라 계하(季夏)되니
소서(小暑) 대서(大暑) 절기로다
대우(大雨)도 시행(時行)하고
더위노 극심하다

초목이 무성하니
파리 모기 모여들고
평지에 물이 괴니
악머구리 소리난다
(중략)

날 새면 호미 들고
긴긴 해 쉴 때 없이
땀 흘려 흙이 젖고
숨 막혀 기진(氣盡)할 듯
때마침 점심밥이
반갑고 신기(新奇)하다
(중략)

삼복(三伏)은 속절(俗節)이요
유두(流頭)는 가일(佳日)이라
원두밭에 참외 따고
밀 갈아 국수하여
가묘(家廟)에 천신(薦新)하고
한때 음식 즐겨보세"
(후략)

『농가월령가(農家月令歌)』에 보여지는 복날이 든 유월(六月)은 여름의 끝자락인 계하(季夏)라서 더위가 극성을 부리고, 파리와 모기가 많아서 건강을 해치기 쉬운 계절이다. 또한 이때는 한편으로는 농가(農家)의 일이 많아서 바쁜 시기이기도 하며, 다른 한편에서는 여름에 재배되는 과일을 가지고 조상들에게 천신(薦新)하는 때이기도 하다.

복날은 더위와 관련되기 때문에 더위를 피하기 위한 조상들이 가진 생활의 지혜를 엿볼 수 있다. 예를 들어서 복날에는 더위를 피하기 위하여 술과 음식을 마련해 가지고 계곡이나 산정(山亭)을 찾아가서 더위를 잊고 하루를 청유(淸遊)한다. 또는 탁족(濯足)이라 해서 맑은 물에 발을 담가 놓고 하루의 더위를 잊기도 하였다. 그리고 복날에는 보리밥과 파국을 먹으면 더위를 물리치는데 효력이 있다고 해서 먹기도 하고, 또한 복날에는 반드시 팥과 멥쌀로 만든 죽을 먹었는데 홍석모(洪錫謨)의 『동국세시기(東國歲時記)』에도 복날에는 팥으로 죽을 쑤어먹었다는 기록이 있을 정도이다.

특히 복날에는 구육(狗肉 : 개고기)국을 만들어 먹는데, 이것을 먹으면 더위를 물리치거나 허약한 것을 보한다고 한다. 홍석모(洪錫謨)의 『동국세시기(東國歲時記)』에 보면 삼복(三伏) 때 개를 잡아서 삶아서(烹狗) 파를 넣고 끓인 음식을 구장(狗醬)이라고 언급하고 있으며, 조선후기에 유만공(柳晚恭)이 저술한 『세시풍요(歲時風謠)』의 복날(伏日)편에 보면 '복일식갱(伏日食羹)'이라고 하여 복날(伏日)에 먹는 개국을 술갱(戌羹)이라고 표기하고 있다. 구장(狗醬) 혹은 술갱(戌羹) 외에도 복날에는 닭을 잡아서 내장을 모두 꺼내고 그 속에 인삼, 찹쌀, 대추 등을 넣고 푹 고아서 만든 계삼탕(鷄蔘湯)을 먹기도 한다.

복날에 구장(狗醬)을 먹거나 팥으로 죽을 쑤어 먹는 것은 몸을 보신하는 기능 외에도 벽사적(辟邪的)인 기능도 함께 가지고 있다. 즉 개는 집을 지키는 동물이며, 밤에도 볼 수 있기 때문에 액(厄)을 막을 수 있으며, 팥은 붉은 색이라서 양(陽)의 기운이 충만하기 때문에 축귀(逐鬼)의 역할을 할 수 있는 것이다. 이러한 복날의 의미는 복날을 설명해 주는 민간속신어(民間俗信語)에도 잘 나타나 있다. 가령 민간속신어(民間俗信語)인 "복날에 더위를 팔면 더위를 안 먹는다", "복날 보신탕을 먹으면 좋다", "복날(伏日) 개장국을 먹으면 몸보신하는 데 좋다" 등이 있다. 특히 복날에는 구장(狗醬)을 먹고, 정월대보름날에 행하였던 '더위팔기'도 행하였음을 알 수 있다.

더욱이 복날에는 깊은 산골짝에 있는 약수터를 찾아가서 더위를 식히기도 하였고, 복날에 아이들이나 부인네들은 참외나 수박을 먹으며 더위를 잊기도 하였다. 특히 충청도 지방에서는 복날 새벽에 일찍 우물물을 길어다 먹는다. 이는 복(福)이 오라는 뜻으로서 정월 처음 맞는 용(龍)날에 용알 뜨기와 비슷하다.

한편 복날에 비가 오면 청산(靑山)·보은(報恩) 고을의 큰 애기가 운다는 속담이 있는데, 김매순(金邁淳)의 『열양세시기(洌陽歲時記)』에서는 이를 다음과 같이 설명하고 있다. "대추나무는 삼복(三伏)에 열매가 열리는데, 비가 많이 오면 열매가 잘 열리지 않는다고 한다. 충청도 청산, 보은의 두 고을은 지리적으로 대추가 잘 열리어 그것으로 생업을 삼기에 적당하고, 천 그루나 되는 대추밭이 있는 곳이 서로 바라다 보이곤 했다고 한다. 그러므로 결혼비용과 의식(衣食)문제까지도 그 대추 속에서 해결된다. 따라서 당시 속담에 '삼복에 비가 오면 보은 처녀의 눈물이 비오듯이 쏟아진다'고 했다"고 한다. 이러한 내용을 담고 있는 속담을 몇 가지 더 들어 보면 "복날 비가 오면 대추가 흉년든다", "복날 비가 오면 청산·보은 처녀가 부엌문 잡고 운다", "삼복에 비가 오면 청산·보은 처녀가 운다" 등이 있다.

이상에서 대충 살펴본 바와 같이 복날은 여름이 절정을 이루는 계절에 들어 있어서 더위를 피하고, 건강한 생활을 유지하기 위하여 여러 가지 생활의 지혜를 가지고 있었다. 우선 더위를 피하여 계곡이나 산정(山亭)을 찾아가서 더위를 잊고 청유(淸遊)를 한다거나 또는 계곡의 맑은 물에 발을 담가 놓고 탁족(濯足)을 하여 더위를 잊기도 하였다. 또한 구장(狗醬)과 계삼탕(鷄蔘湯), 그리고 팥으로 죽을 쑤어 먹어서 봄을 보양하거나 축귀(逐鬼)를 하기도 하였다. 복날에 더위를 팔고, 약수터에 가거나, 수박과 참외를 먹으면서 더위를 잊기도 하였다. 한편 충청도 지역에서는 복(福)이 오라는 뜻으로 복날 새벽에 일찍 우물물을 길어다 먹기도 한다. 또한 청산과 보은 지

역에서는 복날의 비에 시집 못간 처녀가 슬피 울기도 하였다. 복날이 가지
는 이러한 다양한 우리의 생활문화를 되새긴다면 현대인들이 생각하는 단
순히 구장(狗醬)과 계삼탕(鷄蔘湯)을 먹는 날로서의 복날이 아닌 좀 더 다양
한 우리네 전통문화가 듬뿍 숨어있는 복날이 될 것이다. 더욱이 복날의 진
정한 의미를 안다면 복날의 더위를 슬기롭게 극복할 수 있을 것이다.

4. 가을의 세시풍속

가을은 농업을 중시했던 우리 조상들에게 한 해의 노력이 결실을 맺는
추수의 계절로 여겨진다. "5월 농부 8월 신선"이라는 속담에서 볼 수 있
는 바와 같이 봄에 파종하고 여름에 성장한 곡식이 가을이 되면 점점 익
어가며 수확까지 하게 되어서 가을은 풍성한 계절이며, 마치 신선(神仙)처
럼 부족한 것이 없는 때인 셈이다.

24절기와 관련해서 가을은 음력으로는 7, 8, 9월에 해당되는데 7월에
입추(立秋)와 처서(處暑), 8월에 백로(白露)와 추분(秋分), 그리고 9월에 한로(寒
露)와 상강(霜降) 등이 포함되어 있다. 입추와 처서가 들이있는 7월은 더위
가 물러나고 가을의 시작을 알리는 절기이다. 또한 가을이 되면 우리 조상
들은 "어정 7월 건들 8월" 혹은 "어정 7월 동동 8월"이라고 해서 여름철
의 바쁜 농사일을 거의 마치고, 김매기도 끝나서 농촌이 한가해지기 시작
하지만 다시 추수 때문에 바쁘게 보내는 계절임을 표현하기도 했다. 한편
이슬이 내리기 시작하는 백로 때는 첫 포도를 따서 사당에 먼저 고한 다
음 맏며느리가 한 송이를 먹는 풍속이 있는데, 이 속에는 자녀를 많이 낳
기를 바라는 염원이 반영되어 있다. 가을의 중간인 추분은 낮과 밤의 길이

가 같은 절후이다. 한편 찬 이슬이 내리는 한로와 서리가 내리기 시작하는 상강이 되면 미꾸라지가 누렇게 살찌기 시작하기 때문에 시식(時食)으로 추어탕(鰍魚湯)을 먹으면 원기를 회복하는데 좋다는 풍속이 지금까지 전해져 내려온다.

가을과 관련된 세시풍속 중에서 지금도 민간에서 전승되고 있는 것으로는 백중(百中)과 추석(秋夕)이 있다. 백중은 음력으로 7월 15일인데 백종(百種), 중원(中元), 망혼일(亡魂日)이라고도 부른다. 백중을 백종이라고도 부르는 것은 백종(百種)이 백가지 곡식의 종자(種子)를 다 갖추어 놓았다는 의미로, 이 무렵이면 각종 과일과 채소가 많이 나오기 때문이다. 한편 음력으로 7월 15일 사찰(寺刹)에서 열리는 우란분재(盂蘭盆齋)에 참여하는 승려들이 발을 닦아 발뒤꿈치가 하얗게 되어 백종(白踵)이라고 한다든가, 7월에 논과 밭매기를 끝낸 농부들이 호미씻이(洗鋤宴)를 하고나면 발뒤꿈치가 하얗게 되어 백종(白踵)이라 부르게 되었다는 민간어원설도 있다. 한편 중원(中元)은 도가(道家)에서 쓰는 말로, 도교(道敎)에서는 하늘의 선관(仙官)이 인간의 선악(善惡)을 일년에 3번 메긴다고 하는데 그 시기를 원(元)이라고 하여 첫 번째가 상원(上元 : 정월 대보름), 두 번째가 중원(中元 : 음력 7월 15일), 세 번째가 하원(下元 : 음력 10월 15일)이며 초제(醮祭 : 성신(星辰)에 지내는 제사)를 지냈던 풍습에서 유래하였다. 또한 백중을 망혼일이라고 부르는 것은 돌아가신 부모님에게 천신(薦新)하는 풍습에서 유래한 말이며 『동국세시기(東國歲時記)』에 보면 이 날 저녁달이 뜨면 채소, 과일, 술, 밥을 차려 놓고 죽은 어버이의 혼을 부른다고 하였다. 특히 사찰에서는 우란분재(盂蘭盆齋)를 열어 재(齋)를 올리고 불공을 드리는 큰 명절로 여겨져 왔다.

특히 농가에서는 백중이 되면 하루 동안 일손을 쉬고 머슴에게 휴가를 주고 돈을 주어 시장에 가서 하루를 즐기도록 하는데, 백중 때에 열리는 장을 백중장 혹은 백종장(百種場)이라고 한다. 따라서 백중장에는 집집마다 머슴들이 용돈을 타 가지고 와서 술을 마시고 물건을 사므로 장사꾼들은 대목을 보게 되며, 시장은 인파를 이루고 평상시보다 큰 장(場)이 서게 된다. 이렇게 백중은 머슴들의 명일(名日)이었으므로 '머슴의 생일'이라고도 불렀다. 백중 때에 주는 돈을 '백중돈'이라 하며, 백중돈은 집안의 장정(壯丁)과 아이들에게도 주었다. 따라서 백중장은 먹고 마시고 구경하러 나온 사람들로 성시를 이루었고 갖가지 흥행이 벌어졌다.

가을을 상징하는 대표적인 명절인 추석은 원시공동체 사회로부터 한 해의 수확에 감사하는 집단의식에서 생겨났는데, 역사적인 문헌에 남아있는 기록을 보면 신라시대까지 거슬러 올라간다. 예를 들어서 『삼국사기(三國史記)』 유리이사금조(儒理尼師今條)에 보면 신라에는 음력으로 7월 16일부터 8월 15일까지 길쌈을 하여 진편이 이긴 편을 축하하여 가무(歌舞)와 놀이로 즐기는 풍속이 있었는데, 이를 가배(嘉俳)라 하였다는 기록이 나온다.

추석은 흔히 한가위 혹은 가윗날이라고 불리기도 하는데 이러한 용어는 가배(嘉俳)에서 그 어원(語源)을 찾을 수 있다. 추석은 때가 가을인 만큼 햇곡식을 먹는 것이 제격이다. 추석 때는 아직 본격적인 추수의 계절은 아니지만, 올벼쌀과 같이 준비한 햇곡식을 올려서 하늘과 조상에게 한 해의 풍농을 감사하는 일종의 추수감사절의 성격을 띠기도 한다. 조선시대 정학유가 서술한 『농가월령가(農家月令歌)』의 팔월령(八月令)을 보면 다음과 같은 내용이 나온나.

> "장구경도 하려니와 흥정할 것 잊지마소. 북어쾌, 젓, 조기로 추석 명일
> 쇠어 보세. 신도주(新稻酒), 올려송편, 박나물, 토란국을 선산에 제물하고 이
> 웃집 나눠먹세."

햅쌀로 빚은 술인 신도주(新稻酒)는 일 년 농공을 다 위로하여 주기 때문

에 농가월령가에도 신도주를 만들어서 조상에게 천신(薦新)하라고 하는 것이다. 올벼쌀을 지어 먹는 것을 올벼심니(전북지방) 혹은 풋바심(영남지방) 이라고 하는데 '바심'은 추수를 말한다. 이렇게 하는 것은 벼가 다 익기 전에 미리 베어서 훑어서 밥을 짓는 것인데 조상님에게 햇곡식을 잡수시라는 조상숭배인 천신과 농사짓기의 자축을 겸한 것이다. 추석이 되면 조상님을 위한 햇곡식을 바치는데 햇과일도 빠지지 않는다.

추석을 일컫는 용어는 한가위, 중추절 등 다양하다. 그중에서 추석을 중추절(仲秋節)이라고 부르는 것은 우리의 세시풍속에서는 가을을 월별로 크게 세 부분으로 나누고 있는데, 추석이 있는 8월이 가운데 들어가기 때문이다. 예를 들어서 조선시대의 대표적인 농가의 세시기(歲時記)인 『농가월령가』에 보면 춘하추동을 각각 삼등분하고 있는데, 가을의 경우는 7월을 맹추(孟秋), 8월을 중추(仲秋), 그리고 9월을 계추(季秋)로 나누고 있다. 즉 추석은 가을의 한 가운데인 8월에 들기 때문에 중추절인 셈이다.

가을은 긴 여름의 무더위를 이겨내고 만물이 열매를 맺는 풍성한 추수의 계절이다. 절기상으로도 더위가 물러가고 아침과 저녁으로는 찬 이슬과 서리가 내리는 선선한 계절이기도 하다. 몸과 마음을 살찌우는데도 가장 적합한 계절인 셈이다. 친척을 비롯하여 이웃에 있는 사람들과 수확의 기쁨을 나누고 한 해 동안의 풍농에 감사하면서 천신(薦新)하며 내 년의 풍농을 기원하는 조상들의 겸손하고 진솔한 삶의 지혜를 느낄 수 있는 계절이다. 가을을 대표하는 세시풍속 중에서 백중과 추석에 대하여 몇 가지 더 첨가해서 기술해 보고자 한다.

✔ 백중

백중은 음력으로 7월 15일에 해당한다. 이는 일단 더위가 물러갔지만 늦더위가 조금 기승을 부리는 시기이기도 하다. 『농가월령가』의 7월령에 보면 "칠월이라 맹추(孟秋)되니 입추(立秋), 처서(處暑) 절기로다"-"늦더위 있다 한들 절서(節序)야 속일소냐"라는 구절이 나오는 것을 보아도 7월은 가을의 시작이요 또한 더위가 물러가는 계절이지만 여전히 늦더위가 남아 있음을 알 수 있다. 7월의 백중은 5월의 단오, 6월의 소서, 대서, 초복, 중복, 말복이 지난 후 찾아오는 늦더위의 계절인 것이다.

백중은 늦더위가 남아있는 계절이라서 이때의 시절 음식은 주로 몸을 보양하는 음식이 많다. 백중에 경상도 지방에서는 백 가지(百種) 나물을 해 먹는다고 하는데, 백가지나 되는 나물을 장만할 수 없으므로 가지의 껍질을 벗겨 희게 만든 백가자(白茄子) 나물을 만들어 먹는다. 한편 전라도 지방에서는 이때에 소라와 다슬기가 제철이므로 이를 시식으로 먹기도 한다.26) 이 외의 백중음식은 따로 없고 대개 여름철을 대표하는 음식을 시식으로 먹는데, 이러한 여름철 음식은 더위를 견딜 수 있도록 기를 돋우고 몸을 보하게 하는 것이 특징이다.

백중을 불교에서는 우란분재(盂蘭盆齋)라고도 부르는데 우란분(盂蘭盆)은 '거꾸로 매달리다'는 뜻의 산스크리트어 avalambana에 어원을 둔 ullambana 의 한자역어(漢字譯語)이다. 이 뜻이 의미하는 것은 자손이 끊겨 공양을 받지 못하는 죽은 자의 혼은 저승에서도 나쁜 곳에 떨어져 거꾸로 매달리는 고통을 받는데 이날 혼에 음식을 바쳐 고통에서 구원한다는 예로부터의 민간신앙이 불교와 합쳐진 것으로 여겨진다. 우란분회와 관련해서 다음과 같은 불교 설화가 있다. 즉 석가모니의 제자인 목련비구(目蓮比丘)의 어머니가 생전에 죄를 지어 저승의 아귀도(餓鬼道 : 목마름과 배고픔의 고통으로 가득 찬 세상으로 불교 6도 중의 하나)에서 고통을 받을 때, 어머니의 영혼을 구하고

---

26) 김선섭(2000 : 97~97).

자 석가모니에게 애원한 목련존자가 석가모니의 가르침에 따라 7월 15일
에 오미백과를 쟁반(盆)에 받들어 시방대덕(十方大德 : 온 세상의 부처)에게 고
양하여 어머니의 영혼을 구하였다고 한다.[27]

⬆ 경기도 양주시 남면
한산2리의 농기

한편 제주도의 백중은 육지와 달리 7월 14일
인데 여기에는 백중(百中)이라는 목동에 관련된
설화가 전해져 내려온다. 즉 7월 15일 백중은
이 제주도의 백중은 농신(農神)으로 볼 수 있다.

농가에서는 백중을 머슴날로 부르며 농부들
이 호미씻이를 하고 나면 발뒤꿈치가 하얗게
되어 백종(白踵)이라고 부르기도 한다. 원래 머
슴날은 음력으로 2월 1일인데 일명 노비일(奴婢
日)이라고 부른다. 이 날은 가을 추수가 끝난
후 오랫동안 쉬던 머슴들이 2월이 되면서 농사
준비를 해야 하므로 그들을 위로하는 날이다.
즉 그들로 하여금 하루를 즐겁게 쉬게 하며,
주인은 술과 음식을 한턱내고 머슴들은 농악을
울리고 노래와 춤으로 하루를 즐긴다. 이에 반
하여 7월의 머슴날인 백중일은 그 반대의 의미를 가지고 있다. 즉 우리 조
상들은 농사일을 시작할 때와 끝나갈 때를 맞이하여 잔치를 벌였는데 특
히 주된 노동력을 제공했던 머슴들에게 힘을 북돋워 주고 또한 그동안의
노고에 감사하기 위하여 잔치를 베풀었던 것이다. 농가에서는 "어정 7월
동동 8월"이라는 말이 있듯이, 7월이면 농촌에서는 밭매기와 논매기가 거
의 끝나고 바쁜 일이 없을 때이므로 대부분의 지방에서는 백중 때에는

---

27) 임기중(1993 : 224~224).

154

'호미씻이'(세서연, 洗鋤宴)를 하며 마을 사람들이 춤추고 먹고 마시며 즐겼다. 여름농사가 거의 끝나면 논이나 밭을 매는 호미가 필요 없게 되므로 깨끗이 씻어 둔다고 해서 생긴 이름이다. 그러나 강원도 지방에서는 써레를 씻어 둔다고 해서 '써레씻이'라고도 한다. 이러한 농가의 풍경을 보여주듯이 농가월령가 6월령에 보면 호미를 가지고 바쁜 농촌의 풍경을 엿볼 수 있다. 가령 예를 들어서 "날 새면 호미 들고 긴긴 해 쉴 때 없이", "땀 흘려 흙이 젖고 숨 막혀 기진할 듯". 한편 머슴이 노총각이나 홀아비이면 마을 어른들이 마땅한 처녀나 과부를 골라 장가를 들여주고 살림도 장만해 주니 "백중날 머슴 장가간다"라는 말까지 생겼다.

전라북도 무주의 전통향토 음식인 어죽은 민물고기에다 쌀을 곁들인 백중날의 특별음식이다. 이와 비슷하게 서울의 장안 사람들은 여름날 보양음식으로 민어탕을 만들어 먹었다. 즉 제철에 생산 된 민어를 손질하여 토막을 내고 고추장으로 간을 하여 도톰하게 썬 애호박을 넣고 파, 마늘, 생강 등으로 양념하여 자극성 있게 끓인 탕이다.

✔ 추석

추석에는 달의 고마움에 감사하고 달을 위했으며 그래서 떡을 해도 달떡을 했다. 달을 의식하는데 있어서 중국에서는 만월을 상징하는 월병을 만들었으니, 우리 민족은 송편이라고 해서 반월형의 떡을 했다. 달을 숭상하여 달에게 소원을 비는 민간신앙을 가지면서 반월을 채택한 것은 반월이 일성하므로 발전의 상징으로 본데서 온 것이다. 『삼국유사』의 제1권 기이편에 보면 둥근달은 이미 다 차서 차차 기우는 것이고 초승달은 다 차지 않아서 차차 강성해 진다는 표현이 나온다.

추석의 대표적인 음식은 송편인데 송편을 잘 빚으면 예쁜 색시도 얻고 미남인 신랑도 얻고 또한 예쁜 아기도 생긴다고 한다(그래서 공을 들여 송편을 빚는다). 또한 일부 지방에서는 송편 속에 솔잎을 가로 넣고 찐 다음 솔잎의 붙은 곳을 깨물면 딸을 낳고 솔잎의 뾰족한 끝 쪽을 깨물면 아들을 낳을 징조라고 예측하기도 하였다. 이렇게 송편을 빚으면서 여러 가지 의미를 부여하는 것은 조상께 올리는 송편을 정성스럽게 만들게 하기 위함이며 송편을 빚을 때 느껴지는 무료함을 달래는 의미를 가진다.

5. 겨울의 세시풍속

겨울은 음력으로 10월, 11월, 12월에 해당하는데, 10월에는 입동과 소설, 11월에는 대설과 동지, 12월에는 소한과 대한이 들어있다. 특히 10월은 "상달"이라고 부르며 다양한 농경의례가 들어있으며, 11월의 동지와 12월의 섣달은 묵은해를 보내고 새해를 맞이하는 송구영신(送舊迎新)의 내용을 담은 풍속이 들어있다.

겨울을 시작하는 10월은 상달이라고 부르는데, 이때는 추수가 거의 끝나고 추수로 인하여 풍요로움을 누리게 되어서 고대 이후 제천의식이 행하여져 왔다. 이러한 풍속은 고구려의 동맹, 부여의 영고, 예의 무천과 같은 제천의식이 10월에 행하여졌던 역사적인 기록에도 잘 나타나 있다. 따라서 국가에서는 국중대회를 열고 마을에서는 동제를 그리고 가정에서는 가택신을 위한 제례를 올려서 풍성한 수확에 대하여 감사를 표시한다. 10월을 다른 말로 "신의 달"이라고 할 만큼 향토축제가 전국적으로 열리며, 각 가정에서는 햇곡식으로 시루떡을 하고 주과포를 준비하여 성주신을 모신다. 이를 안택고사라고도 하는데 택일 후에는 금줄을 치고 황토를 문 앞에 뿌려 부정을 막고 가내평안을 기원한다. 집집마다 새로 나온 곡식으로 조상단지, 성주단지, 철륭단지, 시준단지, 삼신 쌀을 갈아준다. 또한 10월이 되면 각 마을에서는 동제를 지내고 각 가정에서는 김장을 한다. 흔히 김장은 입동을 전후해서 겨울 동안 먹을 김치를 담근다. 여름에는 장담그기를 한다면 겨울에는 김치 담그기를 하는 셈이다. 이러한 풍속은 오랜 시간동안 전해져 오면서 하장동저(夏醬冬菹)라는 민속언어를 만들어 내었다.

겨울의 중간 달인 11월은 동짓달이라고도 하는데 이것은 "동지"라는 명절이 들어있기 때문이다. 동지는 24절기의 하나로 일년 중에서 밤이 가장 긴 날이다. 『동국세시기』에 보면 팥죽은 찹쌀가루로 새알 모양의 떡을 만들어 죽 속에 넣고 꿀을 타서 시절음식으로 삼아 제사에 쓰며 문에 뿌려 상서롭지 못한 것을 물리친다고 하였다. 경기도에서는 사당에 팥죽 제사를 지내고 마루, 장광 등에 한 그릇씩 퍼 놓기도 하고 동네 앞의 고목에도 뿌려 재앙을 막는다. 강원도에서는 새알심을 옹심이, 옹생이라 부르는데 나이대로 먹어야 좋다고 한다. 중국의 『형초세시기』에는 동지팥죽의 유래를 공공씨의 불효한 자식이 동짓날에 죽어 역질이 되었는데 이 귀신은 붉은 팥을 두려워하므로 팥죽을 쑤어 물리친다고 하였다.

은산별신제에서 보여지는 금줄

□ 은산별신제에서 볼 수 있는 황토와 금줄

12월은 섣달이라 하는데 이때에 잡는 참새고기는 납육(臘肉)이라고 하여 맛이 좋고 황소 한 마리 먹는 것보다 좋다고 한다. 예전에는 마마를 깨끗하게 앓는다고 참새고기를 어린아이에게 먹였다. 섣달 그믐날 밤인 제석(除夕)에는 집안 구석구석에 불을 밝혀놓고 잠을 자지 않는 것을 수세(守歲)라고 하는데 다른 말로는 '해 지킴이' 혹은 '수세 지킨다'고 하거나 '눈썹 세는 날'이라고 부른다. 따라서 섣달 그믐날 밤에 일찍 잠을 자면 눈썹이 희어진다고 놀린다. 또한 섣달 그믐날 저녁밥은 남기지 않고 다 먹으며, 하던 바느질도 해를 넘기지 않고, 밀린 빚도 청산한다. 아이들에게는 겨울무가 산삼과 효과가 같다며 먹이며 생밤을 먹여 부스럼을 막는다.

✔ 동지

동지는 흔히 아세(亞歲)라고 부르는데 이것은 나라의 천문, 지리, 역서 등을 관장하던 관서(官署)인 관상감(觀象監)에서 동짓날이 되면 다음 해에 사용할 새로운 책력을 만들어서 반포했기 때문에 동짓날은 곧 다가올 새해의 절후를 가늠할 수 있는 날이기 때문이다.

동지가 되면 각 집에서는 팥죽을 쑤어 먹었는데 찹쌀가루로 새알과 같은 단자(團子)를 만들어 넣게 되는데 이것을 '새알시미'라고 불렀다. 이전만 하더라도 동지가 되면 대부분의 집에서는 액막이라고 하여 집의 입구나 문짝 등에 팥죽을 뿌리는 풍속이 있었는데 도시화와 산업화가 빠르게 진행되면서 전통적인 관념에 대한 인식이 약화되었고 또한 아파트와 같은 주거공간의 변화로 인하여 문밖에 뿌리는 풍속은 점차로 자취를 잃어버렸고 집안에서 팥죽을 뿌리는 습관은 요즘에도 일부 남아서 전승되고 잇는 실정이다.

동지의 풍습은 중국에서도 보여지는데 중국의 세시기(歲時記)인 『형초세시기』에 보면 다음과 같은 내용이 전해지고 있다. 공공씨(共工氏)에게는 부모의 덕망이나 유업을 이어받지 못할 정도로 불초(不肖)한 아들이 있었는데 동짓날에 죽어서 역병(疫病)을 옮기는 귀신이 되었는데, 팥을 싫어했기 때문에 동짓날에 팥으로 죽을 쑤어서 먹음으로써 나쁜 기운을 내쫓게 되었다고 한다.

6. 시간 민속의 현대적 의의와 가치

정해진 시간을 구분하는 방법은 일상적인 생활 속에서 중요하게 여겨진다. 특히 우리나라와 같이 농경문화권에 속한 민족은 체계적인 시간의 구분을 통하여 시간과 노동을 적절하게 분배해왔던 것이다.

가령 봄에는 신과 조상에게 제사를 올리고 그것을 통하여 복과 풍년을 축원하였고, 여름에는 건강과 질병에 주의하고 농작물이 성장할 때이기 때문에 풍작을 기원하였다. 가을에는 새로운 곡식을 사당에 먼저 천신(薦新)하였고, 농사에 수고한 농부들을 위로하였고, 풍작에 만족해서 하늘과 조상에게 감사하였고, 그동안의 협동과 상호부조를 다시 한번 확인하기 위하여 농악, 탈춤, 민속놀이를 즐겼나. 한편 겨울에는 월동준비를 마치고, 1년을 마무리하고, 풍작에 대한 감사제를 시냄으로써 한 해 동안 무달한 생업활동에 보답하였다.

한국인의 일상적인 생활문화 속에는 시간의 적절한 분배와 균형적인 구분을 통하여 생활에 활력과 리듬을 주었던 것이다. 일상적으로 반복되는 생업현장에서 시간을 적절하게 인식함으로써 일의 효율성을 가졌던 것이다. 자연과 인간이 하나라는 우주론적인 입장에서 시간에 대한 체계적인 접근방식은 자연과 인간이 분리되지 않으며 조화를 이루고 있는 전체 속

의 한 부분이라는 겸허함과 자연애 그리고 인간애를 가져다주었던 것 같
다. 다시 말해서 시간 속에 삶의 철학과 생활의 지혜를 내포하고 있는데
이것은 삶의 현장에서 만들어진 민중들의 체험이요 경험의 소산물인 셈이
다. 시간은 주어지지만 그것을 활용하는 것은 인간의 몫이다. 한국인의 일
상생활 속에서 시간은 이렇게 만들어지고 민속문화의 하나로 지금까지도
전승되고 있는 것이다.

제 9 장

민속조사와 인터뷰

1. 현지조사의 민속학적 접근

민속학은 민중 속에 내재해 있는 전통문화를 체계적으로 연구하기 위하여 현지조사(fieldwork)를 수행한다. 그러므로 민속학자는 언어학자가 지방에 가서 직접 방언을 조사하듯이 현지에 가서 여러 가지 민속현상을 수집하고 분석한다. 자연과학자들이 현장에 가서 동물이나 식물을 일방적으로 관찰하는 것과는 달리 민속학자는 현지의 주민들과 함께 어울려서 그들과 공감대를 형성하려고 노력한다. 이러한 과정에서 민속학자는 다양한 자료제공자들에게 그들이 전승하고 있는 여러 가지 민속현상에 대하여 마음을 터놓고 이야기를 나눌 수 있는 기회를 가지게 된다. 언어학자들은 인간이 사회생활을 원활하게 하기 위해서는 모국어에 관한 문법에 대한 지식과 같은 언어학적 역량(linguistic competence)이 있어야 하지만 또한 다양한 사회 및 문화적 문맥(context) 속에서 무엇을 이야기하고 또한 무엇은 이야기하지 말아야 한다는 지식과 같은 커뮤니케이션적 역량(communicative competence)을 가져야 한다고 주장한다(Hymes, 1974 ; Salzmann, 1993). 따라서 민중들의 생활 현장에서 다양한 자료제공자들과 자주 대화를 나누어야 하는 민속조사자는 현지조사가 가질 수 있는 사회언어학적인 측면에 대하여 관심을 가져야 한다.

이제까지 민속조사에 대한 연구는 제법 있었지만(줄리아 크레인, 마이클 앙그로시노, 1997 ; 나경수, 1998) 현지조사에서 민속조사자가 자료제공자들과 실제로 행하는 인터뷰에 대한 민속학적인 측면의 연구는 거의 없었다. 민속학은 민중들의 일상적인 생활 속에 살아 숨쉬고 있는 한 민족의 끈끈한 삶과 생활 철학을 발견하고 이것을 계승 유지시키는데 기여하는 학문이라고 할 수 있다. 따라서 민속학이 타학문에 비하여 더욱 더 가치를 가질 수 있는 이유는 바로 민속학자가 직접 현장을 누비면서 민속의 주체를 만나고 민속의 현장을 채록해서 일반 대중들에게 생동감 있게 전달하기 때문이다.

민속조사와 인터뷰에 대하여 여러 가지 측면에서 접근을 할 수 있지만 본 논문에서는 그 중 몇 가지만을 언급하고자 한다. 즉 필자는 민속조사에서 행하여지는 인터뷰 방법, 조사자와 자료제공자의 상관관계, 그리고 민속학자와 일반 독자층에 대하여 논하고자 한다.

2. 민속조사와 인터뷰 방법

민속조사자는 현지에 가서 민속조사를 행하는데 이러한 연구방법을 질적연구방법(qualitative research method)이라고 말한다. 민속학에서 질적연구방법은 사회학에서의 양적연구방법(quantitative research method)과 대비해서 이야기 할 수 있다. 즉 민속조사자는 현지에 직접 가서 일정기간 체류하면서 그 지역의 주민들과 사회적인 유대를 형성하게 된다. 민속의 현장에서 민중들의 삶을 직접 체험하지 않고 연구실의 안락의자에 앉아서 문헌 및 기타 통계자료에 근거해서는 진정한 민속을 이해할 수 없기 때문에 민속학은 직접 가서, 생활하면서, 보고, 느낄 수 있는 질적연구방법을 중요하게 여긴다. 일본의 민속학자 야나기다(柳田國男)는 민속자료를 눈으로 보고 귀로 듣고, 그리고 마음으로 느껴지는 것으로 분류하였는데(김택규, 1986 : 25) 이것은 민속학이 현지조사에 바탕을 둔 발로 뛰는 학문이어야 한다는 사실을 나타낸다.

양적연구방법은 주로 통계자료에 근거해서 문화적인 현상을 좀 더 과학적으로 분석하려고 하지만 민속학이 가지는 특유의 살아 움직이는 현장의 체험이나 정보를 가지고 있지 못한 단점을 가지고 있다.

질적연구방법은 조사자가 직접 현지에 가서 조사를 행하기 때문에 참여관찰(participant observation)[28]에 근거해서 민속현상을 연구하게 된다. 질적연구방법에 의한 민속조사는 양적연구방법에 비하여 다소 자료가 빈약할 수도 있지만 통계자료에 의하여 획일적으로 민속현상을 해석하지 않고 민속의 주체들인 대중들이 지니고 있는 다양한 민속현상을 다각도로 분석하고 이해하려고 한다. 즉 성공적인 민속조사를 위해서 민속조사자는 현지에서 그들이 처하게 될 여러 가지 사회적인 상황을 충분히 고려하고 여기에 대하여 사전에 준비를 해야 한다.

민속조사자는 민속의 현장에서 현지의 주민들과 만나고 그들과 대화를 통하여 그들이 전승하고 있는 전통문화를 이해하고자 한다. 어떤 전통문

---

28) 참여관찰(participant observation)에 의한 민속지적 방법(ethnographic method)은 말리놉스키 (Malinowski)에 의하여 처음으로 시작되었다(Roldan, 1995).

화는 현지 주민의 기억 속에서만 남아 있는 것도 있을 것이고 또한 어떤 전통문화는 현재까지도 남아서 실행되고 있는 것도 있을 것이다. 민속조사자는 이러한 전통문화를 자료제공자와의 인터뷰를 통하여 수집하고 정리하게 된다. 직접관찰이나 문헌자료에 의하여 상당 부분의 민속현상을 설명할 수 있지만 현지조사를 하면서 이루어지는 인터뷰는 살아있는 민속의 현장을 일반대중들에게 전달하고 설명하는 민속학에 있어서 아주 중요한 연구방법의 하나이다. 민속조사자가 현지조사에서 조사자와 피조사자(현지의 자료제공자) 사이에서 행하여지는 공식적인 인터뷰나 비공식적인 인터뷰29)를 준비하고 대비할 때 고려해야 할 사항을 몇 가지 들어보면 다음과 같다.

(1) 인터뷰에 알맞은 사회적인 분위기의 형성

민족조사를 위하여 현지를 방문해서 일정한 기간을 머물면서 현지조사를 하다보면 현지주민들과 가능하면 빨리 친목관계30)를 형성하는 것이 무엇보다도 중요하다는 사실을 실감하게 된다. 현지의 자료제공자들은 민속조사자들에게는 민속의 보고(寶庫)이다. 현재 남아 있는 자료제공자들의 대부분은 연로하기 때문에 이들의 건강이 더욱 악화되거나 세상을 떠나기 전에 체계적인 민속자료의 수집이 무엇보다도 시급한 과제로 남아있다. 아울러 짧은 시간에 많은 자료를 수집할 수 있는 방법은 민속 조사자들과 자료제공자들 사이에 적절한 사회적인 분위기를 먼저 형성하고 인터뷰를

---

29) 공식적인 인터뷰(formal interview)는 조사자가 미리 설문지(questionnaire)를 작성하여 질문하는 방법이고, 비공식적인 인터뷰(informal interview)는 조사자가 현지조사를 수행하면서 기회가 생길 때마다 형식에 구애받지 않고 자유자재로 질문하는 방법이다.

30) 인류학이나 민속학에서 이렇게 조사자가 자료제공자와 형성하는 친목관계를 라포(rapport)라고 말하기도 한다.

시작하는 것이다.

우리가 자신의 집을 떠나서 다른 곳을 방문해 보면 알 수 있듯이 모든 것이 생소하기 마련이다. 잠자리부터 음식 그리고 화장실에 까지 모든 것이 불편하게 느껴질 것이다. 그러나 민속 조사자들을 맞이하는 현지 주민들도 불편하기는 마찬가지이다. 현지 주민들에게는 아주 일반적인 삶의 현장이 민속 조사자들에게는 관심의 대상이 될 수도 있기 때문에 현지 주민들이 이제까지는 무의식적으로 행하여 왔던 의식이나 습속에 민감해질 수도 있는 것이다. 따라서 민속학자들은 자료제공자들과 거리낌 없이 대화를 나눌 수 있는 사회적인 분위기 조성에 노력해야 한다. 그렇다면 어떻게 민속조사자자가 현지의 자료제공자들과 친분관계를 맺을 수 있을까?

현지에 가서 행하는 민속조사는 문헌이나 기타 이차적인 자료가 아닌 살아 있는 자료를 수집하고 고찰하는데 그 목적이 있기 마련이다. 그래서 하나하나 배운다는 자세로 민속조사를 임해야하고 또한 가능하면 현지 주민들의 사회 및 경제활동에 동참하도록 노력한다. 물론 단시간에 인간관계가 무르익을 수는 없다. 그러나 최소한 현지주민들과 그들이 가지고 있는 삶의 현장을 함께 호흡할 수 있는 마음의 자세가 필요하다. 거만하고 유식하게 보이는 민속조사자가 아닌 전통문화에 관심을 가지고 무엇인가를 배우려고 하는 순수한 정열에 가득 차 있는 민속조사자가 되어아 한다. 이리한 분위기가 조성되면 자료제공자들과 부담 없이 내화할 수 있고 따라서 유익한 이야기를 더욱 많이 들을 수 있는 것이다.

질적연구방법은 통계자료에 근거한 양적연구방법의 연구 범위를 넘어서 실제적으로 현지 주민들의 삶을 직접 경험해서 몸과 마음으로 그들의 숨소리를 조금이라도 느낄 수 있도록 노력할 때 그 진가를 발휘할 수 있다. 따라서 질적연구방법에 의한 민속조사는 현지주민의 생활세계에 작용하고 있는 구조의 의미를 해석하고 상징의 의미를 설명하는데 안성맞춤이다. 이러한 조사과정을 거치고서야 비로소 민속학자는 현지 주민들의 삶의 과정을 배울 수 있고 따라서 민중들이 가지고 있는 삶의 철학과 지혜를 체득하고 몸으로 직접 느낄 수 있는 것이다.

(2) 인터뷰 기술

영국의 사회인류학자 에반스 프리챠드(Evans-Pritchard)는 동부아프리카에 위치해 있는 수단(Sudan)의 한 부족인 누어(Nuer)족[31]을 현지 연구하였는데, 친목관계가 형성되지 않은 낯선 현지 주민들과 인터뷰를 시도하는 것이 얼마나 어려운 일인지를 적나라하게 보여주고 있다. 에반스 프리챠드(Evans-Pritchard)의 한 자료제공자가 그에게 보여주었던 회의적인 사례를 들어보자.

프리챠드	당신은 누구입니까?
현지의 자료제공자	남자
프리챠드	당신의 이름은 무엇입니까?
현지의 자료제공자	당신은 나의 이름을 알고 싶습니까?
프리챠드	예
현지의 자료제공자	당신은 나의 이름을 알고 싶습니까?
프리챠드	예, 당신은 나의 텐트를 방문했고 그래서 나는 당신의 이름을 알고 싶습니다.
현지의 자료제공자	좋아요. 나는 쿠올(Cuol)입니다. 당신의 이름은 무엇입니까?
프리챠드	나는 프리챠드입니다.
현지의 자료제공자	당신의 아버지 이름은 무엇입니까?

---

31) 유종현(2000)은 누어(Nuer)족을 비롯한 아프리카의 부족과 문화에 대한 현장답사 보고서를 정리한 바 있다.

프리챠드	나의 아버지 이름은 프리챠드입니다.
현지의 자료제공자	아니오, 그것은 진실일 수가 없어요. 당신은 당신의 아버지와 같은 이름을 가질 수가 없거든요.
프리챠드	그것은 나의 리니지(lineage)[32] 이름입니다. 당신의 리니지 이름은 무엇입니까?
현지의 자료제공자	당신은 나의 리니지 이름을 알고 싶습니까?
프리챠드	예
현지의 자료제공자	내가 그것을 당신에게 이야기하면 당신은 그것을 가지고 무엇을 할 것입니까? 당신은 그것을 당신의 나라에 가지고 갈 것입니까?
프리챠드	나는 그것을 가지고 어떠한 것이라도 하기를 원하지 않습니다. 단지 내가 당신의 목축지에서 살고 있기 때문에 당신의 리니지 이름을 알고 싶습니다.
현지의 자료제공자	알았어요. 우리는 로우(Lou)입니다.
프리챠드	나는 당신의 부족 이름을 묻지는 않았습니다. 나는 그것을 이미 알고 있어요. 나는 당신의 리니지 이름을 묻고 있습니다.
현지의 자료제공자	왜 당신은 나의 리니지 이름을 알고 싶습니까?
프리챠드	나는 그것을 알고 싶지 않습니다.
현지의 자료제공자	그러면 왜 당신은 그것을 나에게 묻는 것입니까? 나에게 담배 좀 주세요.

-Evans-Pritchard, 1986 : 12~13

위의 인용문은 민속조사자가 현지의 자료제공자와 인터뷰를 하는 것이 때로는 어렵고 매우 부자연스러울 수 있다는 사실을 잘 암시하고 있다. 그 냥 피상적이고 형식적인 인터뷰를 통하여 민속조사자가 일정한 자료를 수 집할 수도 있다. 그러나 민중의 삶을 체계적으로 연구하는 민속조사자에

---

32) 리니지(lineage)는 계보관계를 확인할 수 있는 단계혈통집단(單系血統集團)을 말한다.

게 이러한 형식적인 인터뷰는 별로 도움이 되질 않는다. 현지 주민들의 삶을 느낄 수 있는 깊이 있는 인터뷰를 통하여 민속조사자는 비로소 지역문화를 이해할 수 있고, 이러한 이해를 다시 되새김질 한 것을 일반대중들에게 전달할 수 있는 것이다. 따라서 민속조사자는 현지의 자료제공자가 가질 수 있는 여러 가지 상황을 충분히 고려해서 자료제공자를 선정해야 하고 선정된 자료제공자와 인터뷰를 진행시키는 방법에 대하여서도 관심을 가져야 한다.

한국민속학에서 민속조사의 주 대상은 자국의 민족문화이기 때문에 다른 문화권의 현지주민들을 대상으로 현지조사를 할 기회가 적을 수도 있다. 그러나 다양한 문화권에서 생활하고 있는 해외동포들의 민속을 조사하고 더 나아가서는 아시아의 여러 다른 민족의 민속을 비교민속학적으로 연구하기 위해서는 에반스 프리챠드(Evans-Pritchard)의 경험이 시사하는 바가 아주 크다고 할 수 있다. 민속학자 김선풍은 몽골에서의 현지조사를 행하면서 민속조사자가 가져야 할 자세에 대하여 다음과 같이 기술한 바 있다. "민속학은 삶의 현장을 떠나서는 성립할 수 없다. 우리는 찾고, 비교하고, 연구하기 위해 온 사람들이다. 그저 형식적으로, 박물관이나 보고, 잘 훈련된 말 타는 소년·소녀나 관광하러 이곳을 찾은 유람단이 아닌 것이다"(김선풍, 2000 : 114). 민속조사자가 현지조사를 통하여 삶의 현장을 올바로 이해하기 위해서는 현지 주민들과의 인터뷰는 필수적이라고 할 수 있다.

민속조사자에게는 아주 흥미로운 것일지라도 자료제공자가 이러한 이야기를 쉽게 이야기하기에는 다소 부담스러울 수도 있다. 즉 그것이 자신의 개인문제에 관계되거나 아니면 공동체에 관한 문제일 수도 있는 것이다. 대개의 자료제공자는 대화의 분위기가 좀 무르익어야 쉽게 이야기를 하는 경우가 많다. 그러므로 처음부터 직설적으로 질문하는 것은 좋지 못

하다. 또한 포괄적이고 너무나도 추상적인 질문을 먼저 하는 것도 좋지 못
하다. 가령 예를 들어서 '이곳 마을의 가신신앙에 대하여 이야기 해 주세
요'라고 질문하기보다는 '어르신의 집에서 행하는 가신신앙이 있습니까?'
아니면 '어르신 무엇인가를 기원하기 위하여 집에서 모시거나 공경하는
대상이 있습니까?'라고 질문하는 것이 좋다. 그렇게 질문해서 대답을 듣고
나면 조금씩 구체적으로 질문을 하는 것이 좋다. 이렇게 함으로써 민속조
사자가 대화의 분위기를 주도할 수 있으며 자신이 필요로 하는 정보를 더
욱 더 효과적으로 얻을 수 있다.

필자가 행한 민속조사에서도 자료제공자가 가끔씩은 협조적이지 못한
경우가 종종 있었다. 이것은 인터뷰를 진행하는 방법의 문제이다. 즉 어떻
게 하면 현지의 자료제공자들이 부담을 가지지 않고 자신들이 소유하고
있는 민속에 관한 지식을 이야기 할 수 있는가하는 것이다. 민속현상은 흔
히 눈에 보이지 않는 경우가 많다. 예를 들자면 안동하회탈춤에 대한 지역
주민의 정체성과 공동체 의식을 민속조사 한다고 했을 때 행하여지는 탈
춤을 보면서 부분적인 민속현상을 설명할 수도 있다. 그러나 더욱 더 중요
한 것은 대대로 전승되어져 내려오는 안동하회탈춤을 실행하는 보이지 않
는 규칙과 틀이 지역주민들 속에 숨어 있다는 것이다.

민속조사자가 현지조사를 수행하면서 유념해야 하는 것은 다양한 민속
현상을 수집하는 것이지만 궁극적으로는 그 이면에 내재해 있는 지역 주
민들의 습속을 찾아내도록 노력하는 것이다. 따라서 민속조사자들은 형식
적인 인터뷰가 아닌 지역 주민들의 일상적인 삶과 생활철학을 이해할 수
있는 심도 있는 인터뷰를 필요로 하고 또한 그러한 인터뷰를 행하기 위하
여 인터뷰의 기술을 충분히 습득해야 한다.

자료제공자와 인터뷰를 행할 때 직접질문에 의거한 딱딱한 질문은 피하
는 것이 좋다. 가령 예를 들어서 형식에 너무 집착하여 현지주민들이 가지

고 있는 민속의 내용을 짜 맞추는 방식으로 인터뷰가 진행되어서는 안 된다. 형식이 우선되는 것보다는 내용이 우선된 후에 그것을 토대로 일정한 형식을 갖추는 것이 중요하다. 민속현상이 있는 그대로 옮겨질 수 있도록 자료제공자의 관심분야를 찾아낸다. 그리고 자료제공자가 자발적으로 민속현상과 관련된 여러 가지 입장, 경험, 상황 등을 이야기할 수 있도록 대화를 유도한다.

(3) 인터뷰의 시작과 진행 방법

모르는 사람과 처음 만났을 때 어떻게 대화를 시작하는가 하는 것은 대단히 어려운 일이다. 영국사람들은 보통 말이 없이 무뚝뚝하다고 하지만 처음 만나는 사람과 대화를 할 때 날씨 이야기를 먼저 꺼낸다는 것은 아주 잘 알려진 사실이다. 영국인들에게 변덕이 심한 날씨는 공통의 화제로 언제든지 이야기를 시작할 수 있는 것이다(Trudgill, 1988 : 13). 유목생활을 하는 몽골의 남성들은 처음 만나는 사람이나 오랜만에 만나는 사람과는 코 담배통(snuff bottles)을 교환함으로써 서로 인사를 나누고 대화를 시작한다(Park, 1997 : 137). 그러므로 사람을 만나고 이야기를 시작하기까지는 이러한 예비과정이 필요하다.

민속조사는 현지 주민들의 삶을 느낄 수 있어야 하기 때문에 현지 주민들과 만나고 그들에게 여러 가지 민속현상에 대하여 자주 대화를 나누게 된다. 따라서 현지에 가서 민속조사를 하는 민속학자에게 처음 만나게 되는 자료제공자와 어떻게 인터뷰를 시작할 것인가는 아주 중요한 문제이다. 여러 명의 민속조사자가 조(組)를 구성하여 대단위로 현지조사를 가게 되면 대개는 지역주민들이 민속조사를 나왔다고 알고 있어서 별 어려움이 없을 수도 있다. 그러나 개인적으로 민속조사를 간다든지 아니면 민속현장에 우연히 들리게 되는 경우도 있고, 규모가 큰 지역축제에 참가하다 보면 관계자들 외에 일반 참가자들은 잘 모르는 경우가 많다. 따라서 즉흥적으로 간단한 인터뷰를 행할 때나 어느 정도 형식을 갖춘 인터뷰를 행 할 때나 어떻게 인터뷰를 진행할 것인가는 중요한 문제이다.

대단위로 민속조사를 가던 개별적으로 민속조사를 가던 민속조사자는 처음 만나게 되는 자료제공자에게 먼저 자기소개를 하는 것이 좋다. 즉 먼저 자신을 간단히 소개하고 민속조사를 왔다고 상대방에게 이야기한 후 어떠한 분야에 관심이 있다고 이야기 해 주는 것이 좋다. 이것은 자료제공자들이 자신들이 무엇을 위하여 인터뷰를 하고 있는지 알아야 하고 또한 한 자료제공자를 통하여 또 다른 자료제공자를 소개받을 수도 있기 때문이다. 꼭 필요한 것은 아니지만 명함을 준비했다가 현지조사에서 만나는 자료제공자에게 주는 것도 좋은 방법의 하나이다.

민속조사자는 일반적으로 민속의 여러 현상에 대하여 폭 넓은 지식을 가지고 있지만 민속조사를 하고 있는 특정한 장소 그리고 해당 분야에서는 자료제공자가 최고라는 생각을 가지고 하나라도 배운다는 자세로 인터뷰를 진행하는 것이 좋다. 물론 어떠한 것은 단지 확인한다든지 또 어떠한 것은 다른 지역의 민속현상과 비교를 할 수도 있지만 자료제공자들의 의견을 최대한 존중하는 자세가 필요하다.

공식적인 인터뷰는 자료제공자와 미리 약속을 하고 시간과 장소를 정해야 한다. 사전에 약속을 하지 않은 상태에서 공식적인 인터뷰를 일방적으로 행하게 되면 자료제공자의 일상생활을 불편하게 할 수 있어서 충분한 자료를 얻을 수 없는 경우가 많다. 공식적인 인터뷰는 자료제공자와 미리 시간을 정해야하는 번거로움 말고도 자료제공자에게 보이지 않는 부담감을 줄 수도 있다. 즉 외지에서 온 민속조사자가 자신들에게 무엇인가를 질문한다고 생각하면 마음이 불안해 질 수도 있는 것이다. 따라서 민속조사자는 가능하면 현지주민들의 생업 현장에 동참하면서 수시로 행할 수 있는 비공식적인 인터뷰를 많이 활용하는 것이 좋다. 비공식적인 인터뷰는 공식적인 인터뷰에 비하여 시작이 용이하고 또한 쉽게 끝나고 언제 어디에서든지 시작할 수 있다는 장점이 있다.

그러나 민속조사자는 인터뷰를 행하면서 한 가지 유의해야 하는데 이것은 자료제공자들과의 인터뷰에만 의존하지 않고 현지에서 벌어지거나 행하여지는 제반 민속현상에 대하여 폭넓게 볼 수 있어야 한다는 것이다. 다시 말하면 민속조사에서 자료제공자들이 무엇을 이야기했는가(What people say)도 중요하지만 현지의 주민들이 무엇을 행하는가(What people do)도 중요하게 취급된다. 자료제공자들의 기억 속에만 살아있고 더 이상 행하여지지 않는 민속현상은 지금도 행하여지고 있는 민속현상에 비하여 덜 중요하게 취급되는 이유도 여기에 있다. 오늘날 민속학은 단지 과거의 전통이나 습속만을 연구대상으로 삼지 않는다. 현대의 민속학은 현지에서 벌어지는 민속의 현장성을 중시한다. 즉 민속학은 민속조사자가 현지에서 보고, 듣고, 느낀 것을 중요하게 여긴다. 민속학의 현장성을 이야기 할 때 조사자와 피조사자 사이의 인터뷰도 포함해서 논의할 수 있다. 예를 들어서 민속조사자가 현지에서 만나는 자료제공자가 다양하듯이 민속조사자와 자료제공자사이에서 이루어지는 인터뷰의 현지상황도 다양할 수 있다는 것이다.

현재 전승되고 있는 전통문화가 자료제공자에 의하여 어떻게 기술되는가 하는 것은 민속조사자와의 인터뷰에 의하여 결정된다. 현지의 주민이 실제로 행하고 있는 전통이나 습속은 민속조사자가 현지의 자료제공자들과의 인터뷰에서 얻은 사실과 조금 다를 수 도 있다. 이것은 실제로 행하여지는 민속현상에 대하여 행위자들 사이에서도 서로 다른 해석을 할 수 있다는 것을 의미한다. 이것은 행위자와 결부되어 있는 성(性), 나이, 지역

방언 등의 요소와도 관계가 있다. 즉 민속조사자는 이러한 요소를 고려해서 자료제공자와 인터뷰를 행하는 것이 좋다. 아래에서 좀 더 이러한 상관관계를 논의하고자 한다.

3. 민속조사자와 자료제공자의 상관관계

　민속학자가 현지조사를 하면서 만날 수 있는 자료제공자는 다양하다. 이것은 마치 혼자서 기차여행을 할 때 누가 옆자리에 앉을 것인가 하고 기대하는 것과 비슷하다. 같은 지역을 민속조사하고도 획일적인 결과의 도출보다는 다양한 측면에서 민속현상을 발견할 수 있는 것이 민속학의 특징이라고 이야기 할 수 있는데, 이것은 같은 지역을 조사하더라도 민속학자들이 서로 다른 자료제공자들을 만날 수 있기 때문이다. 또한 같은 자료제공자를 만나더라도 그들을 대하는 민속학자에 따라서 조금은 다른 결과가 나올 수도 있는 것이 바로 민속학의 매력이다. 즉 민속학자에 의하여 이러한 서로 다른 측면의 민속조사가 모여지면 흔히 말하는 민속지(民俗誌, ethnography)[33]가 완성되게 된다. 따라서 민속학자와 자료제공자 사이에 존재할 수 있는 이러한 사회언어학적인 맥락을 살펴보는 것은 살 갖추어진 민속지를 작성하는데 반드시 고려되어야 할 사항이다. 민속학자와 자료제공자 사이의 상관관계에서 성(性), 나이, 그리고 지역 방언 등이 대표적인 것이라고 할 수 있다.

---

33) 학자들에 따라서 "ethnography"를 민속지(民俗誌)로 해석하느냐 아니면 민족지(民族誌)로 이해하느냐하는 의견이 분분한 편인데 필자는 민속지로 해식한 전경수(1996)의 의견을 따르고자 한다.

(1) 성(性, gender)

　민속조사자는 여러 가지 종류의 민속현상을 조사하고 연구한다. 일상생활 속에서는 남성은 남자 옷을 입고 여성은 여자의 옷을 입는다. 따라서 보통 남성은 남성의 영역에 또한 여성은 여성의 영역에 익숙해있기 마련이다. 그러나 민속조사자는 민중들의 생활 철학을 이해하기 위하여 때때로 자신이 속해 있는 성(性)의 영역을 초월해서 민속조사를 행하기도 한다. 예를 들어서 남성 민속조사자가 민속에 관련된 여성의 활동이나 역할에 대하여 조사 연구 한다던지 아니면 그 반대의 경우도 생각 할 수 있다. 그러므로 때로는 자료제공자와 보이지 않는 성(性)의 영역에 대한 고려가 필요하다. 특히 자료제공자와 인터뷰를 할 때 성(性)의 요소를 무시할 수 없다. 한 가지 예를 들어 보면 여성들의 산속(産俗)에 대하여 민속연구 한다고 할 때 남성 조사자보다는 여성 조사자가 자료제공자들과 좀 더 많은 공감대를 형성할 수 있는 것이다. 즉 민속조사에서 등장하는 성(性)의 측면은 자료제공자가 민속조사자와 같은 성(性)인지 아니면 다른 성(性)인지에 따라서 인터뷰의 방법이나 부수적인 상황이 다르다는 것이다.

　현지조사를 행하는 지역에 따라서 조금 차이는 있겠지만 여성들은 남성들에 비하여 많은 제약을 받는 경우가 많다. 현지조사를 하다 보면 자료제공자와 인터뷰를 할 수 있는 시간과 장소를 쉽게 정하지 못할 경우가 있다. 예를 들어서 일손이 바쁜 농촌을 방문하거나 풍어기에 어촌을 방문하다 보면 자료제공자와 인터뷰를 할 수 있는 시간이 늦은 저녁에나 가능한 경우가 생긴다. 그것도 자료제공자의 집까지 직접 방문해야 하기도 하고 민속조사자가 머물고 있는 숙소에 자료제공자를 초청해야 한다. 따라서 민속조사자나 자료제공자가 여성일 경우에는 이러한 인터뷰를 적극적으로 행하지 못하기도 한다.

또한 민속조사자가 유의해야 할 것 중에서 여성 자료제공자가 가질 수 있는 금기(taboo)사항을 들 수 있다. 몽골의 여성을 연구한 험프리(Humphrey)는 몽골의 여성들이 이름에 관하여 가지는 금기를 조사하였다. 그녀에 의하면 몽골의 여성들은 남편의 형, 아버지, 아버지의 남자 형제들 혹은 할아버지의 이름을 사용하는 것이 절대적으로 금지된다. 이러한 금기 사항은 때로는 남편의 남성 친척들까지 확대되는데 이 경우에 금기시 되는 이름의 한 음절과도 비슷한 소리가 나는 용어를 사용할 수 없다(Humphrey, 1978). 이와 유사한 금기의 풍속이 벵갈리(Bengali) 사회에서도 나타난다. 예를 들어보면 벵갈리 여성들은 그들 남편의 이름을 부르는 것이 허용되지 않기 때문에 둘러대는 표현으로 남편을 부르거나 언급한다(Holmes, 1992 : 166). 따라서 민속조사자는 자료제공자가 민속조사자의 질문에 충분히 대답할 수 없는 사회 및 문화적 상황을 인식할 수 있어야 한다.

일반적으로 민속현상에 대한 성(性)의 차이는 전통문화의 이해를 위해서 매우 중요하다. 똑 같은 민속현상이라도 그것을 대하는 행위자나 관찰자에 따라서 전통문화를 수용하고 이해하는 차이가 발생한다. 특히 성(性)에 의한 전통문화의 계승이라는 관점에서 보면 동일한 성(性)이 다른 성(性)보다 민속현상을 더 쉽게 접할 수도 있는 것이다. 예를 들어서 경기 지역의 복식문화에 대하여 현지조사를 한다고 할 때 이러한 전통문화는 옛날부터 손수 옷을 만들고 수선하던 여성들에 의하여 수로 전승되고 계승 발전되어왔기 때문에 당연히 여성 자료제공자를 인터뷰해야 한다. 그러나 실제로 옷을 착용했던 행위자의 입장도 무시할 수가 없기 때문에 복식문화를 고찰하는데 여성뿐만 아니라 남성 자료제공자와의 인터뷰도 필요한 것이다. 즉 한 지역사회의 복식문화 속에 숨어있는 민속현상에 대한 관찰자와 행위자는 민속조사자에게 모두 필요한 존재이다.

그럼에도 불구하고 복식문화와 같은 일부 전통문화는 한편으로는 할아버지로부터 아버지로 그리고 아들(혹은 사위)로 다른 한편으로는 할머니로부터 어머니로 그리고 딸(혹은 며느리)로 이어지는 경우가 많기 때문에 같은 성(性)으로 전승되고 유지된다고 말할 수 있다. 민속조사자가 남성인 경우에는 남성의 입장에서 본 전통문화(옷 입는 방법, 때, 옷과 예절 등)의 계승이라는 측면의 이해가 용이할 수 있고, 여성 민속조사자의 경우에는 복식문화의 이면에 내재해 있는 바느질 도구, 옷 수선 방법, 보관법 등에 관한 보다 구체적인 내용까지도 조사할 수도 있다. 한편 여성들의 복식 중에서 남성들에게 이야기하기에 좀 쑥스러운 것도 있다. 예를 들어서 남성 조사자가 여성 자료제공자와 인터뷰를 하다가 여성들의 속옷, 특히 생리대에 대한 이야기를 하게 되었을 때 자료제공자의 반응이 어떠할지를 짐작하는 것은 그리 어려운 일이 아니다. 다시 말해서 같은 내용이라도 민속조사자와 자료제공자가 함께 공감대를 형성할 수 있는 영역에서는 더욱 더 많은 자료를 얻을 수 있는 것이다.

(2) 나이

민속조사자가 현지조사에서 인터뷰를 할 때 고려해야 할 사항 중에서 중요한 것은 자료제공자의 나이이다. 대개 현지의 자료제공자들은 그 지역에서 나이가 많은 촌로들인 경우가 많다. 그러나 보다 체계적인 현지조사를 위하여 다양한 자료제공자들을 만나다 보면 나이층도 다양하게 분포하기도 한다. 자료제공자의 나이에 따라서 그들과 관련된 호칭체계, 즉 직접호칭(terms of address)과 간접호칭(terms of reference)에 대하여 자세하게 관찰할 수 있다. 또한 자료제공자들의 나이를 분석해 보면 그 지역에서 이루어지는 세대간의 문화 및 민속의 차이를 알 수도 있다. 즉 전통문화가 어떻게 전승되고 있으며 이러한 문화의 전승과정에서 첨삭되는 요소가 무엇인지를 밝혀낼 수도 있다.

　나이가 많은 자료제공자와 인터뷰를 할 경우 민속조사자가 유의해야 할 점은 다음과 같다. 먼저 인터뷰를 시작하기 전에 예의를 갖추고 어른에 대한 공경을 표시해야 한다. 나이가 많고 적든 간에 민속조사자는 자료제공자를 통하여 여러 가지 전통문화를 간접적으로 느낄 수 있기 때문에 예의를 가지고 자료제공자를 대하는 것은 당연한 일이다. 특히 어디를 가든지 연세가 지긋한 노인들은 상대방의 몸가짐과 마음가짐을 보고 그 사람을 판단한다. 자료제공자에게 예절바르고 성실한 인상을 심어주면 그 만큼 인터뷰를 하기가 쉬워진다. 현지의 주민들이 간직하고 있는 전통문화가 민속조사자에게는 관심의 대상이요 연구의 과제물이 되겠지만, 현지의 자료제공자들에게는 일상적인 삶이요, 조상 대대로 이어져 온 생활의 방식이요, 철학일 수 있다. 즉 현지의 민속현상을 일반대중들에게 전달하기에 앞서 민속조사자 스스로도 현지의 자료제공자들에 의하여 받아들여져야 한다.

　진정한 민속의 이해는 삶의 현장을 몸과 마음으로 느낄 수 있을 때 비로소 가능하다고 할 수 있다. 현지조사를 가보면 내용이 없는 형식만을 전달하는 자료제공자 보다는 내실이 있는 지식을 전달하려는 열정으로 가득 찬 자료제공자들을 많이 만날 수 있다. 이들의 대부분은 연로한 자료제공자들이고 얼마 남지 않은 자신들의 생명이 끝나고 나면 자신늘이 가시고 있는 민속도 사라지고 말 것이라고 걱정하는 이들이다. 이들은 또한 민속이 올바로 일반 대중들에게 전달되기 위해서는 민속조사자의 올바른 자세가 중요하다고 믿는 경우가 많다. 즉 민속현상을 이해하고 그것을 제대로 전달하려면 민속조사자의 자격도 중요하다는 것이다. 다시 말해서 자료제공자의 입장에서 보면 민속조사자가 과연 현지의 민속을 배우고 이해할 만한 진지한 자세를 가지고 있는가 하는 것이 중요하다. 만약에 자료제공자가 민속조사자를 신뢰하지 않거나 사람 됨됨이에 실망을 하게 되면 그저 형식적으로 인터뷰에 응하거나 여러 가지 핑계를 대고 인터뷰를 피할 수도 있다.

두 번째로 자료제공자를 선정하는 과정에서 이러한 사항을 충분히 고려해야 하겠지만 현지조사를 하다보면 특정한 민속현상을 설명할 수 있는 자료제공자가 한정되어 있는 경우가 많다. 예를 들면 나이가 많이 들어서 어떤 자료제공자는 과거의 사실에 대한 것을 정확하게 기억하지 못하는 경우가 있을 수 있고, 또 다른 자료제공자는 귀가 어둡거나 말을 분명하게 하지 못하는 경우가 있을 수도 있다. 그러나 일단 인터뷰를 시작하게 되면 인내심을 가지고 이러한 어려움을 극복하도록 노력해야 한다. 정확하게 기억은 하지 못하더라도 기본적인 틀 속에서 대략의 윤곽을 잡도록 인터뷰를 진행시키고, 귀가 어두운 자료제공자에게는 여러 번 질문을 해서 야기를 유도한다. 한 가지 재미있는 현상은 나이든 자료제공자의 경우 묻는 질문 보다는 이야기 중에 나온 화제에 대하여 흥미를 가지고 이야기를 하는 경우가 종종 있다. 민속조사자의 관심과 너무나도 거리가 있어 보이는 경우를 제외하고는 이러한 이야기에 대하여 좀 더 관심을 보이고 경청하는 것도 좋다. 이렇게 함으로써 자료제공자도 재미없는 인터뷰에 자신이 구속되어 있다는 기분을 없애고 자신이 관심을 가지고 있는 것을 이야기한다는 분위기를 가질 수 있어서 인터뷰가 더욱 더 생동감이 있게 된다. 또한 이러한 이야기 속에는 현지의 민속현상에 대하여 민속조사자가 미처 생각하지도 못한 측면이나 뒷이야기 등이 있을 수도 있기 때문에 중요하게 취급하는 것이 좋다.

(3) 지역방언

민속조사에서 관심을 가지는 것은 조사지역의 문화적 특수성이다. 한국문화라는 보편적인 모자이크의 한 부분이 될 수 있는 지역의 전통문화를 찾아서 일반대중들에게 소개한다. 그래서 한 지역의 전통문화가 한국문화 속에서 어떻게 자리매김 할 수 있을지를 제시한다. 이러한 지역문화의 특질 중의 하나가 지역방언이다. 예를 들어서 경기도 안성 지역에서 사용하는 농기구에 관한 용어는 강원도 횡성에서 사용되는 용어와 조금의 차이를 보일 수가 있다. 이것을 수집해서 지역방언 속에 나타난 민속을 조사함으로써 지역문화를 더욱 알차게 소개할 수 있다.

그러나 순수한 방언학적인 측면에서 지역방언에 대한 고려(이익섭, 1987) 외에도 지역방언이 민속조사를 수행하는데 필요로 하는 부분은 자료제공자와의 인터뷰에서도 흔히 발생하게 된다. 첫째로 민속도구에 나타난 지역의 방언을 조사할 때 적절한 자료제공자를 선정하는 것이 무엇보다도 중요하다. 다시 말해서 어떻게 그 지역의 토박이를 선별할 수 있는가 하는 문제이다. 단지 그 지역에 살고 있다고 해서 그 지역의 토박이[34]로 볼 수 없으며 더욱이 그 지역에서 한 때 살았다고 해서도 그 지역의 방언을 완벽하게 구사한다고 할 수 없다. 대중매체가 발달하고 교통이 발달해서 전국이 일일 생활권으로 바뀌게 되어서 사실 지역의 방언을 완벽하게 구사하는 고립된 집단을 찾는다는 것은 사실상 불가능 할지도 모른다. 그러나 지역의 방언을 충분히 구사할 수 있는 최소한의 요건이 필요하다. 즉 무엇

---

34) 이익섭(1987)은 지역방언을 현지조사 할 때 피조사자가 갖추어야 할 요건 중에서 가장 중요한 것으로 자료제공자가 토박이(native speaker)이어야 한다는 사실을 들고 있다. 그에 의하면 대체로 3, 4대(代)는 한 곳에서 살아야지 토박이로 볼 수 있으며, 더욱 더 엄격하게 따시사면 어머니도 역시 같은 지역 출신이어아 그 지역의 토박이로시 좋은 자료제공자가 될 수 있다고 한다.

보다도 최소한 3대가 그 지역에서 살아오고 있는 경우가 좋다. 여성 자료 제공자의 경우는 타지역에서 시집 온 경우가 많기 때문에 어디에서 시집 왔는지를 물어보는 것이 좋다.

둘째로 민속조사자가 자료제공자의 지역방언을 어떻게 소화해 낼 수 있는가 하는 문제이다. 민속조사자에 따라서 다르겠지만 조사자들은 여러 지역을 조사하기 마련이다. 물론 각 지역의 방언 차이가 때로는 두드러지지는 않지만 민속조사자나 자료제공자들도 자신들이 가지고 있는 지역방언이 있기 마련이다. 예를 들어서 서울에서 태어나서 자라온 민속조사자는 경기권에 가서 조사할 때는 별로 어려움이 없지만 진도나 남해안의 섬 지역을 방문하게 되면 조금 다른 언어적인 차이를 발견할 수 있다. 반대로 제주도에서 태어나서 자라온 민속조사자는 제주도의 한 시골마을에가서 조사를 하면 느끼지 못하는 언어적 차이를 강원도의 한 산골 마을에서는 느낄 수도 있다.

4. 민속조사자와 일반 독자층 사이의 대화

민속조사를 마치면 그 연구 결과를 분석하여 열려있는 독자들에게 알리게 된다. 민속조사자는 현지의 민속현장을 일반 독자들에게 실감나게 옮기는 역할을 하게 된다. 그러나 현지에서 수집한 민속자료를 어떻게 옮길 것인가에 대한 논의가 필요하다. 다시 말해서 수집해서 분석한 민속자료를 어떠한 입장에서 그리고 어떠한 자세로 일반 대중들에게 전달할 것인가에 대한 문제가 제기될 수 있는 것이다. 살즈만(Salzmann, 1993)은 이것을 집필의 민속지(ethnography of writing)라고 표현하고 있는데 필자는 두 가지 측면에서 이러한 문제에 대하여 살펴볼까 한다.

첫째는 중간자적인 입장에서 보이지 않는 독자와의 대화이다. 이것을 설명하기 위하여 민속조사자가 현지조사를 행하면서 취하게 되는 중간자적인 입장에 대하여 먼저 살펴보자. 민속조사자가 현지조사를 위하여 일정기간을 머물면서 현지의 주민들과 쉽게 공감대를 형성한다는 것은 어려운 일이다. 더욱이 현지의 주민들과 일정한 거리를 유지한다는 것은 더욱더 어려운 일이다. 민속조사자들이 현지의 민속현상을 있는 그대로 조사하고 연구해야 하는데 이러한 과정에서 너무나도 주관적이지도 않고 그렇다고 너무나도 객관적이지 않은 일정한 자세를 유지하는 것이 필요하다. 예를 들어서 너무 현지 주민들의 입장만을 고려해서도 안 되고 그렇다고 너무나 자신의 의견을 고집해서도 안 된다. 특히 현지조사를 통하여 얻은 자료를 분석하여 일반대중들이 쉽게 접할 수 있도록 하기 위해서는 조금의 되새김질이 필요하다. 즉 민속조사자는 현지의 자료제공자와 일반 독자들을 이어주는 매개자의 역할을 해야 한다. 민속조사자는 보이지 않는 일반 독자들과 항상 대화를 하고 있다는 사실을 명심해야 한다. 일반 독자들 중에는 각계 각층의 사회구성원들이 포함되며 또한 현지의 자료제공자들도 포함된다. 따라서 가능한 현지의 민속현상을 바르고 정확하게 전달해야 하며, 개인의 감정이나 이느 특수한 집단의 이익을 지나치게 고려해서도 안 된다.

둘째는 자료제공자들의 인적사항이나 개인적인 이야기를 어떻게 기술할 것인가 하는 것이다. 이것은 자료제공자들의 사적인 문제들을 보호하고 일부 자료제공자들의 개인 신상에 관한 비밀을 유지해야 한다는 민속조사자의 양심과 도덕성에 관한 문제이다. 민속조사자는 현지조사를 하면서 자료제공자로부터 많은 지식과 정보를 얻을 수 있다. 그러나 일부 정보는 개인에 관한 문제여서 자료제공자들이 남에게는 알리기를 꺼려하는 경우도 종종 있다. 예를 들어서 어느 지역의 문중과 제사의식에 대하여 연구를 한다고 했을 때 자료제공자가 양자 출신이었다거나 아니면 자료제공자의 할아버지가 서자 출신이었다는 것 등과 같은 사실을 발견할 수도 있다. 또한 현지조사를 수행하면서 자료제공자와 어느 정도 친분관계를 형성하게 되면 자료제공자가 이혼을 하고 재혼을 했다거나 자신의 아들이 주워 온 아들이었다는 것과 같은 개인적인 정보가 자신도 모르게 나올 수 있기 때문에 자료제공자의 이름을 밝히지 않고 익명으로 하는 것이 좋다.

민속조사자는 현지조사를 통하여 민속현상에 관한 많은 자료를 수집하게 된다. 그러나 단지 이러한 자료를 그대로 일반 대중들에게 전달하기에 앞서 민속학자의 중간자적인 입장을 잊어서는 안 된다. 물론 현지의 민속현상에 대한 체계적인 분석을 통하여 일반 대중들의 이해를 높이는 역할을 해야 하지만 또한 자료제공자와 일반 대중들 사이에 존재하는 일정한 거리를 유지시켜 주어야 한다. 바꾸어 말하면 일반 독자들이 현지의 자료제공자들과 대화를 나눌 수 있는 커뮤니케이션의 매개자 역할을 민속조사자는 할 수 있어야 한다.

5. 커뮤니케이션의 민속지를 위하여

인터뷰는 묻고 대답하는 커뮤니케이션의 일종이다. 그러나 민속조사에서 행하는 인터뷰는 일방적으로 묻고 그기에 대답하는 방식보다는 조사자와 피조사자가 함께 대화를 즐기는 방식을 취하는 것이 좋다. 영국인들이 날씨에 대하여 그리고 유목생활을 하는 몽골의 남성들이 코담배 통을 교환함으로써 이야기를 시작할 수 있는 분위기를 마련한다. 민속조사에서 인터뷰는 우리가 생활하고 있는 삶의 현상에서 바로 우리가 경험하고 있는 습속이나 전통에 대하여 이야기를 나누게 된다. 날씨와 코담배 통과는 달리 이러한 민속현상은 겉으로 잘 드러나 보이지 않는 경우가 많다. 그러나 이것은 우리가 그것의 주체이던 객체이던 아니면 단순한 관찰자의 입장이던 한번쯤은 생각해 보아야 할 문제이기도 하다. 다시 말해서 민속조사자가 현지조사를 하면서 자료제공자와 행하는 인터뷰는 바로 우리가 속해 있는 삶과 생활에 대한 이야기인 셈이다.

민속조사자가 현지조사를 수행하면서 만나는 자료제공자는 다양하다. 민속조사자가 삶의 현장에서 민중들의 생활을 직접 체험하면서 그네들의 생활방식과 삶에 대한 철학을 자세하게 이해하기 위해서는 무엇보다도 자료제공자와 서로 신뢰할 수 있는 친목관계(rapport)를 먼저 형성해야 한다. 이것은 곧 민속조사자가 현지 주민들에게 받아들여지는 과정을 의미한다. 현지의 주민들과 어느 정도의 친목관계가 형성된 이후에 비로소 민속조사자는 자료제공자와 공식적 혹은 비공식적인 인터뷰를 행할 수 있게 된다.

효과적인 인터뷰를 위해서 민속조사자는 자료제공자의 성(性), 나이, 지역방언 등 여러 가지 요소를 잘 고려해야 한다. 동일한 민속현상도 그것을 대하는 행위자 혹은 관찰자에 의하여 조금은 다르게 받아들여질 수도 있다. 특히 여성의 입장과 남성의 입상은 차이가 닐 수도 있으며, 언령층에 따라서 보고 느끼는 안복이 다를 수도 있다. 민속조사자가 추구하는 것은 민속현상의 여러 가지 측면을 모두 포함하고 있다. 즉 민속조사자는 총체적인 입장(holistic perspective)에서 한 지역의 민속현상을 이해하고자 현지조사를 하기 때문에 민속현상의 이면에 숨어 있는 이러한 요소들을 충분히 이해해야 한다.

민속조사자가 현지조사를 통하여 행하는 커뮤니케이션의 민속지(ethnography of communication)에는 인터뷰와 같은 담화의 민속지(ethnography of speaking)

외에도 집필의 민속지(ethnography of writing)가 있다. 즉 민속조사자는 현지의 자료제공자와 인터뷰 형식의 담화를 할 뿐만 아니라 현지의 자료제공자를 포함한 보이지 않는 일반 독자들과 민속지를 통하여 대화를 나누게 된다. 따라서 민속조사자는 중간자적인 입장에서 현지의 자료제공자와 일반 독자들을 연결시켜 주는 역할을 해야 한다. 민속조사자는 자료제공자와의 인터뷰 내용을 충분히 되새김한 후 일반 독자들에게 전달하는 도덕적인 의무를 지니게 되는 것이다.

제 10 장

중국 해외동포 마을의 사회민속

1. 중국 속의 경기도 '경기툰'

해외동포들은 지구촌 곳곳에서 하나의 공동체를 이루고 생활하고 있다. 이러한 해외동포들의 마을 중에서 특히 중국에 있는 경기도 마을(일명 경기툰이라고 부름)은 경기도 출신 사람들이 대부분이 마을을 구성하고 있는 독특한 마을이다. 마을을 이루고 있는 사회조직을 알아보기 위하여 사회민속의 범주에 포함시킬 수 있는 가족과 친족 그리고 마을공동체를 중심으로 경기도 마을을 고찰하고자 한다. 가족, 친족 그리고 마을공동체는 민속학에서 가장 기초가 되는 분야이다. 한편 민속학자들이 연구의 대상으로 삼는 마을을 연구하기 위해서는 그 마을 구성원들의 가족 그리고 친족관계를 파악하는 것은 중요한 일이다.

중국 경기툰의 경우 마을은 경기도 지역에서 이주해 왔음을 상징하고 또한 경기인으로서의 정체성을 유지하고 있으며, 그 구성원들도 큰 범위의 가족 그리고 친족으로 인식하고 있는 것 같다. 이러한 경기툰 사람들의 노력과 열정은 한편으로는 중국이라는 외적인 영향으로부터 민족의 정체성을 이제까지 면면히 유지하게 만들었고, 다른 한편으로는 독특한 경기 지역의 문화와 민속을 계승하게 한 원동력을 제공하였다. 따라서 경기툰의 가족, 친족 그리고 마을공동체를 분석하는 것은 현재의 경기툰이 있게한 여러 가지 요인 중에서 가장 기본적인 자료를 제공한다고 할 수 있다.

⬆ 경기툰의 아이들

2. 혼인

경기툰의 가족, 친족 그리고 마을공동체에 대하여 살펴보기 전에 우선가족을 형성하고 더 나아가서는 친족과 마을공동체를 이루는 사회 및 문화적인 습속인 혼인에 대하여 고찰하고자 한다. 즉 혼인을 통하여 새로운가족의 일원을 만들어 내고 가족은 다시 친족 그리고 마을공동체로 이어

186

지면서 경기툰과 같은 한 집단의 결속력을 다질 수 있는 기초를 마련해주는 것이다.

경기툰 사람들의 혼인에 관한 풍습은 경기도 지역에서 주로 이주해 온 사람들이기 때문에 중국으로 이주해 온 이후에도 예전의 습속을 그대로 유지하였을 뿐만 아니라 이주 이전에 행하여졌던 친척들의 혼인에 대한 기억을 잘 간직하고 있는 것 같다. 예를 들어서 최학인(77) 할아버지의 경우에 그의 고모는 민며느리로 일곱 살에 시집으로 들어갔고, 그의 아버지는 데릴사우[데릴사위]로 처갓집에서 일을 하고 심부름도 하였다는 사실을 잘 기억하고 있었다. 또한 이주 초기에는 새로운 환경에 정착해 가는 과정 속에서 인근 마을의 사람들을 잘 몰랐기 때문에 경기툰 사람들끼리 사돈을 맺는 경우가 많았던 것 같다.

경기툰의 경우 과거의 혼인은 개인보다는 가족을 중심으로 이루어졌다. 즉 당사자의 선택에 의한 개인과 개인의 결합이라기보다는 한 가족과 또 다른 한 가족이 서로 합의하여 배우자를 정함으로써 두 가족간의 결합이라는 의미가 강했던 것이다. 실제로 경기툰 사람들의 경우 이민 1.5세대는 부모에 의해 또는 친척에 의해 중매혼이 이루어졌는데 특히 마을 내에서 마을 사람들끼리 혼인이 빈번하였다. 이것은 이민 초기에 조선족으로서의 정체성을 유지하기 위하여 조신족끼리의 혼인을 고집하다보니 경기툰 밖에서는 쉽세 배우자를 구할 수 없었기 때문이었다. 이로 위하여 경기툰은 한집 걸러 사돈 혹은 이웃사촌이 사돈이라고 할 수 있을 정도로 마을 사람들의 대부분이 친척으로 연결되었다.

아무리 먼 친척이라 하여도 서로 간에는 혼사를 이야기할 수 없었는데, 즉 친척의 범위와 관계없이 친척간의 혼인은 절대 금하는 것이 상례였다. 그러나 경기도 마을에서 겹사돈의 경우도 간혹 볼 수 있기 때문에 직접적으로 관련된 친척끼리는 혼인이 금지되었던 반면에 먼 사돈과 같이 간접적으로 관련된 친척은 혼인하는 경우도 있었음을 짐작하게 한다.

오늘날 경기툰 사람들은 결혼식을 하기 전에 먼저 결혼등기를 한다. 결혼등기는 국가에 정식으로 부부라는 사실을 등록하는 하나의 통과의례적인 절차인 셈이다. 경기툰 사람들에 의하면 결혼등기가 시행된 것은 1951년부터이고 그 전에는 그러한 제도가 없었다고 한다. 또한 중국의 혼인법이 개정되면서 1971년부터는 25세 이후에만 혼인을 할 수 있게 되면서 경기툰 사람들의 혼인풍속에도 많은 영향을 끼쳤다. 특히 결혼연령을 제한함으로써 산아제한정책을 실시하게 되었다는 것이다.

그러나 경기툰 사람들의 혼인풍속에 가장 큰 영향을 끼친 것은 최근에 불어닥친 개방화 정책에 편승한 한국바람과 도시화 바람이었다. 몇 년 전부터 젊은 나이의 미혼여성들이 한국이나 중국의 대도시로 구직을 위하여 경기툰을 떠나면서 경기툰에는 미혼 남성들이 많다고 한다. 자료제공자의 한 사람인 엄기영 할아버지의 경우도 딸이 한국에 일하러 나가면서 그곳에서 한국인과 결혼하였다고 한다. 최근에 경기툰에서만 5~6명이 한국으로 시집갔으며, 나머지 젊은 여성들도 대부분 북경, 천진, 상해 등지에 나가 있어서 경기툰의 총각들이 신부감을 찾기가 무척 힘들다고 한다.

경기툰 사람들 사이에서 재혼한 사례도 종종 발견할 수 있었다. 예를 들어서 최창화 할아버지의 경우가 여기에 해당된다. 노인시절의 재혼이란 경기툰 사람들에게는 그다지 어색하지 않은 것이다. 오히려 재혼은 마을을 떠나는 것을 막아주고 경기툰 사람들의 결속력을 더욱 강화시키는 역할을 하고 있는 것 같다.

최근에 오면서 혼인은 점차적으로 개인과 개인의 문제로 인식되기 시작하였고, 다른 지역의 조선족들과의 혼인이 일상화되고 있으며, 나아가 한족과의 혼인도 이루어지고 있기도 하다. 그러나 아직까지는 경기툰 사람들이 조선족을 선호하기 때문에 조선족과의 혼인이 빈번한 편이다.

필자의 자료제공자의 한 사람인 최학인(77) 할아버지에 의하면 경기툰의 노인들은 자녀들이 주로 조선족끼리 혼인하는 것을 원한다고 한다. 그 이유는 경기툰 사람들 사이에서 종종 한족 여자들은 일을 잘 못하고 더럽다는 편견을 가지고 있기 때문이다. 또한 언어 상의 문제도 크게 작용해서 조선족여자가 한족남자들과 결혼하는 것이 조선족남자가 한족여자와 결혼하는 것보다 훨씬 많은 편이라고 한다. 즉 조선족여자들은 한족 말을 잘 배우는 편인데 반하여, 한족 여자들은 조선어를 잘 배우지 못하는 편이라고 한다. 현재는 경기툰 사람들 사이에서도 "말 만 통하면 어떠한 소수민족과도 결혼할 수 있다"는 생각이 지배적이라고 한다. 그러나 이주 초기만 해도 딸이 한족과 결혼하면 수치로 생각하는 사람들이 많았다고 한다. 예를 들어서 경기툰 인근의 다른 마을에서는 한족에게 딸을 시집보낸 부모가 목을 매어서 죽었다는 이야기도 있을 정도였다고 한다. 최학인 할아버지에 의하면 15년 전부터 경기툰 사람들 사이에서도 결혼 관념도 많이 개방화되고 있는 것 같다고 일러주었다. 그러나 지금도 경기툰의 인근에 있는 강가점(姜家店)에 가면 궁합을 보아주는 조선족 사람이 있을 정도로 여전히 전통적인 혼인을 선호하는 사람들이 많은 편이다. 한편 이전에는 경기툰에서도 박승문 할아버지의 아버지가 마을 사람들에게 궁합을 보아주었다고 한다.

결혼관념이 많이 개방화되었지만 이주 초기부터 행하여졌던 중매결혼이 최근까지는 경기툰 사람들 사이에서 일상화되고 있는 것 같다. 예를 들어서 최창화(75) 할아버지의 경우 할아버지의 딸들은 모두 중매결혼을 하였다고 한다. 즉 맏딸의 경우는 맏딸의 시아버지와 최창화 할아버지는 잘 아는 사이였고, 둘째딸의 경우는 딸 사위의 시고모(사위의 친고모)가 중매를 해서 혼인을 하게 되었다고 한다. 또한 셋째 딸의 경우 경기툰의 부녀회장이 중매를 하였고, 넷째 딸의 경우는 두 집안이 오래 전부터 서로 잘 아는 사이여서 쉽게 혼사가 이루어졌다고 한다. 그런데 중매의 경우 보통은 양쪽에서 친척들이 개입하여 혼인을 성사시키는 것이 경기툰의 중매혼이 가지는 특징이다.

경기툰 사람들의 결혼에 관한 풍속 중에서 특이한 것은 한국과 마찬가지로 동성동본(同姓同本)끼리는 혼인할 수 없지만 동성이본(同姓異本)끼리는 혼인을 할 수 있다는 것이다. 다만 박승문 할아버지에 의하면 경기툰 사람들 사이에서도 박씨끼리는 이본(異本)이라도 서로 혼인할 수 없다는 사실이다. 또한 박승문 할아버지에 의하면 성(姓)도 다르고 본(本)도 다르더라도 친족관계에 의하여 조금이라도 연관이 되면 원칙적으로 혼인을 할 수 없다고 한다. 이러한 측면은 경기툰 사람들이 행하고 있는 혼인과 친족관계를 잘 나타내고 있다. 즉 상대방이 혼인할 수 있는지 없는지를 알 수 있게 만드는 것은 바로 자신과 상대방의 친족관계를 제대로 파악하는 것이다. 다시 말해서 친족관계는 단지 과거와 현재에 연관된 친족원들의 관계를 보여주는 것뿐만 아니라 미래의 새로운 친족원을 선별하는데도 중요한 역할을 담당하는 것이다. 한편 박승문 할아버지에 따르면 경기툰 사람들 사이에서 동성각본의 경우에 김씨나 이씨 등은 서로 혼인하기도 하지만 박씨들은 아직까지도 이러한 것도 '개혼인'이라고 여겨서 혼인하지 않는다고 한다.

경기툰 사람들은 이전에는 서로 사돈을 맺는 경우가 자주 있었다고 한다. 이것은 이주 초기만 하더라도 중국에서 조선족들 간에 교류가 그리 활발하지 못했기 때문이었다. 그러나 무엇보다도 중요했던 것은 잘 알지 못하는데 혼인할 수 없다는 의식이 경기툰 사람들 사이에 팽배하였다는 사실이다. 더욱이 딸을 외지나 멀리 시집보낸다는 것은 경기툰 사람들에게는 생각할 수 없는 일이었다. 그래서 이주 초기에는 주로 이웃에 있는 조선족과 혼인하거나 경기툰 사람들끼리 자주 혼사를 치루기도 하였던 것이다.

오늘날 경기툰 사람들 중에는 아들이 결혼하게 되면 며느리가 원하면 같이 살겠지만 먼저 분가해서 사는 것도 좋으며, 나중에 나이가 들면 같이 살고 싶다는 분들이 많았다. 또한 경기툰 사람들이 생각하는 좋은 며느리감은 첫째로 마음이 고와야 하고, 둘째로 사람을 위해주는 사람이어야 하며, 셋째로 신체가 건강해야 한다고 한다. 좋은 며느리감이 지니고 있는 이러한 요건은 경기툰 사람들이 가지고 있는 며느리에 대한 기대이기도 하다.

경기툰 사람들에 의하면 결혼식은 대부분 신부집에서 치러진다고 한다. 집안에 따라서 조금씩 다르지만 신랑 측에서 결혼식에 참석하는 사람은 큰아버지가 있으면 큰아버지가 오고, 작은아버지가 있으면 작은아버지가 오는 수도 있고, 그런 분이 없으면 신랑의 형님이 오는 수도 있다고 한다. 그러나 보통 신랑의 아버지와 어머니는 오지 않는 경우가 많고, 다른 사람이 오는데 이들은 모두 신랑의 친척이라고 한다.

한편 경기툰에서는 아들이 결혼할 때는 흙집을 지어서 분가시키기도 하는데 이것은 일종의 재산분배에 속한다고 할 수 있다. 혼인의 경우 조금의 차이는 있지만 보통은 딸이 시집가면 이불 두 채, 라봉침(재봉틀), 농장, 자전거(혹은 오토바이), 녹음기 등을 시집에 가져간다고 한다. 사회주의 체제에 의하여 땅은 일반적으로 국가 소유이기 때문에 경기툰 사람늘에게 흙십이나 벽돌집을 짓는 것은 별로 큰 부담이 이니라고 한다. 에를 들어서 십을 짓는 비용은 흙집의 경우에 중국 돈으로 2,000원 정도이고, 벽돌집의 경우는 3~4만원 정도라고 한다. 혼인을 할 때 신랑 측에서 반드시 집을 장만 해야 하는 것이 경기툰 사람들이 아직까지도 유지하고 있는 혼인에 관련된 풍속이다.

최근에 경기툰의 젊은이들은 그들의 부모들에 비하여 한족들과 교류할 기회가 많아졌다. 그러므로 젊은이들 사이에는 한족들과 결혼하는 경우도 종종 있다고 한다. 그럼에도 불구하고 아직까지는 조선족을 배우자로 선택하는 것이 더 일반화 되어있다. 여러 가지 이유가 있겠지만 가장 중요한 것은 배우자와 부모사이에서 생길 수 있는 언어장애 문제이다. 예를 들어서, 경기툰의 27세인 한 젊은이는 한족 처녀와 결혼할 수도 있지만 어머니와 아버지의 한어가 짧아서 중국 색시는 보지 않겠다고 필자에게 이야기하곤 했었다. 이상에서 간략하게 살펴본 바와 같이 경기툰 사람들이 행하는 혼인과 관련된 민속은 여전히 상당부분은 이전에 경기도 지역에서 행하여지던 민속이며, 최근에 오면서 조금씩 변화해가고 있음을 알 수 있다.

3. 가족과 가족생활

가족을 분석하는 데에는 한 가족이 몇 명으로 구성되었는가 또는 가족 내에 몇 대(代)가 동거하는가를 따지는 방법이 있다. 이 방법을 토대로 먼저 살펴보면 경기도 마을의 가족 중 동거자의 형태는 보통 노인부부와 그들의 자녀, 손자, 손녀 등의 형태가 주종을 이루고 또는 노인과 그들의 손자, 손녀의 형태도 많이 나타나는 것을 알 수 있다. 후자의 형태는 최근 들어서 새롭게 등장하고 있는데 이러한 형태는 가족 중에서 생계를 책임져야 하는 사람이 중국 내의 대도시나 한국으로 일자리를 찾아 떠나는 경우와 일부이긴 하지만 학업으로 인하여 마을에서 떠나는 경우에 주로 발생한다. 이러한 가족의 구성형태를 볼 때 경기툰 사람들에게는 생계유지가 가장 중요하게 인식되고 있으며, 그 생계유지를 위해 교육도 중요하게 여겨지고 있음을 알 수 있다.

오늘날 경기툰의 대표적인 가족의 구성형태는 노인과 그들의 손자, 손녀의 형태를 들 수 있다. 이 경우에 대부분의 부모세대(2세대)는 한국이나 중국 내의 외지에 나가서 돈을 벌고 있기 때문에 아이들은 주로 조부모, 또는 편부모와 함께 생활을 한다. 아이들의 교육에서 부모의 역할이 점차로 사라지고 집안의 경조사나 명절날에도 실질적인 가족이 모두 모이기는 어려운 일이다. 가족구성원들의 결속을 강화하는 제사의 경우도 거의 생략되는 일이 많다. 또한 집안의 경사스러운 행사가 있을 때에도 가족이 함께 모일 수 있는 경우는 행사를 크게 하지만, 그렇지 못할 경우는 생략하는 일도 많다. 한국으로 구직을 하는 가정이 날로 늘어나면서 가정의 질서는 파괴되고 가족의 구성원 각자의 역할 또한 상실되고 있다. 필자가 경기툰에서 자료를 얻었던 자료제공자들을 중심으로 그들의 가족과 가족구성 형태를 구체적으로 살펴보면 다음과 같다.

최창화(75) 할아버지의 본관은 수성(隋城)인데, 할아버지의 가족 형태는 자녀들을 모두 출가 시키고 노인부부만이 살고 있는 형태이다. 최창화 할아버지는 원래 평택군 포승면 석정리에서 1942년에 경기툰으로 이주하였다고 한다. 최창화 할아버지는 2남 2녀 중에서 둘째인데, 누님은 한국에 계시고, 동생 최봉화(67)와 누이동생 최인화(70)는 현재 경기툰에 함께 있는 셈이다. 최창화 할아버지 자신은 2남 5녀를 두었는데 아들 하나는 유하 중학교 교사이고 다른 하나는 일본에 유학 중이나. 큰딸과 둘째 딸은 삼원포(경기툰에서 80리쯤 떨어진)에 있고, 셋째 딸은 요녕성에, 네째 딸은 경기툰의 이웃 마을인 텔레툰에 다섯 째 딸은 강가점(姜家店)에 있다고 한다. 최창화 할아버지의 경우 1988년에 할머니가 돌아가셨고, 작년에 장순례(69) 할머니와 재혼하였다고 하며, 지금은 할아버지와 할머니만 살고 있다고 한다. 최창화 할아버지가 재혼하게 된 것은 유하현에 있는 조선족 학교에 교사로 있는 아들이 중매를 했기 때문이라고 한다. 즉 최창화 할아버지의 아들과 장순례 할머니의 딸은 같은 학교의 교사인데 자신들의 아버지와 어머니를 중매시켜드렸다고 한다. 부모님이 재혼하면서 직장의 동료에서 오빠와 동생의 관계가 되었다고 한다.

장순례(69) 할머니는 경기도 용인 출신으로 13살 때 의사인 아버지를 따라서 중국에 왔다고 한다. 중국에 온 후 할머니가 37살 때에 어머니가 돌아가셨고, 할머니가 59살 때에 아버지마저 돌아가셨다고 한다. 할머니는 모두 5남매인데, 손위 오빠는 북한에 가서 죽었고, 다음이 할머니, 남동생은 지금 북한에 있고, 여동생은 심양에, 막내 동생은 통화에 있다고 한다.

최학인(77) 할아버지는 본관이 경주(慶州)이다. 할아버지의 경우 재작년에 할머니를 사별하고, 혼자서 자식 부부와 손자 및 손녀와 함께 살고 있는 경우이다. 중국으로 이주할 당시 최학인 할아버지의 누님은 한국에서 이미 결혼했으므로 중국에 같이 오지 못했다고 한다. 그러나 할아버지의 여동생은 원래 같이 왔는데 병이 자주 나서 한국으로 돌아갔다고 한다. 한편 최학인 할아버지는 경기툰에 있는 서덕환 할아버지의 큰처남이라서 서덕환 할아버지는 최학인 할아버지의 매부가 되는 셈이다. 즉 최학인 할아버지의 누이동생의 남편이 서덕환 할아버지인 셈이다. 최학인 할아버지는 29세 때 결혼하여 3남 4녀를 두고 있다. 큰손녀(큰아들의 장녀)는 27세인데 최근에 한국으로 시집갔다고 한다. 자녀들과 손자 및 손녀들은 모두가 조선족과 결혼했다고 한다. 시집간 딸들은 "출가외인"이라서 명절(설날과 추석)을 시댁에서 먼저 보낸 후에 사위들과 함께 찾아온다고 한다.

또한 경기툰에는 원래는 경기도에서 이주해 오지는 않았지만, 나중에 경기툰으로 들어 온 사람들도 있다. 정해근(65) 할아버지의 경우가 대표적이다. 정해근 할아버지는 하동(河東) 정씨인데 원래는 족보에 대하여 잘 몰랐다고 한다. 그런데 지금 한국에서 일하고 있는 조카가 1970년에 만든 하동정씨의 족보를 보여주어서 알게 되었다고 한다. 정해근 할아버지의 원래이름은 '해공'이었다고 한다. 할아버지는 10세 때 한국에서 중국으로 이주해 왔다고 한다. 경기툰에서 8~9리 떨어진 곳인 다주자에서 고산자 조선족 학교 다녔고, 6학년까지 마쳤다고 한다. 1945년에 중국에 올 때는 부모와 본인(당시 10세), 여동생(당시 5세) 그리고 지금 통화에 있는 남동생(당시 3세)과 함께 왔고, 나머지 형제들은 중국에서 태어났다고 한다. 1940년에 중국으로 먼저 들어 온 외숙(어머니와 친형제분의 남편)이 있어서 1945년에 중국에 왔을 때 도움을 많이 받았다고 한다. 정해근 할아버지와 부인인 박기남 할머니는 원래는 전남 광주 출신인데 중국에 와서 친척의 소개로 할아버지가 22세 때 8월 추석에 약혼을 먼저 하고 그해 겨울(동짓달 보름)에 결혼하였다고 한다. 그때 할머니의 나이는 17세였다고 한다. 즉 집사람(할머니) 고모네 오빠(할아버지의 입장에서 고모네 처남)가 할아버지가 젊어서 열심히 일하는 것을 보고 마음에 들어서 중매하였다고 한다. 다시 말해서 매부가 매제를 삼은 경우이다. 문화대혁명 때인 1960년에 중국사회가 혼란해서 경기도 사람만이 모여 살고 있는 경기툰으로 이주하게 되었다고 한다. 할아버지의 여동생(60)은 경기툰에서 상점을 경영하고 있는데, 여동생의 남편인 매제(정해근 할아버지의 입장에서)는 3년 전에 죽었다고 한다. 둘째 여동생은 유하현에 있고, 셋째 여동생(52)과 남동생은 경기툰에서 가까운 여단이라는 곳에서 양식장을 운영하고 있다고 한다.

한편 할아버지의 장녀(39)는 북경에서 일하고 그녀의 남편은 한국에 갔기 때문에 안사돈(딸의 시어머니)이 며느리의 살림을 하면서 할아버지의 외손자들을 돌보고 있다고 한다. 큰아들은 장춘의 국가 안전국에서 일하고, 그의 부인은 북경의 음식점에서 일한다고 한다. 할머니는 한국에 일하러 갔기 때문에 둘째 아들이 경기툰에서 할아버지를 모시고 함께 살고 있는 셈이다. 할아버지에게는 아들이 두 명 더 있었는데 어려서 죽었다고 한다. 정해근 할아버지의 첫째 아들과 둘째 아들은 딸만 두었는데, 5~6년 전에 돈을 들이고라도 '아들' 하나는 두는 것이 좋지 않겠는가 하고 몇 번이나 말씀하셨는데 본인들이 따르지 않았다고 한다. 이러한 사실은 단편적이기는 하지만 아들을 선호하는 사상이 아직까지도 경기툰의 노인들 사이에서는 남아있는 반면에 젊은 세대로 내려오면서 많이 약화되고 있음을 알 수 있다.

정해근 할아버지가 생각하는 친족의 은유는 '한 씨'라는 것이다. 즉 같은 씨에서 나왔으므로 서로 믿을 수 있다는 것이다. 경기툰에서 정해근 할아버지는 한국에 있는 친척들 덕분에 한국과 많은 교류를 하는 사람 중의 하나로 꼽힌다. 현재 한국에는 할아버지의 큰 큰아버지(아버지의 큰 형님), 둘째 큰아버지, 고모 등이 있어서, 정해근 할아버지의 부인(할머니)과 사위가 한국에서 생활하는데 많은 도움을 주고 있다고 한다.

경기툰 사람들의 가족생활은 최근에 불어닥친 자유화와 한국바람 때문에 많은 변화를 겪고 있는 것이 사실이다. 즉 마을의 젊은이들이 외지에 나가서 돈벌이를 하는 가정이 늘어나면서 경기툰에는 노인부부와 그들의 손자나 손녀로 이루어진 가정이 많이 생기게 되었다. 특히 경기툰의 젊은 여성들이 외지로 나가면서 전통적으로 존재하였던 시어머니와 며느리 사이의 긴장이나 갈등도 많이 약화되었다.

한국의 전통적인 농촌 마을에서 흔히 볼 수 있었던 시어머니와 며느리 사이의 긴장관계는 이미 이전부터 경기툰에서는 많이 약화되었던 것 같다. 예를 들어서 경기툰의 할머니들에 의하면 1958년에 시작된 인민공사 시기에는 양식을 더 많이 벌려고 더 열심히 일했는데, 심지어는 아침 3시에 일 나가서 저녁 8시에 돌아오는 경우가 허다하였다고 한다. 식사는 식당에서 공동으로 하였고, 새참도 식당에서 가져왔기 때문에 오직 일에만 종사할 수 있었다고 한다. 이러한 여건 속에서 시어머니와 며느리 사이의 관계는 그렇게 엄격하지는 않았다고 한다.

그러나 인민공사시기에는 남자들보다는 여자들이 더 힘들었는데, 이것

196

은 집에 와서도 여자들은 밤 11시에서 12시까지 바느질 등의 가정 일을
해야만 했으므로 이중의 노동을 하였기 때문이다. 따라서 경기툰의 할머
니들은 비록 시어머니와 며느리 사이의 갈등은 존재하지 않았지만 "인민
공사는 잘 없어졌다"고 하나 같이 말하곤 하였다. 당시 경기툰의 여성들
이 감수해야 했던 이중의 노동 때문에 그때 몸이 망가진 여성들이 많았다
고 한다. 세월은 많이 흘렀지만 오늘날 경기툰의 여성들은 중국 내의 대도
시나 한국 등지로 돈벌이를 나가는 경우가 많아서 경기툰 사람들의 가족
생활은 여전히 완전하지 못한 상태이다. 나중에 또 세월이 흐르게 되면 경
기툰의 여성들이 자신들의 가족과 가족생활과 관련해서 현재의 자유화 바
람과 한국바람을 어떻게 평가할지는 민속학도들에게는 미래의 숙제로 남
아있다.

4. 친족과 친족생활

　이제까지 중국 경기툰 사람들의 결혼관과 가족의 구성 등을 다방면으로
살펴보았다. 또한 가족의 구성형태의 변화와 결혼관의 변화양상도 아울러
서 기술하였다. 경기툰 사람들의 가족구성과 가족관계는 친족과 친족생활
을 통하여 좀 더 구체적으로 파악할 수 있다.
　친족이란 특정한 사회에 있어서의 혈연과 혼인으로 맺어진 가족 이외의
사람들 사이에 기대되는 태도, 행동, 권리 및 의무의 사회관계이다. 또한
최근에는 인위적인 친족이라고 해서 친족의 범위를 혈연과 혼인에 국한하
지 않고 넓은 범위로 해석하는 경향도 있다(박환영, 2002c). 이러한 친족은
인간사회에 보편적인 것 중의 하나이며, 따라서 행동의 규제와 사회집단

의 형성에 있어서 중요한 구실을 수행한다고 말할 수 있다.

경기툰 사람들은 한국과 비슷하게 10촌 이내를 친족으로 규정하고 있지만 마을 구성원들이 친족관계로 서로 복잡하게 얽혀 있기 때문에 친족관계의 가깝고 먼 것을 따져서 구분하거나 중요하게 여기지는 않는 것 같다. 즉 경기툰 사람들은 마을 내에서의 혼인이 빈번하여 마을의 구성원들이 모두 친인척으로 얽혀져 있는 경우가 많다고 한다.

경기툰에는 경주(慶州) 허씨, 수성(隋城) 최씨, 반남(潘南) 박씨, 김해(金海) 김씨 등이 많은데 이 중에서도 수성 최씨(10가구가 넘는다)가 가장 많다. 수성 최씨들은 마을에 있는 친척들의 생일날 같이 모인다. 친척들의 생일날에는 돈을 봉투에 넣지 않고 개인의 형편에 맞게 성심껏 부조(扶助)한다고 한다. 돌잔치, 혼인식, 장례식 때 수성 최씨뿐만 아니라 마을 주민들이 모두 찾아오지만 수성 최씨들은 돈을 조금 더 준다고 한다. 중국에서는 추석이 공휴일이 아니기 때문에 8월 추석보다는 정월 설날을 더 크게 한다고 한다.

한편 경기툰 사람들이 일반적으로 사용하는 속담 속에는 친족과 친족생활에 대한 마을 사람들의 의식이 내재되어 있기도 하다. 필자가 경기툰에서 수집할 수 있었던 경기툰 사람들이 사용하는 친족과 관련된 대표적인 속담은 다음과 같다.

- 맏아들이 부모를 모시지 않으면 집 짓는 것도 안 준다
- 사위보다도 딸이 더하다
- [아무리] 먼 친척이라도 가까이 하지 않으면 이웃사촌보다 못하다
- 사돈과 변소간은 멀리 있을수록 좋다
- 초생달은 재빠른 며느리만 본다
- 아기 낳지 못하는 며느리 남의 아기를 가져와 기르면 시기해서 아이를 낳는다

　첫 번째 속담의 경우 경기툰 사람들이 생각하는 맏아들의 중요성을 잘 반영해 준다. 즉 여전히 경기툰에서도 맏아들은 결혼을 한 후에 부모를 모시는 도덕적인 의무를 지니고 있는 셈이다. 그러므로 그러한 윤리적인 도리를 잘 행하지 못하면 응당히 그에 맞는 징계를 받아도 아무런 문제가 없다는 내용을 강조하고 있다. 한편 두 번째 속담은 부모가 시집간 딸이 그녀의 부모를 잘 모실 수 없는 것은 사위보다도 딸이 원하지 않는 경우가 더 많다는 사실을 암시하고 있다. 즉 시집간 딸이 사위보다도 더 미운 경우가 많다는 내용을 담고 있다.

　세 번째 속담은 형제간이라도 사이가 좋지 못하면 가까운 이웃이 더 믿을만하고 좋다는 내용이다. 즉 이웃사촌이 먼 친척보다는 좋다는 내용을 강조하고 있다. 경기툰 사람들은 친척의 범위를 8촌에서 10촌까지로 보는 경우가 많은데 그 이상은 친척이라도 이웃보다는 못하다는 내용이다. 또한 아무리 가까운 친척이라도 서로 사이가 좋지 못하면 사이가 좋은 이웃보다도 못하다는 내용을 의미한다. 이것은 경기툰 사람들이 서로에게 관념적으로는 넓은 의미의 친족으로, 또한 실질적으로는 신뢰할 수 있고 유대감을 쉽게 느낄 수 있는 이웃사촌으로 여기고 있음을 나타낸다.

　네 번째 속담은 조금은 역설적인 의미로 경기툰 사람들 사이에서 사용되는 것 같다. 즉 문자 그대로의 의미는 사돈 산 에는 서로 멀리 떨어져 있는 것이 좋다는 의미이지만, 경기툰 사람들은 가까운 사람들(즉 경기툰 사람들)끼리 사돈을 맺으면 믿을 수 있어서 좋다는 의미로 뒤집어서 해석한다. 특히 중국 속에 위치한 경기툰 사람들 사이에서 같은 동네 사람들끼리 사돈을 맺으면 믿을 수 있다는 의식이 한 때는 지배적이었다고 한다. 오늘날에는 경기툰 사람들이 이미 서로 사돈을 맺고 있는 경우가 많기 때문에 마을 사람들끼리의 혼인은 흔하지 않은 편인데, 이전에는 그러한 혼인이 자주 있었다고 한다. 그래서 사돈끼리 같은 마을에서 생활하는 경우가 많았는데, 서로 믿을 수 있어서 좋았고, 어려울 때 가까이서 서로 상부상조할 수 있기도 했던 것이다.

다섯 번째 속담은 부지런한 며느리에 대한 속담이다. 즉 시집와서 며느리는 아침 일찍 일어나야 하고 또 저녁 늦게 까지 일하는 경우가 많았다. 그래서 아침에 일찍 일어난 며느리야만 초생달을 볼 수 있는 것이다. 따라서 이 속담은 경기툰의 젊은 여성들에게 성실하고 부지런한 며느리가 될 것을 강조하고 있는 셈이다.

여섯 번 째 속담은 경기툰에서는 며느리가 아이를 낳지 못하면 다른 집에서 아이를 가져와서 길렀다고 한다. 일반적으로는 결혼하지 않은 여자가 낳은 아이(보통 아들)를 주어서 기르는 경우가 많았는데, 데려와서는 시댁의 성(姓)을 따라서 부계(父系) 친족을 계승하게 되었다고 한다. 즉 친족을 계승하기 위하여 밖에서 자식을 데리고 오는 경우가 자주 있었던 것이다. 그런데 이러한 상황에서 그제까지 아이를 낳지 못하던 며느리가 갑자기 아기를 낳는 경우가 종종 있었다고 한다. 경기툰 사람들은 이것을 며느리가 시기해서 아이를 낳았다고 이야기하는 것이다.

경기툰 사람들이 생각하는 친족의 범위는 대개가 10촌이다. 그러나 먼 친척이라도 조금이라도 관련이 되면 친하게 지내는 것이 특징이다. 이렇게 친족의 범위가 확대되는 것은 먼 사돈의 경우도 예외가 아니라고 한다. 중국의 한족문화권 속에서 경기도인의 문화와 민속을 유지할 수 있었던 것도 이렇게 확대된 친족의 결속 때문에 가능하였던 것 같다. 경기툰 사람들의 친족과 친족생활에 대하여 좀 더 구체적으로 고찰하기 위하여 족보와 항렬, 친족호칭, 한국에 있는 친족과의 네트워크 등을 살펴보겠다.

(1) 족보와 항렬

경기툰 사람들은 자신들의 뿌리를 간직하기 위한 한 방편으로 족보를 현재 간직하고 있는 경우가 많다. 대부분의 족보는 한국에서 발간 된 것으로 최근에 한국바람이 불면서 한국을 다녀온 사람들이 가져 온 것이다. 즉 이주초기에는 족보에 대한 관심보다는 중국 현지에 적응하는 것이 무엇보다도 시급한 과제였던 것이다. 이주 1세대가 어느 정도 기반을 잡고 중국 현지에서 자리를 잡게 되었을 때는 사회주의라는 이념의 벽 때문에 고향에 대한 방문이나 친척들의 생사를 확인할 수 있는 길이 거의 없었던 것이다. 자신들의 뿌리에 대한 생각은 있었지만 구체적으로 자신들이 속한 본관, 파(派), 이름에 대한 항렬 등을 기억하지 못하는 경우가 허다하였다.

예를 들어서 정해근 할아버지의 경우 자신이 속한 하동 정씨의 경우 항렬은 아버지 대(代)는 길(吉), 자신 대는 해(海), 아들 대는 성(成)인데, 그것을 잘 알지 못했다고 한다. 즉 촌수를 따라서 항렬에 맞게 이름을 짓는 것이 옳은데, 아들 때부터는 족보가 없어서 이를 따르지 못했다고 한다. 지금은 한국에서 족보를 구했기 때문에 앞으로는 항렬을 따르고 싶다고 한다. 또한 엄기영 할아버지의 경우도 본인의 항렬은 기(基)이며, 아들의 항렬은 수(洙)인데, 처음에는 잘 몰라서 아들의 이름을 명용(明鏞)으로, 손자는 항렬이 길(吉) 자인데 잘 몰라서 태남(泰男)으로 지었다고 한다. 최근에 한국에 갔을 때 족보를 보고 올바르게 알게 되어서 지금은 족보에 자신의 아들과 손자의 이름을 명수(明洙)와 길남(吉男)으로 올바로 올렸다고 한다.

그러나 경기툰에 가장 많은 가구(家口)수를 가지고 있는 수성 최씨의 경우 지속적으로 자신들의 뿌리에 대하여 관심을 가질 수 있었다. 이것은 비록 고향을 떠나 먼 이국에 와 있더라도 상대적으로 많은 친척들이 함께 모여 살게 되면서 다른 성씨에 비하여 좀 더 강한 구속력을 행시히였던 것 같다. 예를 들어서 최창화 할아버지의 경우 이름을 지을 때 항렬을 엄격하게 지킨다고 이야기했고, 후손들의 항렬을 정확하게 기억하고 있었다. 최창화 할아버지의 경우 친족의 계보를 나타내는 종적인 항렬은 식(植) →기(基) → 화(和 : 본인의 세대) → 승(承) → 용(鎔) → 원(源) → 근(根) → 현(顯) → 구(球) → 찬(贊) → 수(洙) → 관(寬) → 열(列) 등이라고 한다. 한편 박승문 할아버지도 본관이 반남(潘南)인데 오늘날까지도 항렬을 잘 유지해 오고 있다. 즉 본인은 항렬이 승(勝)이고, 부친은 양(陽), 조부는 제(齊)였다고 하며, 아들은 서(緖), 손자는 찬(贊), 그리고 증손자는 우(雨) 등으로 이름에 대한 항렬을 모두 잘 기억하고 있었다. 또한 김수용(66) 할아버지의 형님은 김경호, 김경백이라서 항렬은 경(慶)인데 형님들이 일찍 돌아가셔서 항렬 이름을 바꾸면 좋다고 해서 바꾸었다고 한다. 아들의 항렬은 곤(坤)인데 이것을 따르고 있다.

한편 경주(慶州) 최씨인 최학인 할아버지는 친족의 한 구성원으로 자격을 갖추기 위해서는 본관과 항렬을 엄격하게 지켜야 함을 강조한다. 한가지 예로 최학인 할아버지의 큰아들의 둘째 아들이 태어난 지 8일만에 어머니(최학인 할아버지의 며느리)가 죽었고, 새어머니(서모 혹은 훗어머니)가 들어왔는데 1남 1녀를 데리고 들어왔다고 한다. 그런데 원래 그녀의 자녀들은 성이 황씨였는데, 최씨 문중으로 들어오면서 최씨로 바꾸었고 촌수에 맞는 항렬을 따라서 이름을 지었다고 한다. 서덕환 할아버지의 경우도 손자를 하나 밖에서 데리고 왔는데 원래는 김씨였는데 서씨로 바꾸었다고 한다. 이러한 사례에 비추어 보면 대부분의 경기툰 사람들은 여전히 자신들의 족보와 항렬을 소중히 간직하고 있음을 알 수 있다.

(2) 친족호칭

친족호칭은 일상적인 생활 속에서 행하여지는 친족간의 위계질서와 친족간의 구성체계를 적나라하게 반영해 준다. 필자가 경기툰의 민속조사에서 수집한 친족용어는 다음과 같으며 필자는 이것을 분석하여 경기툰 내에서의 친족체계를 좀 더 구체적으로 살펴보고자 한다. 경기툰이 경기도지역에서 이주한 사람들이 모여 사는 중국에서도 몇 안 되는 순수한 고향사람들의 공동체이다 보니 친족간에 흔히 사용되는 친족호칭이 종종 친척이 아닌 경기툰 사람들 사이에서도 서로 사용되고 있음을 발견할 수 있었다. 이러한 사실은 경기툰의 구성원들은 넓은 의미의 친족으로 볼 수 있음을 시사한다고 할 수 있다. 경기툰에서 수집한 친족호칭을 몇 가지 유형으로 분류하면 다음과 같다.

- **혈족에 관계되는 친족호칭**
  9촌 아저씨, 6촌 형님, 6촌 동생, 5촌 조카, 큰아버지, 큰어머니, 작은아버지, 작은어머니, 백부, 중백부, 장손, 고종사촌, 장조카, 고종사촌손자 등

- **인척에 관계되는 친족호칭**
  처형(언니의 남편), 형님(오빠의 아내), 올케(남동생의 아내), 매형, 사우(사위), 처남, 처제(아내의 여동생), 매부(누이동생의 남편), 조카 사우, 사돈, 며느리, 동새(동서), 조카며느리, 지냥(어자 입장에서 여동생의 남편) 등

- **외척에 관계되는 친족호칭**
  오삼촌(외삼촌), 외숙모, 외종사촌고모(아버지의 외삼촌의 딸), 외숙(어머니와 친형제분의 남편), 이종사촌 등

• 기타 친족호칭

  훗어머니(새 어머니, 서모), 훗아버지, 훗노친네 등

  혈족에 관계하는 친족호칭 중에는 9촌 아저씨가 먼저 눈에 띈다. 경기 툰의 노인들은 보통 8촌에서 10촌 정도를 친척의 범주로 넣고 있다. 경기 툰의 할아버지들은 보통 10촌까지를 반면에 할머니들은 8촌까지를 친척의 범위로 생각하는 것 같았다. 이러한 친척의 범주를 증명하는 것이 바로 9촌 아저씨이다.

  한편 인척에 관련된 친족호칭에는 사돈이 있다. 그런데 경기툰 사람들은 서로 오래 전부터 사돈을 맺어오다 보니 여기에 관련된 용어가 다양한 편이다. 먼저 가까운 사돈(직속사돈)과 먼 사돈으로 사돈을 구분한다. 즉 직접적으로 관련된 사돈과 몇 다리를 건너서 관련된 사돈으로 구분하는 것이다. 또한 안사돈과 바깥사돈으로 구분해서 남녀의 성(性)을 구분하며, 겹으로 사돈을 맺은 경우는 겹사돈이라고 호칭한다. 또한 여자의 입장에서 여동생의 남편을 서방님이라고 부르는 것 말고도 가끔씩은 지낭이라고 부르기도 하는데, 이것은 중국식 표현이라고 한다.

  외척에 관련된 친족호칭도 그 범위가 상당히 넓음을 알 수 있다. 아버지의 외삼촌의 딸을 외종사촌고모라고 호칭하는 것을 보면 외척간의 관계도 제법 오랫동안 지속되는 것을 알 수 있다. 마지막으로 재혼으로 인한 새 어머니와 새 아버지에 관련된 친족호칭을 경기툰에서 자주 들을 수 있었다. 한 가지 특이한 사항은 재혼 당사자들이 나이가 든 경우에는 한편으로는 서로를 여보, 영감 혹은 집사람 등으로 직접호칭하며, 다른 한편으로는 훗노친네라고 간접호칭 한다는 것이다. 결국 다른 사람들에게 자신들이 재혼한 사실을 당당하게 밝히고 있는 것이다. 아마도 이것은 경기툰과 같이 마을의 구성원들이 마치 이웃사촌과 같은 곳에서 개인적인 비밀이 있을 수 없음을 나타내 준다. 특히 중국이라는 먼 이국땅에 모인 경기도 사람들끼리는 동고동락하면서 서로의 인생문제를 함께 이야기하는 분위기가 충분히 조성되어있기 마련이다.

경기툰 사람들의 친족호칭 중에서 한 가지 특이한 것은 한국의 경기도 지역에서는 며느리를 '새댁'이라는 말을 사용하는데 반하여 최창화 할아버지는 그냥 '며느리'라 부르고, 나중에 자녀를 낳고 나면 '승일이 엄마'와 같이 자녀의 이름을 기반으로 해서 며느리를 호칭한다고 한다. 이러한 언어생활의 일면에는 전통적인 한국 사회에서 보여지던 가부장적인 질서와 자기 자신보다는 자기가 생산한 자식에 의하여 자신의 지위가 정해졌던 전통적인 한국 여성들의 시댁 내에서의 사회적 위치를 잘 반영해 주고 있다.

또한 같은 고향(경기도)에서 이주해와서 60여 년 동안 같이 살고 있는 엄기영(수원), 서덕환(수원), 전권택(수원), 최창화(평택), 박성문(수원) 등은 감정상 친척과 같다. 이러한 예로 서덕환 할아버지는 엄기영 할아버지를 "기영아"라 부르고, 엄기영 할아버지는 서덕환을 할아버지를 할아버지(엄기영 할아버지의 외가 친척)로, 전권택 할아버지는 엄기영 할아버지를 "○○ 아버지"로, 엄기영 할아버지는 전권택 할아버지를 형님(2살 차이)으로 부른다. 한편 엄기영 할아버지와 최창화 할아버지는 서로 사논간(최창화 할아버지의 동생이 엄기영 할아버지의 처남)이며, 엄기영 할아버지는 박성문 할아버지를 형님으로 부른다. 또한 나이에 따라서 형님, 동생으로 부르기도 하지만 가끔씩은 좀 더 친근한 표현을 사용하기도 한다. 예를 들어서, 박승문 할아버지(72)는 최창화 할아버지(76)를 노추이(老崔), 즉 늙은이 최라고 부르기도 하며, 이에 대한 응답으로 최창화 할아버지는 박승문 할아버지를 노표(老朴), 즉 늙은이 박이라고 부른다. 이러한 호칭체계는 경기툰 사람들이 맺고 있는 상호간의 사회적 관계를 잘 반영해 준다.

한편 이주 초기에 경기툰을 형성했던 할아버지들 외에도 경기툰 사람들은 친족호칭을 사용하며 친근한 관계를 유지하고 있는 것 같다. 예를 들어서 엄기영 할아버지는 김수용 할아버지에게 "김씨야" 그러면 김수용 할아버지는 "엄씨야"라고 응답한다. 경기툰 사람들은 보통 나이 차이가 있을 경우에 한 쪽에서 형님이라고 부르면 다른 한쪽에서는 ○○네 아버지 혹은 ○○네 할아버지라고 부른다.

(3) 한국에 있는 친족과의 네트워크(Network)

중국의 조선족들은 최근까지 한국에 있는 친척들과 상호교류를 거의 할 수 없었다. 다행스럽게도 1989년 구 소련과 동구유럽에서 사회주의가 약화되고 자유주의 경제체제를 도입하게 되면서 중국에 있는 조선족들이 한국에 대한 많은 관심을 가지게 되는 동기를 마련하였다. 특히 최근에 불어닥친 중국 내 조선족들 사이의 한국바람은 한국에 있는 친족을 통하여 그들의 뿌리를 찾고자하는 열망 외에도 경제적으로 이득을 가질 수 있다는 희망을 가져다 주기에 충분하였다. 한국에 있는 친척과 연락이 된 경기툰 사람들은 친척의 초청으로 한국을 방문하였는데, 그 방문의 목적은 주로 일자리를 찾고 그로 인하여 경제적인 도움을 받는 것이었다.

한국에 있는 친척과의 연결을 가능하게 하였던 한국바람의 결과는 경기툰 사람들에게 긍정적인 면과 부정적인 면을 모두 가져다주었다. 먼저 긍정적인 면은 족보와 항렬의 올바른 인식으로 인한 자신들의 뿌리를 발견했다는 사실이다. 이주 당시 1세대들은 새로운 땅에서 적응하고, 먹고사는데 바빴고, 경제적으로 어려웠기 때문에 친족들간의 계보를 나타내는 족보에 대하여 그리 많은 관심을 보일 수가 없었던 것 같다. 그 결과 후손들역시 본관, 항렬 등을 아울러는 족보에 대하여 정확하고 체계적인 지식을 공유하지 못한 경우가 허다하였고, 자신들의 뿌리에 대하여 기초적인 지식도 가지지 못하는 경우가 많았다. 따라서 친족들 사이의 종적 및 횡적인 계보관계를 나타내는 항렬은 거의 무시되었다. 그러나 한국방문으로 인한 한국 내 친척과의 연결은 경기툰 사람들에게 족보를 알게 하였고, 동성일족(同姓一族)에 대한 관념, 친족의 유대와 공통된 조상을 알아내는데 결정적인 영향을 주었다. 반대로 한국바람의 부정적인 영향은 한국 내 친족과 연결되는가 혹은 연결되지 않는가에 따라서 경기툰 사람들 사이에서 경제적으로 빈부의 차이가 생기게 되었다. 한편 일부의 경우 한국 내 친척들의 일방적인 연락단절로 인하여 한국인에 대한 인식이 좋지 않은 경우도 있다고 한다.

현재 경기툰에서 한국 등지로 나간 사람들이 대충 40~50명쯤 된다고 한다. 이렇게 경제적인 목적으로 경기툰 사람들이 마을을 떠나기 시작한 것은 1990년부터라고 한다. 한국에 나갈 수 있는 경우도 한국에 친척이 있는 경우가 대부분이다. 경기툰 사람들과 한국에 있는 친척들과의 네트워크는 처음에는 잃어버렸던 뿌리를 찾고자하는 열정에서 시작되었지만 최근에 와서는 한국바람에 의한 경제적인 동기가 첨부되면서 더욱 더 강력한 결속력을 발휘하고 있는 것 같다.

엄기영 할아버지의 경우 1남 6녀를 두고 있는데, 6녀는 한국 전북의 성읍에 3년 전에 시집갔다고 한다. 엄기영 할아버지의 넷째 사위가 작년에 서울에 갔을 때 한국에 있는 할아버지의 6녀와 그녀의 남편이 큰 도움이 되었다고 한다. 엄기영 할아버지의 3녀는 연택(산동)에 5녀는 심양에 있는데, 엄기영 할아버지가 작년에 한국에 갈 때 연택(산동)에서 갔는데 딸집에서 머물렀고, 한국에서 올 때는 심양을 거쳐서 와서 역시 딸집에서 며칠 있다가 경기툰으로 돌아왔다고 한다. 이와 같이 한국에 있는 친족과의 네트워크를 통하여 경기툰 사람들은 자신들의 뿌리의식을 회복할 수 있을 뿐만 아니라 경제적인 도움도 많이 받을 수 있는 입장이라서 앞으로 한국에 있는 친족과의 네트워크는 더욱 더 확장될 전망이다.

5. 마을공동체

민속학에서 마을공동체는 민속학 연구의 보고(寶庫)이다. 즉 민속연구자들이 주로 연구의 대상을 삼는 것도 마을이라는 공동체가 있기 때문에 가능하다고 이야기 할 수 있다. 민속학자의 현지조사지로 마을이 선정되는 것은 그만큼 마을이 가지는 민속학적 가치를 잘 반영해 주고 있다. 경기툰의 경우 마을이 형성된 것은 자연지리적인 요인에 의해서가 아니라 인위적인 일본의 식량증대산업 때문이었다. 따라서 경기툰의 경우는 이제까지 민속학에서 다루던 마을의 형성과정에 대한 일반적인 사례를 벗어나서 또다른 요인으로 인하여 마을이 형성되고 있음을 보여주기도 한다. 그러나무엇보다도 경기툰이 가지는 민속학적 중요성은 중국 안에서 지금까지 경기도의 정체성을 유지시킬 수 있었던 민족의 저력을 발견하는 것임은 두말할 나위가 없다

(1) 경기툰의 형성과 발전과정

경기툰에 최초로 이주한 이주 1세대의 한 분인 서덕환 할아버지에 따르면 그가 13세 때인 1940년에 음력으로 3월 16일날 경기도 평택군, 수원군 등지에서 25가구씩 현재의 경기툰으로 이주해 왔다고 한다. 당시 이주자들의 대부분이 평택군과 수원군 두 군에서 왔으며, 그들의 고향이 경기도

에 속하므로 경기툰이라 명명하였다고 한다. 처음에 중국으로 올 때는 "만주에 가면 잘 산다" 혹은 "땅도 많고, 살기 좋다"라고 해서 대부분 강제적이지 않고, 자신들이 원해서 기차를 타고 이주했다고 한다.

이주해온 첫 해에 농사를 지었는데 실패하였다고 한다. 그 이유는 첫째로 중국에서 농사짓는 방법을 몰랐고, 둘째로 그곳의 자연환경, 즉 서리(霜)가 언제 오는지 등을 잘 몰랐기 때문이었다. 즉 음력 3월 16일에 와서 바로 농사를 짓는 것이 시기적으로 너무 늦었던 것이다. 또한 식수도 물이 붉은 색깔이 날 정도로 나빴다고 한다. 따라서 이주 초기에는 잘 먹지도 못했고, 나쁜 식수 때문에 연병(장질부사)이 들어와서 죽은 사람이 많았다고 한다. 이주 초기인 1940년에는 그런 대로 괜찮았는데, 1941~1944년 4년 동안은 그 상태가 너무나도 심각했었다고 한다. 병에 걸려도 돈이 없으니 치료도 못하고, 병원도 없고, 고삼자(한약방)라는 약국만 20~30리쯤 떨어진 곳에 있었기 때문에 50호 중에 20호만 살아남았는데, 7~8호는 다시 한국으로 돌아갔고, 몰살한 집이 6~7호나 되었다고 한다.

일본인들이 양식으로 조(때로는 썩은 조)를 주었는데 때로는 소, 말을 먹이는 사료용 조를 주기도 하였다고 한다. 일본인들이 이동비(이주할 때), 농구, 각 집에 소 한 마리씩을 지불했기 때문에 농사지은 벼를 모두 빼앗아 갔지만, 강냉이는 놓아두었기 때문에 생명을 연명할 수 있었나고 한다. 이수 할 때 받았던 빚을 일본인이 세운 '만척회사'에 갚으면 한국으로 돌아갈 수 있었지만 처음에는 농사가 잘 되지 않아서 빚을 갚을 엄두를 내지 못하는 경우가 많았다.

박성문 할아버지도 1940년에 경기툰으로 처음 이주해 온 몇 사람 중의 하나인데, 경기도 수원군 동탄면 석우리에서 이주하였다고 한다. 이주 초기에 경기툰 사람들이 얼마나 못살았으면 입을 것이 없어서 마대[푸대] 바지저고리를 입고 다녔는데, 다른 지역의 사람들이 이것을 보아서 부자

⬆ 경기툰에서 흔히 볼 수 있는 옥수수

들이 입는 쇠루 양복을 입는다고 오해하기도 하였다고 한다. 식량이 부족하여 콩깨묵 혹은 감자만을 먹어서 특히 산모들이 어린아이를 구환할 수 없어서 산모와 갓난아기들이 많이 굶어 죽었다고 한다. 이주 초기에는 살아남기 위하여 주위의 산에서 얻을 수 있는, 즉 식량이 될 수 있는 모든 것을 다 먹었는데, 그 중에서도 드릅나무 뿌리, 옥수수 껍데기 등으로 앙금을 만들어서 떡을 만들어 먹는 것이 일반적이었다. 그럼에도 불구하고 이주 초기에 마을의 형성과정에서 식량부족으로 부중병(부어서 죽는병)에 걸려서 죽은 사람도 많았다고 한다.

계속해서 농사도 잘 안되고 더구나 식수가 나빠서 마을을 옮기자는 주장이 경기툰 사람들 사이에서 일기 시작하였다고 한다. 경기툰 사람들이 구(舊)툰이라고 부르는 곳을 떠나서 지금의 경기툰 자리인 신(新)툰으로 옮길 때 마을 사람들 사이에서 크게 두 패로 갈렸다고 한다. 즉 구툰은 큰 길가에 위치했으므로 신툰으로 옮기면 교통이 불편하다는 의견과 신툰은 구툰 보다 물(식수)이 좋다는 의견이 그것이었다. 서로의 의견이 팽팽히 맞섰지만 결국 1949년 식수가 좋은 신툰으로 옮기게 되었고, 그 이후로 경기툰은 지금의 모습으로 발전하게 되었다고 한다.

현재 경기툰에는 주로 경기도에서 이주한 사람들을 중심으로 여러 성씨들이 모여 사는 각성촌(各姓村)의 형태를 띠고 있다. 특히 많은 성씨를 살펴보면 수성(隋城) 최씨, 한양(漢陽) 진씨, 밀양(密陽) 박씨, 반남(潘南) 박씨, 남양(南陽) 홍씨, 경주(慶州) 최씨, 이천(利川) 서씨, 경주(慶州) 이씨, 하동(河東) 정씨, 김해(金海) 김씨, 김해(金海) 허씨, 인동(仁同) 장씨 등이다. 최근에 한국바람이 불고, 중국내의 대도시로 일자리를 찾아서 나가있는 사람들이 늘어가고는 있지만 현재 경기툰에서 수성 최씨는 6가구, 한양 진씨는 5가구, 이천 서씨는 5가구, 경주 최씨가 3가구 등을 이루고 있다.

(2) 인위적인 친족인 마을공동체

경기툰이 속해있는 오성촌 대대는 부녀회, 청년회, 독보조(讀報組)라고 불리는 노인협회가 있다. 현재 부녀회, 청년회는 예전에 비하여 그 활동영역이 많이 약화되었다. 이것은 최근에 경기툰의 젊은이들이 일자리를 찾아서 중국내의 대도시나 한국에 나가 있기 때문이다. 다만 노인협회의 활동은 경기툰에서 아주 두드러진다고 할 수 있다. 노인협회는 마을의 노인들끼리 친목을 도모하는 것 외에도 조합원들끼리 서로 상부상조하기 위하여 만들어 졌다. 노인협회를 경기툰에서는 독보조(讀報組)라고 부르기도 하는데, 이것은 노인들끼리 신문이나 잡지를 읽고 그림책을 보는 모임에서 발전하여 노인들의 건강을 보호하기 위하여 늙은이들이 함께 모여서 활동하자는 의도에서 노인협회를 조직하게 되었기 때문이다.

경기툰에서 노인협회의 회원이 되려면 보통 마을 사람들 중에서 남자는 60세 이상 그리고 여자는 55세 이상이어야 하며 입회비로 중국 돈 10워을 받는다고 한다. 회장으로 남녀 각각 1명을 두고 있으며 1년마다 다시 선출한다고 한다. 현재는 마을의 뒷산에 있는 잣나무를 서로 번갈아 가면서 지키며 여기서 나오는 수익금은 마을 노인들의 복지나 여가생활을 위하여 사용한다. 작년에는 잣나무에서 나오는 수익금이 중국 돈으로 1,000원 정도 나왔는데, 그 돈으로 마을의 노인들이 경기툰 부근에 있는 통화로 유람을 다녀왔다고 한다. 또한 매일 게이트 볼(Gate Ball) 장에 모여 경기를 하면서 마을 노인들의 체력증진과 결속력을 다지기도 한다.

경기툰의 부녀회는 부녀조직으로 독보조와 같은 일정한 수입도 없고, 입회비도 없다고 한다. 부녀회의 조직은 부녀대장과 '부녀골간'이라고 부르는 부녀들 중에서 적극적이고 활동적인 여성들로 구성되어 있다. 부녀회의 연령은 만 15세에서 49세 까지로 미혼은 외지에서 일하러 나가 있는 경우가 많거나, 학교를 다니기 때문에 활동을 하지 않은 경우가 많다고 한다. 현재 경기툰에는 약 30~40명 정도가 부녀회에 속해 있다고 한다.

경기툰에서는 부녀회의 장(長)을 부녀대장이라고 부른다. 그런데 좀 더 넓은 행정조직으로 올라갈수록 부녀회의 장에 대한 명칭이 조금씩 다름을 알 수 있다. 예를 들어서 경기툰이 속한 행정구역을 예를 들어서 살펴보면 다음과 같다. 가장 작은 공동체 단위인 경기툰에서는 부녀대장, 경기툰이 속해있는 오성촌(五星村)에서는 부녀회장, 오성촌이 속해있는 강가점향(姜家店鄕)에서는 부녀주임, 강가점향이 속해있는 유하현(柳河顯)에서는 부련 그리고 유하현이 속해있는 길림성(吉林省)에서는 역시 부련이라고 부른다고 한다.

한 가지 특이한 사실은 경기툰 사람들은 이웃의 조선족 마을과 비교해서 '어깨 품앗이'라는 것이 있다는 것이다. 어깨 품앗이는 험한 일에 내가 너에게 1할을 해 주면 다음에 너에게 1할을 받는다는 것이다. 또한 경기툰에서 행하여지는 어깨 품앗이는 사정이 있을 경우에 즉 혼인식과 같이 마을의 경사스러운 일에는 가지 않아도 되지만 초상(初喪)과 같은 마을의 궂은일에는 개인사정이 있어도 반드시 참석하여 노동력을 제공해야하는 마을의 노동교환 조직이다. 즉 마을의 한 사람이 험한 일을 당하게 되면 몸을 아끼지 말고 아무 일이나 잘 해서 서로 도와야 한다는 것을 강조하는 품앗이의 하나인 것이다. 이러한 조직이 모두 경기툰 사람들이 가지고 있는 인위적인 친족의 조직이라고 말할 수 있다.

한편 집안의 경조사 같은 경우에도 마을전체의 일이기 마련이고, 작은 일에도 마을의 성원들이 서로 협동하고 의논하여 결정한다. 특히 경기툰 사람들은 슬픈 일 혹은 어려운 일은 누가 당할지 모르는 일이라서 서로 도와야 하고 자발적으로 참여해야 한다고 믿고 있는 것 같다. 다시 말해서 좋은 일에는 가지 않아도 험한 일에는 더욱 앞장서서 마을자체가 그 유대관계를 잘 유지시켜나가고 있는 상황이다. 그러나 한국으로 나가는 사람은 많아지고 다시 돌아오는 사람은 아직 늘어나지 않은 형편이기 때문에 가정뿐만 아니라 마을공동체가 점차 약화되고 있다.

경기툰 사람들은 모두가 가까운 이웃사촌이면서 동무[친구]들인 것 같다. 필자가 자료제공자들로부터 자주 들을 수 있었던 이야기는 몇 년 전에 마을의 한 사람이 유하현 병원에 입원하였는데 마을 사람들이 모두 벼갈이를 못하더라도 개인경비를 들여가면서까지 병원에 가서 병문안하고 쾌유를 빌면서 성의껏 돈을 주었다고 한다. 그러므로 경기툰 사람들은 마치 먼 친척과 같이 서로 가깝게 지내는 편이며, 많은 사람들이 서로 사돈관계이기 때문에 어려운 일이 생기면 더욱 더 강한 결속력을 발휘한다고 말할 수 있다.

경기툰에는 마을회관이 없다. 이것은 우리의 마을과 조금의 차이를 보여준다. 그러나 경기툰에 마을회관이 없다고 해서 경기툰 사람들이 모일 수 있는 공간이 없다는 것은 아니다. 주로 노인협회 회원들이 모여서 상호간의 친복을 노보하는 게이트 볼장은 경기툰의 노인들이 자주 모여서 이야기를 나눌 수 있는 장소를 제공해 주기에는 최적의 장소이다. 게이트 볼장 말고도 최창화 할아버지 맥 앞에 있는 나무 밑에서 경기툰 사람들은 모여서 이야기도 나누고 가끔식은 회의를 개최하기도 한다. 수령이 적어도 백년은 넘어 보이는 나무 밑에는 한 여름에도 선선한 바람을 제공해 주기 때문에 경기툰 사람들이 모여서 친목을 나누기에 적당한 것 같다. 언제부터 마을 사람들이 그곳에 모이기 시작한 것은 분명하지 않다고 하지만 마을에서 마땅이 마을 사람들이 모이기에는 마을의 중심부에 위치한 그곳이 적당하다는 의견이 많았다. 또한 최창화 할아버지가 경기툰에 처음으로 이주해 온 노인들 중의 한 분이고 마을 사람들로부터 많은 존경을 받고 있기 때문에 마을 사람들이 자주 마을의 중대한 일을 최창화 할아버지에게 의논을 드렸다는 사실도 최창화 할아버지 댁 앞에서 마을 사람들이 모일 수 있는 기회를 자주 제공했을 것 같다.

⬆ 경기툰의 마을잔치

하나의 마을공동체로서 경기툰은 넓은 의미의 친족집단으로 간주해도 무리가 없다는 것은 앞에서도 언급한 바와 같다. 그러나 앞에서의 언급은 주로 의례적인 면이나 관혼상제와 같은 마을 사람들의 대소사에 주로 관련해서 분석한 것이었다. 따라서 이제는 사회문화 및 경제적인 측면에서 경기툰이 가지고 있는 친족적인 속성을 살펴보고자 한다. 현재 경기툰에

214

는 상점(구멍가게)이 하나있다. 사실 그다지 크지 않은 마을에 상점이 많을
이유가 없다. 더구나 근처에 있는 고산자(孤山子)나 강가점(姜家店)에 가면
큰 상점이 많이 있기 때문에 굳이 구멍가게에 의존하지 않아도 되는 것이
다. 그런데 문제는 경기툰에도 한 때는 지금의 상점 말고도 최창화 할아버
지 댁에서도 상점을 경영한 적이 있었다는 사실이다. 즉 경기툰에 상점이
두 개 있었다는 것이다. 그런데 마을 사람들 사이에서 작은 경기툰에 상점
이 2개나 있을 필요가 있는가하는 의견이 제기되면서 지금과 같이 하나만
있게 되었다고 한다. 사실 상점이 2개 있게 되면 자연스럽게 서로 경쟁하
기 마련이고, 또한 마을 사람들도 두 편으로 나누어질 수 있다는 것이다.
따라서 경기툰 사람들이 개인의 경제적인 이익보다는 마을의 결속을 먼저
생각하는 것도 경기툰 마을이 가지고 있는 친족적인 속성으로 볼 수 있는
것이다.

경기툰은 중국의 다른 조선족 마을에 비하여 아직까지는 예절이 엄격하
게 지켜지고 있는 곳이다. 이주 초기에 비하여 경기툰의 젊은이들은 한족
의 영향을 받아서 예절이 조금은 약화된 것도 사실이다. 그래서 자기 자식
에게는 예절에 관해서 이야기 할 수 있지만 남의 자식에게는 그렇게 할
수 없다는 분위기가 최근에 대두되도 있기도 하다. 그러나 경기툰은 여전
히 하나의 인위적인 넓은 의미의 친속집단으로 구성원들 간에는 예절이
잘 지켜지고 있는 것 같다. 한때는 "경기툰에 손삭들이 좋아도 혼사하기
힘들다"는 이야기가 인근 마을에 널리 퍼져있을 정도로 경기툰 사람들은
예절을 강조하여 왔던 것이다. 이러한 예절의 바탕 위에서 단단한 마을의
유대가 지속될 수 있었던 것이다.

수성(隋城) 최씨인 최창화 할아버지의 경우 그와 6촌 관계인 50년 전에
분가한 누이동생의 손자들과 지금까지도 가깝게 지낸다고 한다. 따라서
친척의 범위를 10촌으로 규정하는 것이 당연하다고 일러주었다. 필자는

경기툰 사람들의 의식 속에 넓은 의미의 친족이 있고 그 속에 마치 양파의 껍질과 같이 좀 더 작은 범위의 친족이 있음을 발견할 수 있었다. 예를 들어서 최창화 할아버지의 경우 그와 그의 직계가족이 우선 가장 작은 범위의 친족이며, 그 다음에는 최창화 할아버지와 연관된 10촌까지의 친족이 있다. 좀 더 범위를 넓히게 되면 10촌 이상이라도 직접 혹은 간접적으로 연관된 수성(隋城) 최씨라는 동성동본의 사람들이 있고, 그 다음에는 경기툰 사람들이 가장 넓은 범위의 친족집단으로 기능하고 있는 셈이다.

한편 채점례 할머니(74)가 필자에게 들려준 경기툰과 친족에 관한 이야기는 최창화 할아버지가 가지고 있는 넓은 의미의 친족에 대하여 또 다른 입장인 여성의 입장을 잘 대변해주고 있는 것 같다. 먼저 경기툰 사람들을 "경기툰 군중"으로 부르면서 모두가 사돈총각, 사돈처녀이며 또한 형제들이라고 이야기했다. 채점례 할머니가 생각하는 넓은 의미에서 형제의 범위에는 친척, 사돈 그리고 친구들이 포함된다고 한다. 여기서 경기툰 사람들이 주로 속하는 범주는 친척보다는 사돈과 친구들이라고 한다. 즉 경기툰 사람들은 서로가 직접적인 친척이기보다는 사돈이나 친구사이가 많다는 의미이다. 경기툰 사람들과 비교해서 벽동툰과 초산툰과 같은 경기툰 이웃에 있는 사람들을 동무라고 부르고, 외지에서 온 사람들은 손님이라고 부른다고 한다. 따라서 경기툰 사람들은 모두가 최소한 친구이며, 나아가서는 사돈이며 또한 친척들인 셈이다.

6. 경기툰을 비롯한 해외동포 민속의 중요성

경기툰은 조선족 마을 중에서도 특성 있는 마을이라고 할 수 있다. 중국의 여러 조선족 마을 중에서도 지금도 경기도인의 자부심과 주체성을 유지하고 있는 유일한 마을인 셈이다. 이러한 사회 및 문화적인 배경을 좀 더 구체적으로 논의해 보고자 하는 시도로 경기툰 사람들의 가족, 친족 그리고 마을공동체에 대하여 살펴보았다. 현지조사의 결과 경기툰이 가지는 두드러진 몇 가지 내용을 정리할 수 있었다.

먼저 경기툰 사람들이 가족을 형성하기 위한 혼인을 보면 이주 초기만 하더라도 개인보다는 가족을 중심으로 혼인이 이루어졌다. 즉 연애혼보다는 중매혼이 주로 이루어졌던 것이다. 이러한 중매혼은 경기툰에서 멀리 떨어진 마을이 아니라 경기툰 사람들끼리 혼인이 빈번하였다. 이러한 혼인풍속이 생겨난 이유는 이민 초기에 조선족으로서의 정체성을 유지하기 위하여 조선족끼리의 혼인을 고집하다보니 경기도마을 밖에서는 쉽게 믿을만한 배우자를 구할 수 없었기 때문이었다. 이러한 혼인관습으로 인하여 오늘날 경기툰은 한집 걸러 사돈이라고 할 수 있을 정도로 마을 사람들의 대부분이 친척관계로 연결되어 있다.

두 번째로 경기툰 사람들이 가지는 가족의 형태는 보통 노인부부와 그들의 자녀, 손자, 손녀 등의 형태가 주종을 이루고 있으며, 이와 유사한 형태로 노인과 그들의 손자, 손녀 등으로 구성된 가족 형태도 많이 나타나는 것을 알 수 있다. 특히 후자의 경우는 최근 들어서 한국 혹은 중국 내의 내도시로 일자리를 찾아 떠나는 경우에 많이 생겨나며, 일부이긴 하지만 학업으로 인하여 마을을 일시적으로 떠나는 경우에도 가끔씩 발생한다.

세 번째로 경기툰 사람들은 친척의 범위를 10촌 이내로 규정하고 있다. 그러나 경기툰 사람들의 의식 속에는 마치 양파의 껍질과 같이 넓은 의미의 친족이 있는 것을 발견할 수 있었다. 예를 들어서 자신과 직접적으로 관련되어 있는 직계가족이 우선 가장 작은 범위의 친족이며, 그 다음에는 10촌까지의 친족이 있다. 좀 더 넓은 범위의 친족으로 10촌 이상이라도 직접 혹은 간접적으로 연관된 동성동본의 친족집단이 있다. 예를 들어서 경기툰에 있는 동성동본 집단에는 경주(慶州) 허씨, 수성(隋城) 최씨, 반남(潘南) 박씨, 김해(金海) 김씨 등이 많은데 이 중에서도 수성 최씨가 가장 많은 편이다.

가장 범위가 넓은 친족집단으로는 마을공동체 집단인 경기툰 사람들을 들 수 있는데, 그 이유는 경기툰 사람들은 대부분 사돈총각, 사돈처녀이며 또한 형제들로서 취급되고 있기 때문이다. 한편 경기툰 사람들이 주로 속하는 범주는 혈족이기보다는 사돈과 친구들인 경우가 많은데, 이것은 이주 초기에 마을 내에서의 혼인이 빈번하여 대부분의 마을의 구성원들이 서로 친인척으로 얽혀져 있기 때문이다.

고집스럽게 자신들의 민족성을 지켜 나가던 그들에게 외부와의 접촉이 빈번해지면서 이제 경기툰은 급격하게 변화하고 있다고 볼 수 있다. 마을 구성원들 사이의 친인척 관계로 인해 더욱 유대감이 깊은 이 마을은 넓은 의미에서 하나의 친척관계로도 볼 수 있을 것이다. 그러나 계속되는 한국 바람과 도시화 바람으로 인하여 경기툰의 가족, 친족 및 마을공동체 관계는 그 뿌리가 조금씩 흔들리고 있다. 이러한 사회 및 경제적인 영향 속에서 앞으로 경기툰이 어떠한 모습으로 변화되어 갈 것인지는 민속학자들의 연구과제가 될 것이다.

제 11 장

중국 해외동포 마을의 언어생활과 언어민속

1. 언어로 지키는 민족의 혼과 정체성

해외동포 마을의 언어생활과 언어민속은 민속학의 다른 연구 분야에 비하여 민족의 정체성을 유지하기 위해서 가장 필수적인 요소이다. 다시 말해서 일상적인 생활에서 사용되는 다양한 언어 속에는 민족 고유의 민속문화가 내재되어 있는 것이다.

공동체 구성원들의 언어생활은 언어민속의 중요한 자료를 제공해 준다. 그것은 언어생활에는 그 민족의 전통적인 관념, 문화적 배경, 민족적인 소양 즉 민족의 전통적인 풍속과 습관이 담겨있기 때문이다. 중국 조선족의 언어생활도 특수한 사회 및 문화적 환경 속에서 변화하고 있으며, 발전하고 있기도 하다. 한편 언어생활의 변화와 발전은 그 민족의 정신적인 면의 발전과 변화를 말해주고 있기도 하다. 즉 언어는 중국사회에서 조선족의 정체성과 문화적 특성을 파악하는데 가상 기본적인 요소가 되며, 여러 가지 측면에서 조선족의 문화 및 사회현상을 이해하는데 가장 기초가 된다고 할 수 있다.

경기툰에 있는 이민 초기세대에 해당하는 많은 노인들은 조선어(朝鮮語)와 한어(漢語)로 말할 수는 있지만 조선어와 한어를 잘 쓰지도, 읽지도 못하는 경우가 많다고 한다. 더욱이 일부 노인들은 조선어만을 사용하다보니 한어가 서툰 경우도 있다고 한다. 이주 초기에는 경기툰 마을 주변에 조선족 학교가 없어서 한국에서 이민 올 때 같이 왔던 사람들 중에서 글을 아는 사람들이 야학을 설치해서 조선어를 가르쳤다고 한다. 중국에까지 멀리 이주해 와서 새로운 환경에 정착하고 먹고살기가 힘들었지만 한국인의 정체성을 유지하기 위하여 조선어를 배우는데 얼마나 노력했는지를 알 수 있게 한다. 야학이라고 해도 시설과 장비가 열악하여 경기툰의 노인들은 그때를 회고하면서 그때는 "손바닥이 연필이었고 마당 바닥이 공책이었다"라고 지금도 이야기하곤 한다. 경기툰 사람들이 이렇게 열의를 가지고 조선어를 지켜온 결과 경기툰 사람들은 경기도 특유의 문화와 민속도 잘 유지할 수 있었던 것이다. 바로 이러한 부분이 경기툰의 민속조사에서 언어생활과 언어민속이 가지는 의의라고 할 수 있다.

2. 경기툰 사람들의 언어생활과 언어교육

경기툰은 경기도 지역의 사람들이 중국으로 이주해 와서 형성된 마을이다. 따라서 이주 초기까지만 해도 순순하게 경기도 사람들이 모여 살았고 그로 인하여 마을 사람들은 주로 경기도 방언을 구사하였다. 세월이 흘러서 이주 3세대에 오면서 이웃 마을사람들 혹은 중국내의 다른 조선족들과 혼인하기도 하였고, 드물기는 하지만 한족들과의 혼인으로 인하여 현재는 경기도 방언뿐만 아니라 여러 지역의 방언에 조금의 영향을 받은 것이 사실이다. 그러나 아직까지도 경기툰 사람들이 사용하는 언어는 주로 경기도 방언에 입각한 것이 대부분이다.

현지조사를 하면서 이주 1세대들과 2세대들은 대체로 조선어를 하는데 있어서 별로 어려움을 느끼지 못하는 데 반하여, 3세대 이후로 가면서 한어를 함께 사용하는 경우가 많아서인지 조선어를 구술하는데 다소 어려움이 있는 것 같았다. 그래도 다행스러운 것은 경기툰에 있는 할아버지와 할머니들이 그들의 손자나 손녀들에게 지속적으로 조선어로 이야기할 것을 권장하고 있다는 사실이다.

경기툰 사람들의 대다수는 연변에서 나오는 조선어 잡지인 『장백산』을 구독하기도 하는데 1년에 구독료가 중국 돈으로 15원이고, 매달 1권씩 발간된다고 한다. 또한 시간이 나면 자주 연변의 조선어 방송을 듣기도 하고, 한국에서 나오는 방송도 듣는다고 한다. 특히 '세월따라 노래따라'를 많이 청취하고, 주로 타령과 민요를 좋아한다고 한다. 정월대보름, 추석, 단오 등에 라디오를 청취하면 타령과 민요 등이 많이 나와서 경기툰 사람들이 좋아한다고 한다.

지금도 경기툰의 완고한 노인들은 "소선족 처녀를 네려갈려민 조선어를 배운 뒤에 데려가라"라고 이야기 할 성노로 소선어의 중요성을 강조한다. 다시 말해서 자신들의 자녀들이 한족과 혼인하는 것에 대하여 반대하는 것도 바로 조선어 때문이라는 것이다. 그래서 조선어를 배워서라도 혼인을 하겠다는 한족을 그다지 부정할 이유도 없다는 것이다.

경기툰 아이들은 대부분 조선족 학교에 다니지만 경기툰과 달리 한족이 많은 지역에서는 조선어 학교가 없어서 한족 학교에 다니는 경우도 많다. 경기툰과 달리 큰 성(省)이나 시내의 아이들은 대부분 한족 학교에 다니기 때문에 조선어를 잘 구사하지 못한다고 한다.

경기툰 사람들은 한국에서 방송되는 라디오 방송을 자주 듣는데, 잘 이해가 가지 않는 부분이 많아서 노래만을 듣는 경우가 많다고 한다. 그래도 한국노래를 들을 수 있는 것이 참으로 행복하다고 경기툰 사람들은 이야기하곤 했다.

경기툰 사람들의 언어생활과 관련해서 경기툰의 노인들이 한 가지 염려하는 것은 젊은이들이 사용하는 잘못된 언어습관이라고 한다. 특히 존대법을 사용하지 않는 언어습관이 큰 문제인데, 원래 이주초기까지만 하더라도 경기툰 사람들은 웃어른을 존경하고 존대법을 엄격하게 사용하였다고 한다. 그런데 대외적으로 사회활동을 하면서 중국에 있는 북한 사람들을 포함해서 각 지역의 사람들과 어울리게 되었고, 특히 한족들의 영향으로 경기툰의 젊은이들이 웃어른들에게 함부로 이야기하는 습관을 가지게 되었다고 한다. 즉 경기툰의 젊은이들이 자주 중국말을 사용하게 되면서 존대법이 발달하지 않은 한어의 영향으로 막말을 사용하는 경우가 많다는 것이다. 경기툰의 노인들은 이러한 사실에 동감하고 있으면서도 "내 자식에게는 이야기 할 수 있어도 나무[남의] 새끼[자식]에게는 말할 수 없다"라는 입장을 취하고 있는 경우가 일반적인 것 같았다.

경기툰 젊은이들 사이에서 존대법이 많이 약화된 이유에 대하여 박승문 할아버지는 다음과 같은 의견을 제시하였다. 첫째로 경기툰의 인근마을에는 북조선에서 온 사람들이 많아서 존대말을 잘 사용하지 않는 편이며, 경기툰에 있는 조선족 소학교의 선생님도 전국 팔도에서 왔으므로 전통적인 경기도 식의 존대말을 사용하지 않는다고 한다. 그래서 자연히 경기툰의 젊은이들도 이러한 주위 환경에 영향을 받기 마련이라는 것이다. 둘째로 중국의 영향으로 중국에서는 젊은이들이 노인들 앞에서 맞담배를 피우기도 하는데 경기툰의 젊은이들도 간혹 노인들 앞에서 차츰 담배를 피우기도 한다고 한다. 젊은이들이 어른 앞에서 이렇게 예의도 없이 담배를 마음대로 피우다 보니 자연스럽게 존대말의 사용 빈도가 줄어들기 마련인 것이다.

현재 경기툰에는 조선족 소학교가 하나 있다. 이 소학교에서는 유치원 학생들(주로 6~7살)을 위한 2년 과정과 소학교 학생들을 위한 6년 과정이 있다고 한다. 유치원과정에서는 조선어문만을 가르치고, 소학교 과정에서는 조선어문과 한어문을 함께 가르치는데 한어문은 3년 전부터 함께 가르치고 있다고 한다. 또한 경기툰의 조선족 소학교에서는 영어 등의 기타 외국어는 가르치지 않는다고 한다.

중국에 있는 조선족 학교의 구성은 교장 선생님, 부교장 선생님, 학교주임 선생님, 학교부주임 선생님, 학급주임 선생님 등으로 보통 이루어져 있다고 한다. 한편 경기툰 조선족 소학교의 선생님은 조선어 선생 6명 그리고 한어 선생 3명을 포함해서 모두 18명이다. 조선어는 1~5학년은 일주일에 5시간, 6학년은 6시간을 가르친다. 한편 조선족 소학교에서 한어도 가르치는데 1~3학년은 한어 수업시간에 가끔씩 조선어도 사용하지만 4~6학년은 한어만을 사용한다. 한어 시간을 제외한 과목을 가르칠 때는 주로 조선어로 수업을 한다고 한다. 원래 경기툰의 조선족 소학교는 각 학년에 2학급씩 모두 12학급이었는데 4년 전부터 각 학년에 1학급씩으로 줄어들었다. 학생들의 수는 1~3학년은 20명에서 25명 사이이고, 4~6학년은 40명에서 50명 사이이다. 한편 경기툰의 조선족 소학교에는 한족 학생들도 일부 있다고 한다. 이것은 한족 학교가 멀리 떨어져 있기 때문이기도 하고, 또한 일부 한족들이 조선어를 알아야 할 필요성을 가지고 있기 때문이기도 하다. 현재 경기툰의 조선족 소학교에는 2학년에 1명, 4~5학년에 1명의 한족학생이 있고, 졸업생도 2~3명 있다고 한다.

오늘날 중국에서는 조선족 소학교가 자꾸 없어져 가는 추세라서 경기툰의 조선족 소학교에는 인근 마을에서부터 멀리서는 유하현에서까지 유학을 오는데, 기숙사가 없어서 경기툰이나 이웃지역의 친척집에서 생활하면서 학교를 다니는 학생들도 많이 있다고 한다. 이러한 현상은 조선어를 배우겠다는 중국 동포들의 의지를 잘 보여주는 것이며, 또한 끈끈하게 연결된 친족관계는 이러한 것을 가능하게 하는데 중요한 역할을 차지하고 있다.

3. 언어사용과 언어공동체

언어의 사용은 언중들의 정체성을 가장 잘 나타내는 문화의 상징이다. 흔히 언어공동체라고 이야기하기도 하는 동일한 언어를 사용하는 집단공동체는 그 만큼 각 구성원들이 전체 속의 하나로 소속되어 있는 정체성을 보여준다.

경기툰 사람들이 사용하는 언어는 다양한 형태로 나타나는데, 필자는 이것을 크게 네 가지로 분류해서 살펴보고자 한다. 필자가 구분한 네 가지 분류는 다음과 같은 제 요인 등을 포함하고 있다. 즉 경기도에서 이주해와서 중국이라는 다른 문화권 안에서 생활을 영위하면서 한족들로부터 많은 사회 및 문화적인 영향을 받은 사실을 무시할 수 없다. 또한 사회주의 체제기간 동안에 한국보다는 오히려 북한과 문화적인 교류가 확대되었기 때문에 북한말의 영향도 간과하지 못한다고 말할 수 있다.

이러한 네 가지 분류 중의 하나로 먼저 경기도 방언적인 요소를 많이 찾아볼 수 있다. 이러한 예는 다음과 같다. 건건이(반찬), 소두방(솥뚜껑), 호무(호미), 소시랑(쇠스랑), 느낀월(6월), 어정월(7월), 동동월(8월), 방뎅이, 궁뎅이(엉덩이), 잘잘하다(작다), 동새(동생), 고상(고생), 선상(선생), 댓달(다섯달), 다부분(대부분), 당나구(당나귀) 등이 여기에 속한다.

다음으로 북한말의 요소를 들 수 있다. 이것은 사회주의의 영향으로 중국 내의 조선족들은 최근(1989년)까지 한국보다는 북한과 밀접한 교류가 있었다. 그러므로 조선족 학교에서 조선어를 가르칠 때도 북한에서 나온 교재를 사용하였다. 또한 북한에서 출판되는 여러 가지 종류의 인쇄물이나 라디오, 텔레비전 등의 영향도 경기툰을 비롯하여 중국 내 조선족 마을 사람들이 언어적으로 북한의 영향을 많이 받게 된 이유이다. 이러한 예는 동무(친구), ~시오(~입니다), 북조선(북한), 남조선(한국), 일없다(괜찮다), 답복(대답), 눅다(싸다), 자동연필(샤프), 돌잡기(공기놀이), 곱다(귀엽다 혹은 예쁘다), 딱친구(단짝), 기요(맞아요), 죽대기(막대기), 버버리(벙어리), 손목걸이(팔찌) 등이다.

한족의 영향을 받은 단어도 제법 많이 볼 수 있다. 즉 한어에서 영향을 받은 것과 중국식 표현이 여기에 속한다. 특히 숫자를 세거나 돈을 계산할 때에는 한어를 주로 사용하는 것 같다. 이러한 예로는 창가(노래), 색경(거울), 필업하다(졸업하다), 철직하다(퇴직하다), 공자(노임, 월급), 덴스(텔레비전), 루인지(라디오), 색덴쓰(컬러텔레비전), 공작(일), 빙궐(얼음), 근(몸무게의 킬로그램), 채(반찬), 뗴화(전화기), 린지(라디오), 소파(손수건), 마우진(수건), 원사필(볼펜), 시파지(샴푸), 지지(세탁기), 루인달(테이프), 얼지(이어폰), 수책(노트), 쌔새(누나) 등이다.

마지막으로 새롭게 형성된 말이나 변형된 표현을 들 수 있다. 이러한 예로는, 없이 살다(곤란하다), 겁지 않다(바쁘지 않다), 간지럽다(아이들의 경우 따갑다), 쨍하다(톡 쏘는 혹은 시원한), 끝털(후유증), 까장스럽다(곁말을 많이 쓴다) 등이 있다. 더욱이 최근에 생긴 교회의 영향으로 새로운 용어가 등장하고 있는 것도 주목해야 할 언어현상이다. 이러한 교회의 영향을 받아서 생겨난 용어에는 나이 많은 여자들에게 존경의 뜻으로 모매님이라고 부른다든지, 아랫사람을 자매님 혹은 형제님으로 부르는 것이 여기에 속한다.

이중에서도 특히 경기도 방언적인 요소는 경기툰 사람들이 가지는 언어적 정체성을 잘 반영해 준다. 경기도의 여러 지역에서 이주해 오면서 몸에 익어 온 경기 지역의 문화와 풍습을 계속적으로 유지한다는 것은 참으로 어려운 일이다. 더욱이 주위의 다양한 문화와 교류를 하면서 직접 혹은 간접적으로 영향을 받는 것은 당연한 이치이다. 그럼에도 불구하고 아직까지도 순수한 경기도 방언이 경기툰 사람들 사이에서 많이 발견된다는 것은 경기툰 사람들이 자신들의 고유한 문화와 민속을 계승하기 위하여 얼마나 노력하였는지를 여실히 보여주는 것이다. 필자가 경기툰에서 수집한 경기도 방언 자료 중에서 김계곤(2001)이 수집한 경기 지역의 사투리에 나와있는 용어와 똑같이 일치하는 것을 나열해 보면 다음과 같다.

남구 : 나무	벌러지 : 벌레	모새 : 모래
배차 : 배추	무수 : 무우 혹은 무	소스랑 : 쇠스랑
동세 : 동서(同婿 : 남자끼리의 사이)	사둔 : 사돈	학상 : 학생
선상 : 선생	모이 : 묘	화토 : 화투(花鬪)
듯간 : 뒷간	보재기 : 보자기	쇠주 : 소주(燒酒)
시상 : 세상(世上)	핵교 : 학교	가새 : 가위
괴기 : 고기	구뎅이 : 구덩이	베 : 벼
메누리 : 며느리	까닭스럽다 : 까다롭다	기야말로 : 그야말로
댕기다 : 다니다	맥이다 : 먹이다	너무 : 남의
손구락 : 손가락	우 : 위	이파리 : 잎
구녁 : 구멍	버리 : 보리	바쿠 : 바퀴
강냉이 : 옥수수	에미 : 어미	그르구 : 그리고
곱뿌(cup) : 컵	까마구 : 까마귀	논뚜랑 : 논두렁
암때지 : 암퇘지	마실 : 마을	조이 : 종이

엄청 : 매우 벵 : 병 시염 : 수염
염채 : 염치(廉恥) 토백이 : 토박이 두루매기 : 두루마기
바우 : 바위 조구 : 조기 호무 : 호미
손주 : 손자(孫子) 골짜구니 : 골짜기 벨명 : 별명(別名)
오짐 : 오줌 더우 : 더위 삼춘 : 삼촌
고상 : 고생 시동상 : 시동생(媤同生) 움물 : 우물
알갱이 : 알맹이 아궁지 : 아궁이 햅조 : 협조(協調)
징손자 : 증손자(增孫子) 딸구 : 딸기 이전 : 예전
그대루 : 그대로 장게 : 장가 그란데 : 그런데
뱅기 : 비행기 등

이상에서 열거한 용어 말고도 많은 용어가 경기도 방언으로써 김계곤(2001)의 자료와 서로 유사함을 보였다. 이러한 사실은 경기툰이 중국 내의 다른 조선족 마을과 비교해서 경기 지역의 독특한 문화와 풍습을 가진 마을로 대표될 수 있는 한 근거를 제공한다. 경기툰 사람들이 사용하는 경기도 방언은 대화의 매개체이면서 또한 경기툰 사람들의 문화적인 정체성을 유지시켜주는데 결정적인 역할을 하고 있는 셈이다.

4. 언어사용에 나타난 민속

사람들을 단결하게 하고 협동할 수 있는 중요한 요소는 동일한 언어의 사용이며, 이 속에서 민속이 생겨나고, 민속을 더욱 더 가치 있는 것으로 만들 수 있다. 다시 말해서 언어가 변모되고 사라질 때 민속도 역시 사라지며, 그 만큼 동일한 언어의 사용은 구성원들의 주체성을 지속시키는 있

어서 가장 중요하다고 할 수 있다. 경기툰에는 한족들이 살지 않고, 마을 사람들은 서로 조선어를 사용하기 때문에 경기툰 사람들은 한어를 사용할 기회가 많지 않은 편이다. 따라서 경기툰 사람들이 흔히 이야기하기를 조선어와 한어를 둘 다 구사하는 사람들도 경기툰에서 한 3년 정도 있으면 한어를 다 잊어버리기도 한다고 한다. 경기툰은 이렇게 중국 내에서도 독특한 언어공동체를 형성하고 있는 것이다. 경기툰 사람들의 언어생활 중에서 민속과 관련되는 것을 몇 가지 유형으로 나누어서 살펴보면 다음과 같다.

(1) 욕에 나타난 민속

경기툰의 민속조사에서 필자가 관심을 가졌던 분야는 여러 가지였지만 그 중에서 필자의 관심을 가장 먼저 끈 것은 경기툰 사람들이 일상적인 생활에서 사용하는 욕이었다. 경기툰 사람들이 흔히 '상소리', '무식한 소리', '악담'이라고도 일컫는 욕은 경기툰 사람들이 경험한 사회 및 문화적 상황을 잘 반영해준다. 주로 동물에 비유한 욕이 많은 편인데, 젊은 층(특히 3세대 이상)으로 갈수록 한족의 영향으로 한어 욕이 일반화되고 있는 것 같다. 또한 아직 까지도 경기툰의 노년층은 마을의 이주초기에 겪었던 염병과 같은 수많은 질병을 소재로 욕을 하는 것이 특히 눈여겨볼 만한 현상이다.

경기툰에서 욕을 잘하는 사람을 쌍놈이라고 부를 정도로 특수한 상황이 아닌 일상적인 생활에서 욕을 하는 것이 많이 자제되었던 것 같다. 박승문 할아버지에 의하면 이주 초기만 하더라도 경기툰 사람들은 욕을 잘 하지 못했다고 한다. 박승문 할아버지는 "중국에 들어오니깐 이 새끼, 저 새끼 등 별말을 다하는데, 우리 고향(경기도)에서는 잘 들어보지 못하던 말입니다.”라고 힘주어 말했다. 즉 그에 의하면 요즘 일반적으로 사용하는 ‘새끼’라는 말도 중국에 와서 배웠다고 한다. 중국으로 이주 오기 전에 경기도 지역에서는 ‘새끼’라는 말은 주로 가축이나 동물에게 사용하는 용어였기 때문에 비록 욕이라도 사람을 향해서는 거의 사용하지 않았고, 그 대신 사람에게는 ‘자식’이라는 말을 간혹 사용하였다고 한다. 한편 경기툰 사람들이 욕을 할 때 ‘새끼’, ‘자식’ 말고도 ‘놈’이라는 말도 자주 사용한다. 그런데 욕을 할 때 따라오는 ‘놈’은 경기툰에서 어린아이들이 고울 때도 ‘이 놈’, ‘저놈’하고 사용하기도 하기 때문에 조금 구분해서 이해할 필요가 있을 것 같다. 필자가 경기툰에서 조사한 욕은 다음과 같다.

- **동물에 비유한 욕**

  개, 개 같은 놈 혹은 년, 개새끼, 소 새끼, 곰 새끼, 돼지 같은 새끼, 개승냥이 같은 새끼, 여우같은 새끼, 쥐(작은 사람) 새끼, 거미 같은 놈, 째내비(원숭이) 같은 새끼, 넝구렁이 같은 새끼, 쥐포수(쪽재비 보다 조금 작은 동물) 같은 새끼, 당나구[당나귀] 같은 놈 등

- **한족을 일컫는 욕**

  중국새끼, 중국놈, 되놈, 똥떼놈, 똥개새끼, 까마구[까마귀], 똥까마귀, 오랑캐, 청국방즈(淸國棒子) 등

- **여러 가지 질병을 소재로 한 욕**

  염병을 앓아 죽어라, 염병하다가 거꾸러질 새끼, 염병하다가 땀 못할 새끼, 급쌀맞아 죽어라, 급쌀맞을 놈 혹은 새끼, 벼락맞아 죽어라, 창병(썩는 병)에 걸려 죽어라, 땀병에 걸려 죽어라, 가시머리 속병에 걸려 죽어라, 이질에 걸려 죽어라, 이질 배필(배가 아픈 병)에 걸려 죽어라, 기생충 머리병(머리가 썩어서 빠지는 병)에 걸려 죽어라, 오라질(사족이 오그라질)놈 혹은 년 등

- **나쁜 인간의 품성 혹은 신체적 결함을 나타내는 욕**

  망할 놈, 망할 놈의 새끼, 후래자식, 간나새끼, 개간나, 소간나, 말간나, 육신(六身)할 놈, 빌어먹을 놈의 새끼, 배라먹을놈, 병신아, 등신아, 육신할(몸이 병신이 될) 놈 혹은 년 등

- **한어욕**

  초니마, 니마나가비, 왕빠단, 싸바리, 번딴, 버크리(등신, 바보) 등

동물을 비유한 욕에는 짐승이 많이 등장한다. 동물 중에서 가장 많이 등장하는 것은 개인데 이것은 인간에 비하여 개가 가지는 동물적이고, 야생적인 속성을 암시할 수 있기 때문이다. 소와 곰은 우둔한 경우에, 돼지는 욕심이 많고, 살찐 경우에 해당한다. 돼지를 가지고 나타나는 욕 중에는 '북선[북조선] 돼지'라는 욕이 있는데 이것은 경기툰 사람들이 보기에 북한지역에서 이주해 온 사람들은 맛이 없는 음식을 많이 해서 먹었기 때문이라고 한다. 그리고 개승냥이는 비위가 좋은 경우에, 여우는 교활하고 거짓말을 잘하는 경우에, 쥐는 몸짓이 작은 경우에, 거미는 미련한 경우에 사용한다고 한다. 또한 원숭이는 흉내를 잘 내는 경우에, 넝구렁이는 엉큼한 경우에, 당나귀는 남근이 큰 사람에게 주로 사용하는 욕이다.

한편 한족을 일컫는 욕에는 여러 가지가 있는데, 똥대놈은 중국사람이 더럽다는 것을 단적으로 표현하는 욕이다. 또한 중국 사람들을 까마귀에 비유한 것은 중국 사람들이 무엇이든지 잘 훔치고, 자신의 이익을 잘 챙기고, 속이 검은 경우가 많기 때문이라고 한다. 덧붙여서 중국인들에게 욕할 때 청국방즈(淸國棒子), 즉 '청나라 몽둥이'라고 칭하기도 하는데, 여기에 대한 대응으로 중국인들은 조선족들에게 고려방즈(高麗棒子), 즉 '고려 몽둥이'라고 부른다고 한다.

여러 가지 질병을 소재로 한 욕은 욕 중에서도 가장 나쁜 욕 중의 하나

이다. 이러한 욕 중에는 한 가지 병만을 언급하는 것이 아니라 여러 가지 종류의 병을 함께 언급함으로써 상대방에게 더 큰 모욕을 주는 경우도 있다. 예를 들어서 "등창(척추가 썩는 병) 저고리 입고, 수정다리(다리가 썩는 병) 각반차고, 족창(다리가 썩는 병) 구두를 신고, 하루걸이(하루에 열이 40도나 오르고 그 다음 날에 내리는 병) 단장(지팡이) 집고 다닐 놈아" 등이 있다. 이와 같이 하나의 병명이 아니라 온갖 종류의 병을 모두 함께 걸려서 고통을 받아라고 욕하면 아무리 지독한 사람이라도 두 손을 들고 만다고 한다.

나쁜 인간의 품성과 신체적 결함을 나타내는 욕 중에서 '갓나새끼'는 주로 북한지역에서 많이 사용하기 때문에 북한의 영향으로 볼 수 있다. 갓나는 나이 어린 처녀를 말해서 갓나새끼는 나이어린 처녀가 결혼도 하지 않고 아기를 놓게 된 것을 암시한다. 그래서 아버지를 모르는 자식 혹은 혼전(婚前)에 낳은 자식을 말한다. 갓나를 사용하는 이러한 욕에는 개, 소, 말과 같은 가축을 덧붙여서 더욱 더 강도 높은 욕을 만들기도 한다. 한편 경기툰의 한 자료제공자는 후래자식을 홀애자식, 즉 홀아비의 자식으로 볼 수 있다고 한다. 또한 육신(六身)하다는 욕은 신체가 여섯 부분으로 나누어지는, 즉 몸이 성하지 못하는 혹은 병신이 되는 의미를 가지고 있다.

마지막으로 한어욕에는 왕바(물속의 자라), 왕바단(자라알)이라고 욕하거나, 너어미 하고 붙는나(잔다)는 뜻으로 '조니마'라고 욕하기도 한다. 또한 '니 마나가비'라고 해서 너 엄마가 쌍스럽고, 너럽다는 식으로 욕을 한다.

(2) 환경 및 자연 언어 속에 나타난 민속

경기툰 사람들은 자신들이 생활하고 있는 자연환경에 대하여 많은 어휘를 사용하고 있었다. 특히 농경생활을 주로 하기 때문에 별, 바람, 비, 눈 등을 비롯하여 동물, 식물 곤충 등에 대하여서도 다양한 용어를 사용하였다. 그 중의 대부분은 경기도 방언을 그대로 사용하고 있었고, 새롭게 나타나는 용어도 간혹 볼 수 있었다. 경기툰 사람들이 사용하는 환경에 관한 이러한 용어를 열거하면 다음과 같다.

첫째, 비에 관한 용어이다. 예를 들어서 소나기(소낙비라고도 부름), 폭우, 소낙비, 함박비, 이슬비, 보슬비, 보통비, 우박, 가랑비, 해비(해가 있을 때 오는 비), 큰비, 안개비 등을 수집할 수 있었다. 경기툰 사람들에 의하면 마을의 남쪽에서 구름이 몰려오면 갑자기 소나기가 내리고, 마을의 북쪽에서 구름이 몰려오면 우박이 내린다고 한다.

둘째, 눈(雪)에 관한 용어인데 여기에는 큰 눈, 폭설, 대설, 작은 눈, 적은 눈, 싸락눈, 싸래기눈, 함박눈, 떡가루 눈, 우박 등이 수집되었다. 경기툰 사람들은 싸락눈이 내리면 날씨가 춥고, 함박눈이 내리면 날씨가 포근하다고 믿는다. 한편 싸래기 눈은 잔잔하게 눈이 오는 것을 말한다.

셋째, 별에 관한 용어로 북두칠성, 칠성별, 좀생이, 삼토성, 삼태성, 노적별, 삼성별, 새벽별, 짚신할아버지(견우성), 짚신할머니(직녀성), 왕별(큰별), 장경성(북극성) 등을 들 수 있다.

넷째, 바람과 달에 관한 용어로는 6급 바람, 7급 바람이 분다고 하는데, 7급 바람은 세게 부는 바람으로 이 바람이 불면 배가 다니지 못한다고 한다. 한편 바람이 아주 심하게 불면 '미친 바람'이라고 해서 광풍(狂風)이라고 말하기도 한다. 달의 종류는 보름 망월달, 조각달(초승달), 반달 등으로 구분하고 있다.

다섯째, 동물에 관한 용어로 다양한 민속어휘를 사용하고 있는 것 같다. 먼저 뱀을 독사, 물뱀, 구렁이, 살모사, 황지녀(검은색 나는 뱀), 동애뱀(도마뱀) 등으로 구분하고 있었다. 일부 경기툰 사람들은 한 때는 동애뱀(도마뱀)을 '일본놈 뱀'이라고도 부르기도 하였다고 한다. 그 이유는 도마뱀을 잡아서 몸에 넣으면 이리 저리 잘도 다니는 것과 같이 일본 사람들이 깜찍

하기 때문이라고 한다. 한편 물고기의 이름은 잉어, 빨랜(잉어와 비슷한데 몸 짓이 더 크고 비늘은 작은 물고기), 팡토(연어와 비슷한데 머리통이 더 크다), 며어기 (매기) 등이 있다고 한다. 또한 가축 중에는 개에 대한 용어가 많은데 그 중에서 몇 가지를 들어보면 발발이(목에 털이 길게 나고 작은 개), 큰 개(일반적 으로 똥개를 말함), 사냥개, 똥개(보통개) 등이다. 그 외에도 잔나비(원숭이), 개 산이(거위), 개승냥이(늑대), 콩새, 쑥새, 송장새, 노란쥐(들쥐), 검은쥐(집에 사 는 쥐) 등이 여기에 속한다.

여섯째, 곤충에 관한 용어인데 땅강아지, 귀뚜라미, 물방개, 쥐며느리, 감자벌레(딱정벌레), 방개, 찍개벌레, 육자벌레, 송챙이(송충이), 메뚜기(먹는 메뚜기), 송장메뚜기(먹지 못하는 메뚜기) 등 다양한 어휘를 사용하고 있었다. 그중에서도 잠자리를 나타내는 어휘가 많았는데, 노랗고 큰 잠자리를 담 박이, 빨간 잠자리를 고추잠자리, 제일 큰 잠자리를 말 잠자리 혹은 왕잠 자리, 꼬리가 긴 잠자리를 기차 잠자리 등으로 구분하고 있었다.

일곱째, 식물 및 꽃에 관한 용어로 부채꽃(맨드라미), 살살이꽃(코스모스), 쑥꽃(노란색), 고구마꽃, 접시꽃 등을 들 수 있다. 특히 호박의 경우 일찍 열리는 올호박, 조선에서 가져왔다고 해서 이름 붙여진 조선호박, 쪄 먹는 맨호박 그리고 그 외 일반적인 호박을 나타내는 보통호박으로 구분하고 있다. 이와 유사하게 강냉이(옥수수)노 흰 찰강냉이, 노랑 찰강냉이, 냅 상 냉이(심어서 팔아먹는 강냉이) 등으로 구분하고 있다.

(3) 의식주 및 민구(民具) 언어에 나타난 민속

언어민속에서 의식주와 민구에 나타나는 언어는 다양한데, 이것은 한 언 어공동체에서 언중들의 일상적인 생활을 이해하는데 유익한 자료를 제공해 준다. 중국 경기툰의 현지조사에서도 의식주와 민구에 관련된 다양한 언어가 조사되었다. 이러한 용어들의 특징을 몇 가지 살펴보면 다음과 같다.

첫째, 경기툰 사람들이 대대로 농경생활에 종사해 오다 보니 무엇보다도 농사에 관련된 용어들이 많이 수집되었다. 이러한 예는 커대(쌀 혹은 벼), 수전(水田, 논), 한전(旱田, 밭), 창팡(창고) 등이다. 둘째, 이주 전에 가졌던 경기도 방언이 아직도 남아있는 경우 종종 있었다. 예를 들어서, 건곤이(채 혹은 반찬), 배차(배추), 짠지(김치), 너무집(남의 집), 고뿌(컵), 가새(가위) 등이다. 셋째, 한어의 영향으로 중국식 용어가 많았다. 이러한 예는 층집(아파트), 빼주(소주), 누엔지(라디오), 로사(비디오), 투엔지(녹음기와 라디오 겸용), 덴시(텔레비전), 흐이발 덴스(흑백 텔레비전), 차이스 덴스(컬러 텔레비전), 학복(학교에서 입는 옷) 등이다. 또한 북한의 영향으로 북한용어도 간혹 볼 수 있었다. 이러한 특징을 가진 의식주와 민구에 관한 용어를 열거하면 개장국(보신탕), 지팽이(지팡이), 구데기(구더기) 등이 있다.

그 외에도 의식주와 민구를 나타내는 용어를 열거하면 다음과 같다. 뚜병(꽁깨묵), 단콩(강낭콩), 땅콩(화성), 평집(보통집), 목간통(씻는 방), 변소간(화장실), 깡(독), 납펀(대야), 자봉침(재봉틀), 장기(장구), 발봉침(발 재봉틀), 색경(거울), 라봉침(재봉틀), 남포등(등잔불), 그림자 책(그림책), 고소(향차(香茶)), 모다구(못), 반지그릇(바늘상자) 등이 여기에 속한다.

집 밖 지붕에 있는 거울은 축귀의 기능을 한다.

경기툰의 재래식 화장실.
인분(人糞)은 아궁이에서 나온 재와 혼합되어서 거름으로 사용된다.

(4) 인간관계 혹은 직업 언어에 나타난 민속

경기툰 사람들은 넓은 의미에서 서로 친척 혹은 친구로서 돈독한 유대감을 형성하고 있다. 이러한 마을의 공동체 속에서 다른 사람들과의 인간관계를 나타내는 용어를 살펴보는 것은 마을의 구성원들이 가지는 사회구조를 조금이나마 이해하는데 도움을 줄 수 있다.

먼저 장유유서(長幼有序)의 질서가 온전히 남아있고, 이주 초기의 노인들이 노인협회를 통하여 마을의 주요한 일에 영향력을 행사하고 있는 경기툰에서 연장자를 나타내는 용어를 많이 발견할 수 있었다. 예를 들어서, 노인대장(노인회장), 좌상노인(마을에서 제일 연세가 많은 노인), 노태태(늙은 할머니), 갑상(노인들이 서로가 동갑일 때 부르는 용어) 등을 들 수 있다.

다음으로는 마을, 친족 그리고 가족을 나타내는 용어도 자주 등장하였다. 이러한 예는 로호(老戶 : 경기툰에 처음 들어오신 노인), 촌대장(마을의 장 즉 이장), 부녀대장(부녀회장), 동무들(친구들), 푸내기(일가친척), 식솔이(식구), 노따(집에서 제일 큰 사람 즉 장녀 혹은 장남) 등이 있다. 그 외에도 후수(간호원), 이혼짝(이혼한 사람), 후리이꾼(사기꾼), 땅군(뱀 잡는 사람), 폴라니 장사(고물장사), 석수쟁이(돌깨는 사람), 색골이(성(性)을 밝히는 사람) 등이 있다.

(5) 기분, 성품 및 감정 언어에 나타난 민속

경기툰 사람들은 자신들의 기분이나 감정을 잘 표현하지 않은 경우가 많았다. 그러나 예절이나 행실이 바르지 못한 경우에는 그것을 올바로 지적해 주기도 하였다. 필자가 경기툰에서 수집한 용어는 다음과 같다. 예를 들어서 급지않다(바쁘지 않다), 까닭스럽다(까다롭다), 재창하다(빨리하다), 귀엽다(귀하다), 애슬애슬하다(야들야들하다), 이약하다(사납다, 북한어 이약스럽다에서), 부회가 나다(성이 나다), 잡품이 나쁘다(행실이 나쁘다), 꿈뜬(게으른), 바투 지내다(가깝게 지내다), 속하다(속이다), 얼씬하다(다르다), 까장스럽다(힘들다) 등이다.

(6) 인간이나 동물의 생식기 언어에 나타난 민속

경기툰 사람들은 언어사용에 있어서 가능하다면 부드럽고, 예의바른 표현을 하고자 한다. 특히 인간이나 동물의 생식기에 대하여 이야기하는 것을 매우 꺼리는 편이었다. 그럼에도 불구하고 경기툰 사람들에게서 수집한 생식기에 관한 용어는 다음과 같다.

남자의 생식기는 자지, 꼬투리, 불알 등인데, 꼬투리는 어린 꼬마들의 생식기를 말한다고 한다. 또한 여자의 생식기는 보지, 밑, 자궁 등으로 표현한다. 앞에서 언급한 욕과 비교해서 인간의 생식기를 나타내는 용어는 상말이 아니라서, 상스럽지 않게 부르기 위하여 다양하게 우회적인 표현을 사용한다고 한다. 이러한 완곡적인 표현에는 남성의 생식기를 나타내는 '신'과 여성의 생식기를 표현하는 '염'이 있다.

한편 개, 소 그리고 돼지와 같은 가축의 생식기를 부를 때도 인간의 생식기와 마찬가지로 직접적인 표현보다는 우회적인 표현을 사용한다. 즉 숫놈개의 생식기는 '신'으로 암놈개의 생시기는 '염'으로 표현한다. 소와 돼지의 생식기도 개와 같은 용어로 부른다. 개, 소 그리고 돼지에 비하여 닭, 오리, 거위 등 다른 가축의 생식기에 관해서는 구체적인 용어가 없다고 한다. 덧붙여서 한 가지 언급할 것은 일반적인 것은 아니지만 개의 생식기를 암수에 따라서 개보지 혹은 개자지 등으로 부르는데 이것은 개의 생식기에 빗대어서 특정한 인간을 욕하기 위해서 사용하기도 한다.

(7) 기타 언어에 나타난 민속

이상에서 언급한 용어 외에도 다양한 용어가 수집되었다. 경기툰 사람들이 일상생활에서 무의식적으로 사용하는 이러한 용어 속에는 경기툰 사람들의 생활상을 간접적으로 나타내어 준다. 한족의 영향으로 한어식 용어 자주 보이기도 하고, 경기도 방언에서 나온 용어, 북한어 등이 가장 두드러진다고 할 수 있다. 경기툰에서 수집할 수 있었던 이러한 용어의 구체적인 예는 다음과 같다.

• 한어식 용어

공자(工資) : 월급 혹은 연금형태로 다달이 받는 연금, 빵탕 : 막대기 사탕, 빙궐 : 아이스크림, 타이출 : 당구, 문추(門球) : 게이트볼, 철피 : 지게꼬리, 양코 : 농산물을 바치는 곳, 초항하다 : 다치게하다(오토바이 혹은 자동차에 의하여), 뽀궁 : 계획된 생산량, 창 : 공장, 건사하다 : 넣어두다, 노구 : 일, 공작하다 : 취업하다 혹은 직장을 갖다, 암폐하다 : 직장을 옮기다, 봉산하다 : (화장한 재를 가지고) 묘를 만들다, 퇴슈하다 : 퇴직하다, 재정국 : 세무소, 자풍 : 행동, 촌(寸) : 못의 길이를 재는 단위, 재계 : 재혼, 티버 해주다 : 올려 주다, 피렵하다 : 졸업하다, 안패하다 : 직장을 잡다, 춘절 : 가을, 조선전쟁 : 6·25, 조선어문(朝鮮語文) : 조선말과 글, 한어문(漢語文) : 중국말과 글, 양코 : 양시점(국가에서 양식[곡식]을 거두어들이는 곳), 채지 : 채소밭, 자루지 : 소대에서 나누어 준 밭(인민공사 때 나온 이름), 퇴황 : 자기가 넓힌 밭, 평판하다 : 누명을 씌우다, 청가하다 : 휴직하다, 화보 : 그림책, 따지 : 큰 물건(특히 혼사 때의 이불), 동의서 : 초청장, (집을) 근사하다 : (집)을 봐주다, 선진적인 : 적극적인 혹은 활동적인, 반공실 : 사무를 보는 방, 문화 : 학식, 신용사(信用社) : 농촌금융조합, 철직하다 : 직장을 그만두다, 푸걸 : 포커 놀이, 숙사 : 기숙사, 따궁간다 : 품팔이 간다, 차단 : 간장에 끓인 달걀 등

• 경기도 방언에서 나온 용어

풀고비 : 고사리와 비슷한 약초 혹은 산나물, 송사라지 : 송사리, 다부분 : 대부분, 고기잽이 : 고기잡이, 모로자다 : 옆으로 자다, 댓달 : 다섯달, 가첩 : 가정에 가지고 있는 족보, 미르 : 용, 묘이 : 산소(릉 혹은 묘), 배차 : 배추, 물이나다 : 홍수나다, 뼈대기 : 뼈, 대가리 : 머리, 큰물 : 홍수, 마실가다 : 놀러가다, 홀라당 : 전체 혹은 모두 등

• 북한어에서 나온 용어

답복 : 대답, 밥각 : 도시락, 개산이 : 오리, 모심는다 : 모 꼽는다, 밥점 : 음식점, 이밥 : 쌀밥, 눅다 : 저렴하다, 싸다 : 비싸다, 맛내기 : 조미료 등

• 복합적인 요소 혹은 어원이 불분명한 용어

학생 2~3개 : 명(名)을 개(個)로 표현, 자식 5개 : 명(名)을 개(個)로 표현, 요우치 마루 : 아스팔트 길, 사우재기 : 사위가 집을 보고 있는 것, 구릿간 : 진흙, 세피 : 세차례, 소개신 : 증명, 쨍 걸리다 : 재깍 걸리다 혹은 빨리 걸리다, 누꺼리 : 싸게 혹은 사구려, 겹방사이 : 결혼을 했는데 집이 없으면 남의 집을 봐 주는 식으로 혹은 빈집을 지켜주는 식으로, 말 뛰다 : 서로 좋다, 곤란히 : 없이, 간구하게 : 없이, 탈라신 : 슬리퍼, 신사의 말 : 표준말 등

먼저 복합적인 요소는 탈라신과 같은 한어와 조선어가 결합된 형식이 눈에 띈다. 즉 '탈라발'이라는 한어에 조선어 '신'이 혼합된 용어이다. 이와 유사한 형식은 '신사의 말'도 마찬가지이다. 이밖에도 사우재기, 겹방사이 등은 경기툰의 민속과도 밀접하게 연관되는 용어이기 때문에 앞으로 좀 더 면밀한 고찰이 필요하다.

5. 언어생활을 통한 민족성의 변화와 지속

언어의 표준화에 있어서 이주 1세대들은 주로 경기도 방언을 사용하였고, 2세대 이후로 가면서 중국 길림성에서 만들어진 조선어 교과서의 주종을 이루는 북한말을 중심으로 학교에서 교육을 받아왔다. 또한 이주 3세대 이후로는 한어에 대한 관심이 커지면서 조선어보다는 한어를 더 쉽게 사용하는 경우가 허다하다. 한편 최근에 한국바람이 일어나면서 조선족들의 한국어에 대한 관심이 높아지게 되었을 뿐만 아니라 중국내에서 조선족 학교를 다니는 조선족들이 증가하게 되었다. 최근에 중국의 조선족들 사이에서 경기도 방언을 표준어로 삼는 한국어에 대하여 관심이 높아지면서 경기도 지역의 사람들이 이주해서 형성된 경기툰에 대한 관심도 높아지고 있다. 연변 방송국의 아나운서들이 경기도 방언을 배우기 위하여 경기툰을 정기적으로 방문하고 있으며 또한 연태대학(산둥대학을 경기촌 사람들이 부르는 이름)과 북경대학의 조선어문학과 학생들이 매년 경기툰에 와서 일정기간 머물면서 현지수업을 받기도 한다.

한편 중국내 조선족들은 한국과 내왕하기 전에는 북한어를 표준어로 삼았다. 그런데 최근에 와서 한국바람이 불면서 북한어 보다는 한국어가 점차 인기를 얻고 있다고 한다. 이러한 중국 조선족의 언어사용에 대하여 김창덕(2000)은 남한에서 외래어(주로 영미어)가 많음을 지적하고 있다. 따라서 이제까지 표준어로 삼아 오던 북한어를 한순간에 무시하고 외래어로 가득한 한국어만을 사용하는 것은 잘못이라고 주장하고 있기도 하다.

예를 들어서 김창덕(2000)은 조선어를 중국의 한인동포들이 사용하는 한국어로 남한(한국)에서 사용하는 한국어와 다르다고 주장하고 있다. 또한 김창덕(2000)은 "조선[북소선]이 가난하나고 하여 그들의 훌륭한 말과 글을 외면해서는 안 되며 한국이 부유하다고 해서 그들의 외래어 람용[남용] 등 찌꺼기를 그대로 받아들여서는 안 된다"는 의견을 제시하고 있다. 한 편 그는 우리글의 우수성과 순수성을 유지하기 위하여 세 가지 원칙을 제 안하기도 하는데, 그 세 가지 원칙은 다음과 같다. 첫째 조선어와 한어의 혼용을 엄금해야한다. 둘째, 조선어와 한국어의 혼용을 엄금해야 한다. 세 째 조선어와 외래어의 혼용을 엄금해야 한다(김창덕, 2000 : 197~198).

다시 말해서 중국 한인동포들이 사용하는 언어는 어느 한 형태로 표준 화시키는 것은 문제가 될 수도 있다는 주장이다. 특히 최근에 한국 바람이 불면서 무분별한 한국어의 도입은 중국 한인동포의 언어생활에도 좋지 않 은 영향을 미칠 수도 있다는 의견이다. 더욱이 영미에서 들어온 수많은 외 래어를 가지고 있는 한국어에 대한 무비판적인 수용을 자제할 것을 충고 하고 있는 것이다.

한편으로는 한어의 영향으로 경기툰의 젊은이들 사이에서 조선어가 약 화되고 있기도 하다. 예를 들어서 경기툰에 있는 조선족 소학교의 학생들 이 입는 학복(학교에서 입는 옷)은 유하현에 있는 조선족 학교의 학복과 동 일하다. 이 학복의 뒷면에는 중국을 나타내는 오성(五星)과 함께 다음과 같 은 한어 문구가 새겨져 있다. 즉 Tuanjie(단결), Wenming(문명), Qinxue(근 면), Huopo(활발) 등이다. 이러한 문구는 한어를 소리 나는 대로 옮겨 적은 것이라고 한다.

그런가 하면 다른 한편으로는 언어생활을 통하여 민족의 정체성을 유지 하고자 하는 노력이 경기툰 사람들 사이에서 종종 엿볼 수 있다. 예를 들 어서 엄기영 할아버지는 심양에 있는 6살짜리 손자가 조선어를 잘 못하기 때문에 경기툰에 데리고 와서 당분간 함께 생활을 하고자 한다고 필자에 게 일러주었다. 그 이유는 엄기영 할아버지의 손자가 경기툰에 와서 생활 하게 되면 조선말을 쉽게 배울 수 있기 때문이라고 한다.

한편 경기툰의 한 할아버지의 이야기에 의하면 한 때 경기툰 인근에 있는 일본인이 조선어를 배우려고 했다고 한다. 그런데 "(사람이) 죽었다"라고 말을 할 때 의미는 같은데 죽었다, 밥숟갈 놓았다, 썩어졌다 등과 같은 다양한 표현이 있어서 배우기가 어려웠다고 한다. 따라서 경기툰의 한 할아버지가 들려준 이야기는 조선어를 형식적으로 배울 수는 없고, 그 속에 담겨있는 문화와 민속을 모두 알아야 됨을 강조하고 있다. 다시 말해서 조선어를 지속적으로 알고 이야기한다는 것은 조선의 문화와 민속을 이해하고 실천한다는 의미를 내포하고 있는 것이다.

또한 경기툰 사람들에 의하면 경기툰에는 한족이 한 가구(家口)도 없는데, 이것도 언어생활과 연관된다고 한다. 경기툰에 외지 사람들이 들어와서 살려고 하면 마을 사람들의 허락이 필요하다고 한다. 이전에 경기툰에는 소먹이고, 돼지 먹이는 일을 시키기 위하여 한족 사람들이 필요해서 한족이 한 가구(家口) 살았다고 한다. 그런데 7~8년 전쯤에 경기툰에서의 생활을 극복하지 못하고 마을을 떠났다고 한다. 그 한족이 경기툰에서 가장 극복하기 어려웠던 문제는 의사소통이었다고 한다. 그 한족은 경기툰에 들어올 때 한족인 아내와 아버지를 데리고 왔는데, 그 한족 여자는 조선어를 배워서 조선말을 사용했다고 한다. 그러나 남편과 시아버지는 조선어를 배우지 못해서 의사소통에 큰 장애가 있었다고 한나. 한편 경기문의 한족은 자신의 아들과 딸을 조선속 학교에 보내어서 소선어를 배우세 하는 열의를 보였지만 정작 자신과 자신의 아버지는 조선어를 못해서 무척 어려워했다고 한다. 결국 그 한족은 경기툰에서 언어의 장벽을 이기지 못해서 다른 마을로 이사를 갈 수밖에 없었던 것이다. 따라서 경기툰이 경기도의 문화와 민속을 지금까지 유지할 수 있었던 배경에는 경기툰 사람들의 조선어에 대한 사랑과 실천이 있었음을 간과할 수 없다. 다시 말해서 공동체의 구성원들이 사용하는 언어가 주위의 영향을 받아서 변하게 되면 언어 속에 담겨 있는 문화와 민속도 변하기 마련이다. 즉 경기툰 사람들이 경기도 방언에 기초한 조선어를 아끼고, 지키는 일은 마을 사람들의 민족성을 유지하는 길인 것이다.

6. 언어를 통한 민속문화의 전승

경기툰 사람들의 언어생활을 간단히 요약해서 정리하면 다음과 같다. 먼저 이주 1세대는 아직까지도 일상생활에서 경기도 방언을 주로 사용한다. 반면에 이주 2세대는 경기도 방언을 사용하지만 억양은 북한식의 억양을 많이 쓰며, 간단한 단어는 한어도 가끔씩 사용한다. 한편 이주 3세대는 북한식 억양에 한어를 사용하는 것을 매우 자연스럽게 여기는 것 같다.

경기툰 사람들 사이에서는 조선어가 상당히 잘 보존되어있는 편이지만, 이주 초기에 비하여 시간이 지나고 세대가 바뀌어가면서 한족과의 교류가 늘어나면서 언어생활에도 많은 변화가 생겼다. 특히 대부분의 조선족 학교 교육에서는 공식적으로 북한어를 표준으로 삼아서 교육을 하고 있기 때문에 문법의 체계나 용어, 표현 등에 있어서 북한어식의 표현을 그대로 따르고 있는 경우가 많은 편이다. 조선족 학교에서는 조선어문시간이 있는데 일주일에 4~5시간 정도 조선어를 공부하고, 선생님도 역시 북한어를 표준어로 사용한다고 한다. 그래서 젊은 세대 즉, 학교 교육을 받고 자란 세대에서부터는 북한어와 한어를 자연스럽게 사용한다. 조선어는 공적인 생활영역에서보다는 일상생활 영역에서, 상층보다는 하층에서, 젊은층보다는 나이든 층에서 더 보편적으로 사용된다. 조선족들에게 있어 조선어는 사회 및 경제적인 측면에서보다는 문화적인 측면에서 더 큰 의미를 갖는다고 하겠다.

242

제 12 장

부탄의 불교축제(Tshechu)와 가면 춤(cham)의 민속상징

1. 부탄의 불교민속을 찾아서

부탄(Bhutan)은 히말라야의 작은 불교왕국으로 인도와 중국(티베트) 사이에 위치해 있다. 유니세프(UNICEF)의 자료를 보면 부탄의 인구를 대략 600,000명 정도로 파악하고 있지만(UNICEF Bhutan, 1998), 부탄 정부의 공식적인 자료에는 부탄의 인구가 1,200,000명으로 나와 있기도 하다(The

⬆ 부탄의 학교 축제

Royal Government of the Kingdom of Bhutan, 1979). 국토면적은 스위스와 비슷한 46,500km^{2}이며, 영토의 대부분은 수목으로 뒤덮인 산악지대이다.

하늘과 마치 맞닿아있는 듯한 히말라야의 설산(雪山)으로 둘러 싸여있는 부탄의 자연 및 지리적인 여건으로 말미암아서 부탄의 문화와 민속은 어느 지역보다도 잘 보존되어 있다고 할 수 있다. 특히 부탄의 불교는 대승불교(Mahayana)의 한 갈래인 라마불교인데 동일한 불교문화권인 티베트, 몽골, 시킴, 라닥, 무스탕 지역과 비교하여 가장 그 원형이 잘 보존된 곳으로 여겨진다. 따라서 부탄의 불교축제인 체츄(tshechu) 속에 보여지는 춤에 초점을 두고 보충적으로 종교적인 춤에 등장하는 가면에 관한 민속학적인 고찰은 다소 부분적이기는 하지만 부탄의 독특한 문화와 민속을 살펴볼 수 있어서 나름대로의 의의를 지진다고 할 수 있다.

부탄의 불교축제는 흔히 체츄(tshechu : 열 번째 날이라는 뜻)라고 부르는데 부탄의 달력으로 거의 매달 열 번 째 되는 날을 전후해서 전국적으로 열린다. 전국적으로 개최되고, 부탄인이라면 모두가 최소한 일년에 한 번쯤은 참석하게 되는 불교축제인 체츄(tshechu)는 지역에 따라서 열리는 날짜와 기간이 각각 다르다. 특히 불교축제는 부탄의 각 지역에 있는 종(Dzong : fortress monastery) 이나 불교사원에서 개최되는 것이 일반적이다. 이 불교축제는 기원후 8세기(AD 746) 경에 부탄에 불교를 전하였고, 부탄인들에게 두 번째 부처로 간주되는 구루린포체(Guru Rinpoche)의 업적을 찬양하는데 그 의의가 있다. 역사적으로 체츄(tshechu)는 대략 1670년경부터 부탄에서 본격적으로 시작되었다고 믿어지는데 오늘날까지 부탄에서 가장 중요한 민속축제의 하나가 되고 있다.

이 글에서는 부탄의 민속문화와 관련해서 한국의 민속문화와의 관련성의 가능성 여부를 대략적으로 먼저 살펴보고 좀 더 구체적으로 부탄의 불교축제 속에 보여지는 종교적인 춤의 의미와 상징 그리고 아울러서 다양한 춤에 나오는 가면에 대하여 고찰하고자 한다.

2. 고구려의 민속문화를 어디서 찾을 수 있을까?

부탄(Bhutan)은 인도와 중국(티베트) 사이에 위치해 있는 히말라야의 불교 왕국이다. 흔히 우리는 히말라야의 네팔(Nepal)은 잘 알고 있지만 네팔의 인접국가인 부탄에 대해서는 이제까지 거의 관심을 가지지 않았다. 단지 부탄이라는 용어가 우리에게 조금 익숙하게 여겨지는 것은 다름 아닌 '부탄(butane) 가스' 때문이다. 그러므로 어리석은 억측임에도 불구하고 히말라야의 평화스러운 왕국인 부탄은 혹시 부탄가스가 많이 생산되는 곳이 아닐까? 하는 재미있는 상상을 하기도 한다. 최근에 침으로 다양한 오지 여행기가 출판되었지만 유독 부탄에 대한 것은 찾아보기가 힘들다. 한마디로 이제까지 부탄은 우리의 관심에서 거의 소외되어 있었다고 해도 과언이 아니다. 바깥세상으로부터 고립되어서 히말라야의 깊은 산중에서 개방의 문을 굳게 걸어 잠그고 있는 부탄에 대하여 관심을 가지려는 노력도 하지 못한 채 말이다.

사실 우리가 굳이 부탄에 대하여 관심을 가져야하는 이유도 없다. 다만 아시아에 위치해 있는 부탄에 대해서 이제는 조금이라도 관심을 가져야겠다는 생각이 든다. 세계화라는 말이 공공연히 사용되고 있지만 그 내용은 일부 선진국에 국한되어 있는 경우가 많다. 그러나 진정한 세계화는 다양한 지구촌의 민족들이 가지고 있는 문화와 민속에 대한 관심에서부터 시작되어야 한다. 더욱이 아시아에 속한 우리가 아시아의 여러 민족들의 문화와 민속을 이해하는 것은 우리들 자신의 문화와 민속을 이해하는 것 다음으로 중요한 일이다. 자신과 자신이 속한 이웃한 민족의 구성원들을 잘 모르면서 외지에 가서 외지인들과 잘 어울릴 수는 없는 일이다.

⬆ 부탄에 있는 두룩항공사 건물

부탄은 아시아의 여러 민족 중에서 자기 나름대로의 독특한 문화와 민속을 잘 간직하고 있는 곳 중의 하나로 꼽히는 곳이다. 일반적으로 부탄의 문화와 민속은 티베트(Tibet)와 거의 유사하다고 말하지만 부탄은 티베트와는 분명히 구분되는 자기 나름대로의 독창적인 문화와 민속을 가지고 있다. 한 가지 예를 들어보기 위해서 부탄인들이 종교적인 생활 속에서 절을 하는 방식을 들 수 있다. 부탄인들이 불교사원에서 절하는 것을 보면 티베트에서 흔히 볼 수 있는 독특한 형태인 '오체투지(五體投地)'와는 확연히 다르다는 것을 알 수 있다. 오히려 마치 한국인들이 종교적인 제의를 행할 때 하는 일반적인 절을 연상시킨다. 다만 조금의 차이가 있다면 절을 하기 위하여 무릎을 꿇기 전에 두 손을 모아서 머리, 입, 그리고 마지막으로 가슴에 살며시 댄 후에 절을 하는 것이 인상적이다. 부탄인들에 의하면 머리, 입, 가슴에 두 손을 모아서 갖다 대는 것은 마음, 말(言), 신체가 각각 혼연일체가 되게

246

정성을 드려서 기도를 올린다는 것을 의미한다고 한다.

이렇게 히말라야의 문화권에 속해 있으면서도 엄격한 의미에서는 다소 티베트의 문화와는 구별되는 부탄은 한국과도 제법 많은 문화적인 유사성을 가지고 있다. 다양한 입장에서 그리고 여러 가지 측면에서 두 민족이 가지는 문화적인 연관성을 살펴볼 수 있지만 일상적인 생활에서 쉽게 발견할 수 있는 몇 가지만을 우선 기술할 수 있다.

첫째, 부탄인들이 숫자를 세는 방식은 왼손부터 오른손으로 셈한다. 즉 왼손의 새끼손가락부터 엄지손가락까지 셈한 후에 오른손의 새끼손가락에서 엄지손가락으로 셈한다. 좀 더 구체적으로 말해서 각 손가락에 있는 마디를 계산하게 되는데 손바닥의 안쪽에 있는 마디부터 밖으로 세게 된다. 새끼손가락부터 집게손가락까지는 각 손가락의 마디가 네 개이며, 엄지손가락은 마디가 세 개인 셈이다. 따라서 새끼손가락으로부터 엄지손가락까지 마디는 모두 열 아홉 개이며, 왼손에서 오른손까지 한번 셈하게 되면 서른여덟 개의 수(數)를 셈할 수 있는 것이다.

이렇게 부탄인들이 셈하는 방식은 왼손으로부터 오른손으로 셈하여 가는 것이 특이하다. 즉 셈하는 순서는 왼쪽에서 오른쪽으로 진행하는데, 이러한 요소는 한국의 민속에서도 일부 엿 볼 수 있다. 즉 한국의 민속에서 동쪽은 좌청룡(左靑龍)이라고 하여 '왼쪽'이고, 서쪽은 우백호(右白虎)라 하여 '오른쪽'을 나타낸다. 그런데 동쪽인 왼쪽에서 시작하여 서쪽인 오른쪽으로 진행하는 민속이 지금도 일부 남아있다. 가령 한국의 민속에서 방향에 따라서 손의 유무를 따질 때 흔히 음력으로 동쪽에는 1, 2일에, 남쪽에는 3, 4일에, 서쪽에는 5, 6일에, 북쪽에는 7, 8일에 손이 있다고 믿는다. 이에 반면에 음력으로 매달 9, 10일에는 손이 없다고 해서 이사를 한다든지, 못을 박아도 된다는 속신(俗信)이 지금도 공공연히 믿어지고 있다. 여기서 각 방향에 손의 유무를 따질 때 동쪽인 왼쪽에서 시작하여 남쪽, 서쪽인 오른쪽 그리고 북쪽과 같은 순서로 진행되고 있음을 알 수 있다. 부탄이나 한국에서 해(日)가 뜨는 동쪽 즉 왼쪽에서 시작하여 해가 지는 서쪽 즉 오른쪽으로 진행하는 민속적인 요소가 일상적인 생활 속에 남아있는 것은 자연의 이치에 순응하면서 삶을 영위하는 두 민족이 가지는 문화적인 동질성을 잘 암시해 주기도 한다.

둘째, 부탄인들은 살아가면서 겪게 되는 여러 가지 중요한 인생의 과정 중에서 혼인이나 승진과 같은 기쁜 경우에는 홀수의 선물을 하고, 장례와 같은 슬픈 경우에는 짝수의 선물을 하는 것이 생활화되어 있다. 이러한 전통은 한국의 민속에서 인식되고 있는 홀수와 짝수의 의미와도 밀접한 관계가 있는 것 같다. 가령 한국의 세시풍속에서 홀수는 양(陽)을 상징하고, 짝수는 음(陰)을 상징한다. 따라서 세시풍속 중에서 명절은 대부분 양(陽)의 기운이 겹치는 날로 정해져 있는데, 설날(1월 1일), 정월대보름(1월 15일), 삼짇날(3월 3일), 단오(5월 5일), 칠석(7월 7일), 백중(7월 15일), 추석(8월 15일), 중양절(9월 9일) 등이 바로 이러한 경우에 해당된다.

셋째, 부탄에는 머리가 돼지 모양이고, 몸은 사람 형태인 귀신에 대한 이야기가 많다. 대체로 늦은 밤에 혼자 길을 가게 되면 이러한 귀신을 만나게 된다고 부탄 사람들은 믿는다. 재미있는 것은 이러한 귀신에 대항하기 위해서 부탄인들이 대비하는 방법이 특이한 편이다. 즉 늦은 밤에 홀로 길을 가게 되면 부탄인들은 자신이 입고 있는 옷의 끝 부분을 일부 뒤집어서 안쪽이 바깥쪽으로 나오게 한다고 한다. 그렇게 하면 귀신을 만나더라도 귀신이 놀라서 도망가게 된다고 한다. 다시 말해서 일상적인 형식과 반대되는 방법으로 귀신을 쫓는 방법이다. 이와 비슷하게 한국의 민속에도 오른 새끼줄과 대비되는 왼 새끼줄 문화가 있다. 한국인의 생활 속에서 쉽게 볼 수 있는 금줄 문화가 바로 그것인데, 일상적인 오른 새끼를 비일상적인 왼 새끼로 만들어서 외부로부터 들어오는 역신을 막았던 것이다.

이상에서 살펴본 바와 같이 부분적이긴 하지만 부탄인들의 일상적인 생활 속에 쉽게 볼 수 있는 민속적인 일부 요소가 한국과 매우 유사한 것을 알 수 있다. 더욱이 산스크리트어로 부ー우탄(Bhu-Utan)이라는 용어가 '높은 지역'이라고 하는데, 이러한 사실은 국명을 고구려(高句麗)로 명명하면서 고구려인들이 지향하고자 했던 '높고 아름다운 땅'과 무슨 연관성이 있어 보인다. 하늘을 찌를 것 같았던 고구려인들의 기상과 기개로 볼 때 '높다' 라는 상징이 단지 해발고도가 3,000미터에도 못 미치는 백두산이 아니라, 7,000미터 이상의 산들로 즐비한 히말라야에까지 미치지 않았을까 한다.

◪ 마을에 있는 염원용 깃발

3. 불교축제(tshechu)와 가면 춤(cham)

부탄의 민속문화가 과연 한국의 민속문화와 어떻게 연계될 수 있는지에 대하여 몇 가지 가능성을 살펴보았다. 이제는 좀 더 구체적으로 부탄의 불교축제와 가면 춤에 나타난 민속상징을 고찰하고 강릉단오제의 관노가면극과 부분적인 연관성에 대하여 논의를 진행하고자 한다.

부탄의 불교축제에는 형형색색의 복장을 하고 특유의 율동으로 몸을 빙빙 돌리고, 머리를 흔들고, 손에 쥐고 있는 북이나 종을 흔들고, 또한 공중으로 뛰어오르는 다양한 종교적인 춤이 보여진다(박환영, 2001c). 그리고 아울러서 온갖 우주의 모든 동물의 모습을 대표하는 듯한 다양한 가면이 등장하기도 한다.

⬆ 부탄의 동자승들

부탄의 불교축제에서 선보이는 종교적인 춤(cham)은 주로 라마승에 의하여 공연되는데 이것은 그만큼 종교적인 춤이 가지고 있는 신성한 요소를 잘 반영해 주고 있는 셈이다. 다시 말해서 불교축제인 체츄(tshechu)는 일상적이거나 세속적인 축제가 아니라 다분히 종교적이거나 성(聖)적인 축제로 간주된다. 특히 부탄의 불교축제 때 공연되는 종교적인 춤은 어려운 불교의 가르침(dharma)을 알기 쉽게 일반 대중들에게 전달하는 기능을 한다. 그러므로 마치 불교사원에 가서 자신의 행위를 반성하고 불교의 교리에 맞게 살고자 다짐하듯이 부탄 사람들은 이러한 불교축제에 참석하는 것을 또한 선한 업(業)을 축적할 수 있는 기회로 여긴다. 덧붙여서 불교축제에서 보여지는 종교적인 춤은 부탄의 불교에서 가장 중요한 인물인 구루린포체(Guru Rinpoche),35) 페마링파(Pema Lingpa : 1450~1521)36) 그리고 삽두룽 나와남겔(Shabdrung Ngawang Namgal : 1594~1651)37) 등에 의해서 주로 만들어졌다고 부탄 사람들은 믿기 때문에 더욱 더 종교적인 기능을 하고 있기도 하다.

한편 부탄의 불교축제에서 보여지는 이러한 종교적인 춤에는 대부분 다양한 종류의 가면이 등장하는데, 이러한 가면으로는 인간, 동물(원숭이, 소, 곰, 사자, 사슴, 뱀, 새, 개, 돼지 등), 구루린포체, 밀레라파(Milarepa : 1040~1123),38) 성난 악마, 해골 등이 대표적이다.

---

35) 구루린포체(Guru Rinpoche)는 부탄의 불교에서 가장 중요한 인물이다. 흔히 구루파드마삼바하(Guru Padmasambhava)라고도 불리는데 이것은 산스크리트어로 "연꽃(Padma)에서 태어난(Sambhava) 큰 스님(Guru)"을 의미한다. 부탄의 불교사원에서는 대부분 구루린포체가 가장 중심이 되는 인물로 모셔져 있는 것이 특징이다. 구루린포체는 사람들 앞에 여덟 가지의 서로 다른 모습으로 나타난다고 하는데, 이러한 구루린포체의 여러 가지 모습은 부탄의 어디에서나 쉽게 볼 수 있다. 한편 이것을 주제로 하는 "구루린포체의 여덟 가지 모습의 춤(Guru Tshen Gye)"이 부탄의 불교축제인 체츄(tshechu)에서 단골메뉴로 공연되기도 한다.

36) 페마링파(Pema Lingpa : 1450~1521)는 부탄의 붐탕(Bumthang)에서 태어났으며, 닝마파(Nyingma) 불교의 종교적인 보물의 발견자(terton)로 유명하다. 또한 페마링파는 수도 중에 구루린포체가 살고있는 천상의 극락세계인 장토페리(Zangto Pelri)를 방문하게되고, 그기서 행하여지는 여러 가지 종류의 춤을 보게된다. 그가 직접 본 이러한 종교적인 춤을 제자들에게 가르쳤는데 이 중에서 일명 "영웅들의 춤(Pacham)"이라고 부르는 춤은 아직까지도 부탄의 불교축제인 체츄(tshechu)에서 공연되고 있다.

37) 삽두룽 나와남겔(Shabdrung Ngawang Namgal : 1594~1651)은 티베트의 종교지도자로 17세기 초에 부탄에 와서 부탄을 종교 및 정치적으로 통일한 인물이다. 종교적인 입장에서 그는 삽두룽 린포체(Shabdrung Rinpoche)라고 불리기도 한다.

38) 미라레파(Milarepa : 1040~1123)는 부탄의 불교에서 중요하게 취급되는 티베트 출신의 큰 수도승이며 시인이다. 미라레파는 히말라야 불교의 한 전통인 가규파(Kagyu) 계통의 불교를 이어가면서 부탄을 비롯하여 히말라야의 광범위한 지역에서 도를 닦았다고 전해진다. 부탄에서 보여지는 미라레파와 관련된 그림은 대부분 앉아서 수도를 하면서 환하게 웃고 있으며, 노래를 하면서 한 손을 귀에 대고 있는 모습이다.

(1) 종교적인 가면 춤의 종류와 특징

부탄의 종교적인 가면 춤은 다음과 같이 크게 세 가지 종류로 나누어서 묶여질 수 있다. 예를 들어서, 첫째는 교육적인 혹은 교훈적인 춤으로 올바른 삶을 가르치고 일깨워 주는 드라마를 연상시킨다. 여기에는 황태자와 황태자비의 춤, 숫사슴과 사냥개의 춤, 죽음의 심판과 관련된 춤 등이 있다. 둘째는 나쁜 신으로부터 장소를 정화하고 방어하기 위한 춤이다. 여기에는 화장터 마스터(masters)의 춤, 숫사슴의 춤, 무서운 신의 춤, 검은 모자의 춤, 깅(Ging)과 초링(Tsholing)의 춤 등이 속한다. 셋째는 불교의 승리와 구루린포체의 영광을 알리는 춤이다. 여기에는 북을 가진 다양한 춤, 영웅들의 춤, 천상의 존재와 관련된 춤, 구루린포체의 여덟 가지 모습[출현]과 관련된 춤 등이 속한다(Pommaret, 1998). 좀 더 구체적으로 불교축제에 보여지는 대표적인 종교적인 춤과 아울러서 여기에 나오는 가면에 대하여 살펴보면 다음과 같다.

✔ 영웅들의 춤(Pacham)

이 춤은 페마링파(Pema Lingpa)가 수도 중에 본 모습을 춤으로 만든 것이다. 즉 페마링파가 구루린포체(Guru Rinpoche)가 거주하는 극락세계인 장토페리(Zangto Pelri)에 당도해 보니 구루린포체가 무지개의 빛으로 만들어진 끝이 없는 만달라(신비한 지구 중심적인 그림)의 중앙에 그의 보좌관들 사이에 앉아있었다고 한다. 페미링파가 본 이러한 장토페리의 세계가 사실적으로 보여지는 것이 영웅들의 춤(Pacham)이다. 그러므로 이 춤을 통하여 인간세상에서 불교에 믿음을 가진 사람들은 구루린포체가 존재하는 세계로 다가갈 수 있다고 믿는다. 춤을 추는 사람들은 노란색의 폭 넓은 치마를 입고 금색의 왕관을 쓰고 있는데, 대부분의 종교적인 춤과는 달리 가면은 사용하지 않는다. 그리고 오른손에는 작은 북(damaru)을 왼손에는 작은 종(dri-lbu)을 가지고 춤을 춘다.

✔ 검은 모자 춤(Shanag)

불교축제의 공연장을 정화하고 나쁜 신을 쫓기 위한 춤이다. 또한 이 춤은 기원 후 842년에 펠키 도지(Pelkyi Dorje)라는 스님이 소매가 넉넉한 옷에 활과 화살을 숨겨서 당시 반불교적이던 티베트의 왕이었던 랑달마(Langdarma)를 암살했던 이야기를 보여주기도 한다. 즉 티베트의 랑달마(Langdarma) 왕이 암살되기 전까지 티베트에서는 불교탄압 정책으로 말미암아서 수없이 많은 불교서적이 손실되었고, 오직 시골의 아주 외딴 곳에서만 겨우 불교가 명맥을 유지할 수 있었다.

✔ 다메치(Dametsi)로부터 온 고수(鼓手)의 춤(Dametsi Ngacham)

이 춤은 16세기 부탄의 동부지방에 있는 다메치(Dametsi) 불교사원에서 구루린포체의 극락세상을 보았던 구엔가 겔첸(Kuenga Gyeltshen)에 의하여 만들어졌다고 한다. 원래 마메치 불교사원은 페마링파((Pema Lingpa : 1450~1521)의 제자들에 의하여 만들어졌다고 전해지는데, 구엔가 겔첸(Kuenga Gyeltshen)는 페마링파의 아들이다. 왼손에는 큰북을 들고, 오른손에는 북채를 들고 행하는 이 춤의 특징은 보통 12명의 남자가 노란색 스커트에 동물 가면을 쓰고, 북을 치면서 춤을 추는 것이다. 여기서 춤을 추는 12명은 구루린포체의 추종자들을 대표하며, 그들은 종교[불교]의 승리를 기념한다.

✔ 화장지(火葬地)의 마스터(masters) 춤(Durdag)

이 춤은 탄트릭 불교의 상징에 대하여 주금의 이해가 요구되는 춤이다. 두 명의 해골이 탄트릭의 신이 거주하고 있는 우주의 도형 중심에 있는 여덟 개의 화장지를 지킨다. 이들의 임무는 우주의 도형을 악령의 영향으로부터 보호하는 것이다.

✔ 무서운 신들의 춤(Tungam)

춤추는 사람들은 전체의 춤을 주도하는 것은 구루린포체(Guru Rinpoche)의 한 모습인 도지 드락뽀(Dorje Dragpo : 일명 포악한 번개)인데, 몹시 화를 내고 있는 모습의 빨간색 가면을 쓰고 등장한다. 도지 드락포(Dorje Dragpo)는 나쁜 신을 죽이기 위하여 손에 의식용 칼(phorbu)을 쥐고 있는데, 이것으로 악령을 물리치고 일반대중들을 구원하게 된다는 내용의 춤이다.

✔ 네 마리 숫사슴의 춤(Shacham)

이 춤은 이 세상에 많은 불행을 가져왔고, 숫사슴을 타고 다녔던 바람의 신이 어떻게 구루린포체에게 복종하였는지를 보여주는 춤이다. 뿔이 달린 숫사슴의 가면을 하고 상의는 입지 않고 무릎까지 오는 노란색 스커트를 입고 춤을 춘다.

✔ 죽음의 심판과 관련된 춤(Raksha Marcham)

아주 교훈적인 내용의 춤으로 부탄의 불교축제인 체츄(tshechu)에서 빠지지 않는 춤이다. 특히 나이든 사람들이 특별히 관심을 두는 경우가 많다. 이 춤은 먼저 죽음의 신을 보좌하는 락사(rakshas)에 의해서 시작되는데, 그들은 노란색 스커트에 동물의 가면을 쓰고 있다. 그리고는 죽음의 신(神)인 신제 초기 겔포(Shinje Choekyi Gyelpo)가 현세에서 인간들이 행하였던 모든 행동을 지켜보아 온 흰색 신과 검은 색 신과 함께 등장한다. 그리고는 현세에서의 삶에 대한 죽은 인간의 심판이 내려진다. 먼저 죄를 많이 지은 사람이 검은색 옷을 입고, 검은 가면을 쓰고 등장하는데 손에는 죄를 상징하는 고기 조각이 담겨있는 바구니를 가지고 있다. 죽음의 신은 그의 진술을 듣고는 그의 행한 모든 행위를 저울질한다. 이때 흰색 신은 죄인이 행한 선한 행동을 강조하면서 죄인을 구하려고 하는 반면에, 검은색 신은 그 죄인이 행한 사악한 행동을 모두 낱낱이 조목조목 나열한다. 결국 그 죄인은 검은색 신이 환호하는 가운데 지옥으로 보내어진다. 다음으로는 덕이 많은 사람이 등장한다. 그의 선한 성품을 상징하듯이 그는 흰색 옷을 입고, 흰색 얼굴에 손에는 염원용 깃발이 들려져 있다. 죽음의 신은 같은 방식으로 심판을 진행하게 되고, 좋은 덕을 많이 쌓은 사람은 극락으로 보내진다. 검은색 신이 마지막 순간에 붙잡기도 하지만 흰색 신의 도움을 받아서 그는 결국 극락세계로 가게 된다.

이 춤은 모든 사람들은 죽음과 동시에 죽음의 신 앞에 가게 되고 자신들이 행하였던 현세에서의 행위에 대한 심판이 어떻게 진행되는지를 잘 반영해 준다. 예를 들어서 부탄인들은 사람이 죽게 되면 발도(bardo)라는 일종의 중간적인 상태에 도달한다고 한다고 믿는다. 이 상태는 죽은 것도 아니고 산 것도 아닌 중유(中有)의 단계인 셈인데, 죽음의 신을 비롯하여 선(善)을 관장하는 흰색 신, 악(惡)을 상징하는 검은색 신, 그리고 여러 가지 동물의 형상을 한 관리들에 의하여 극락세계로 갈 것인지 지옥세계로 갈 것인지가 이때 결정된다고 한다. 이러한 과정이 이 춤 속에 잘 묘사되고 있다.

한편 이 춤에는 여러 가지 종류의 동물 가면이 등장한다. 예를 들어서 소, 돼지, 새, 사자, 곰, 뱀, 원숭이 등인데 이 들은 죽음의 신을 도와주는 관리로서 역할을 하는데, 이들을 락사(rakshas)라고 부른다. 각 동물이 죽음의 신을 도와주면서 관장하는 영역은 다음과 같다. 먼저 소(牛)의 가면을 쓴 관리는 정의를 주관하는 관리이며, 돼지 가면을 쓴 관리는 세상에서 행하였던 모든 악한 일과 선한 일을 일목요연하게 정리한다. 새의 가면을 쓴 관리는 한 손에는 작은칼을 가지고 있어서 그것으로 인간세상의 세 가지 독약인 무지, 질투, 분노 등의 뿌리를 없애버리며, 또 다른 한 손에는 죄업을 없애 버릴 수 있는 큰 망치를 가지고 있다. 사자의 가면을 쓴 관리는 사랑을 상징하는 올가미 밧줄과 연민과 동정을 상징하는 쇠사슬을 가지고 있다. 무서운 표정을 가진 곰의 가면을 쓴 관리는 재산과 지혜를 묶는 신비한 매듭과 이기적인 마음을 잘라버리는 톱을 가지고 있다. 뱀의 가면을 쓴 관리는 인간이 이제까지 행한 모든 행위를 비추어주는 거울을 가지고 있다. 그리고 원숭이 가면을 쓴 관리는 인간의 모든 행동을 선한 일과 악한 일로 구분하여 저울에 저울질한다.

✔ 황태자와 황태자비의 춤(Pholey Moley)

두 황태자가 전쟁에 나가게 되면서 그들의 아내에게 몇 명의 하인들을 맡기게 된다. 황태자가 떠나자마자 황태자비는 성품이 방자한 늙은 여자 하인의 유혹에 넘어가서 늙은 여자 하인과 함께 광대들(atsaras)과 어울려서 음란하게 논다. 전쟁에서 돌아 온 두 황태자는 황태자비의 이상한 태도와 행동에 몹시 화를 내고는 황태자비와 늙은 여자 하인의 코를 베어버린다. 나중에 황태자의 화가 조금 가라앉게 되면서 황태자는 의사를 불러서 베어낸 황태자비와 늙은 여자 하인의 코를 꿰매게 한다. 황태자비의 코는 다시 정상으로 돌아오게 되지만 늙은 여자 하인의 코에서는 너무 심한 악취가 풍겨서 의사가 감히 접근을 할 수 없을 정도이다. 결국 늙은 여자 하인의 코도 완쾌된다. 그리고는 모든 일이 잘 풀리고 모두들 화해한다는 내용의 춤이다.

✔ 숫사슴과 사냥개의 춤(Shawa Shachhi)

이 춤은 곤포 도지(Gonpo Dorje)라는 사냥꾼이 부탄불교의 큰 성인이며 스님인 미라레파(Milarepa : 1040~1123)에 의하여 불교로 개종하는 것을 잘 묘사해 주고 있다. 마치 연극과 같이 이 춤은 그 속에 이야기를 알기 쉽게 전달해 주는데 내용이 아주 긴 편이다. 먼저 춤의 시작은 미라레파가 굴속에서 수도를 하고 있는데, 사람이 소리지르는 것과 개가 짖는 소리를 듣게 되는 것으로 시작된다. 밖에 나와 보니 공포에 떨면서 땀으로 가득한 한 마리의 숫사슴이 보였다. 미라레파는 종교적인 노래를 불러서 그 숫사슴을 안정시킨 후 보호를 위해서 거두어 주었다. 얼마 후 숫사슴을 쫓아서 두 마리의 사냥개가 나타났는데, 미라레파는 노래를 불러서 그들을 이기게 된다. 사냥꾼이 그곳에 당도해서 그의 사냥개를 보니 예상 밖으로 미라레파의 발밑에서 숫사슴과 같이 누워있었다. 사냥꾼은 몹시 화가 나서 독화살을 성인에게 쏘았다. 미라레파는 초인간적인 힘으로 사냥꾼의 활을 끊어버렸고, 화살이 사냥꾼에게 다시 돌아가게 했다. 그리고는 미라레파는 노래를 불러서 사냥꾼이 사냥을 포기하고 불교를 믿게 만드는데 성공하게 된다는 내용의 춤이다.

✔ 깅(Ging)과 초링(Tsholing) 춤

이 춤은 기원후 8세기 경에 구루린포체 자신에 의하여 티베트의 사메(Samye) 사원에서 처음으로 행하여졌다고 할 정도로 긴 역사를 가지고 있다. 부탄의 불교에서 종교를 수호하는 신으로 여겨지는 무서운 모습의 초링(Tsholing)은 악령의 영향에서 축제장의 대지를 정화한다. 구루린포체의 수행원인 깅(Ging)은 불교의 승리를 선포하고, 장소를 악령의 기운으로부터 다시 차지하기 위하여 북을 치면서 초링(Tsholing)을 따라 다닌다. 초링

(Tsholing)과 깅(Ging)은 부정한 것을 사람들의 머리 속에서 없애버리기 위하여 춤을 춘다. 특히 깅(Ging)은 사람의 머리 속에서 나쁜 기운을 멀리 보내기 위하여 북채로 사람들의 머리를 가볍게 툭툭 치는데, 이때 사람들도 여기에 맞추어서 악령을 멀리 쫓아버리기 위해서 휘슬을 불기도 한다.

✔ 구루린포체의 여덟 가지 모습의 춤(Guru Tshen Gye)

이 춤은 가장 종교적인 춤이기 때문에 체츄(tshechu)가 최고 절정에 이르렀음을 알 수 있게 하는 춤이다. 구루린포체가 인간세상에 나타난 서로 다른 여덟 가지의 모습이 모두 이 춤에 등장한다. 이 춤에는 구루린포체가 인간 앞에 나타나는 여덟 가지의 서로 다른 모습이 가면으로 잘 나타난다. 예를 들어서 빨간색을 하고 아주 성난 표정을 하고 있는 도지 드락포(Dorje Dragpo : 포악한 번개), 청록색 가면에 평화스러운 표정을 하고 있는 초게 도지(Tshokye Dorje : 호수에서 태어남), 흰색 가면에 온화한 얼굴을 한 로덴 촉시(Loden Chogsey : 최고의 지식을 깨달으려는 큰스님), 흰색에 빨간색 모자를 쓴 가면을 한 페마 중메이(Pema Jungmey : 연꽃에서 태어남), 부처의 모습에 청색 머리카락을 한 가면을 한 사키야 센게(Shakya Senge : 사키야 씨족의 사자), 오렌지색 얼굴에 검은 턱수염을 가진 가면을 한 페마 갈포(Pema Gyalpo : 연꽃 왕), 노란색 얼굴에 청색 턱수염을 가진 가면을 한 니마 요절(Nyima Yoezer : 태양광선), 청색가면에 위협적인 모습을 한 센게 드레드록(Senge Dradrok : 사자의 음성으로 말하는 자(者)) 등이다(박환영, 2001b).

한편 춤이 진행되면서 무리의 중심에서 구루린포체가 가장 중요한 모습을 한 채 파라솔의 그늘에 등장한다. 구루린포체로부터 축복을 받으려는 대중들의 열의가 달아오르고 축복의 실을 받으려고 많은 대중들이 몰려든다. 마치 구루린포체가 다시 인간으로 환생한 것으로 믿으며 많은 불교신자들이 이 춤을 고대한다.

(2) 비교민속학적인 측면에서의 가면 춤의 고찰

부탄의 불교축제인 체츄(tshechu)에서 공연되는 다양한 종류의 종교적인 춤과 가면 속에는 부탄인들의 일상적인 생활문화인 민속(특히 불교민속)이 많이 내재되어 있다. 부탄의 불교는 다른 히말라야의 불교에 비하여 독특하게 여겨지는데, 이것은 불교가 전래되기 이전에 민간에서 믿어지던 부탄의 전통적인 민간신앙이 또한 내포되어 있기 때문이다. 주어진 자료가 한정되어 있고, 또한 구체적인 비교연구가 선행되지는 않았지만 부분적인 측면에서 한국의 민속과 비교민속학적으로 연구할 수 있는 몇 가지 가능성을 제시해 보고자 한다.

첫째 부탄의 불교축제에서 자주 볼 수 있는 '죽음의 심판과 관련된 춤(Raksha Marcham)'에는 흰색 천과 검은색 천을 사용하여 각각 극락세계와 지옥세계를 상징하기도 한다. 이러한 색깔의 상징은 한국의 전통적인 상례(喪禮)에서 흰색이 저승길을 밝히고, 망자에 대한 예의와 연계되어 있다(구미래, 2000)는 점에서 조금의 연계성을 찾을 수 있을 것 같다. 또한 진도의 씻김굿의 길닦기에서는 망자의 한(恨)을 씻고 저승길(즉 극락세계)을 상징하는 흰색 천을 펼치는데, 이것은 진도의 씻김굿에서 저승길이 곧 극락세계이길 바라는 염원과 관련해서 흰색 천을 사용한다고도 볼 수 있다. 즉 흰색을 저승길의 하나인 극락세계의 상징으로 사용하는 것은 한국과 부탄의 민속에서 공통적으로 나타난다고 할 수 있다. 둘째로 '황태자와 황태자비의 춤(Pholey Moley)'은 피상적으로는 황태자비와 여자 하인의 방자한 행동을 경계하는 내용이다. 그런데 이러한 도덕적인 내용이 불교축제인 체츄(tshechu)에서 빠지지 않고 공연되는 종교적인 춤의 중요한 한 부분이 된 것은 또한 심층적인 내용이 내포되어 있기 때문일 것이다. 다시 말해서 종교적인 입장에서 보면 황태자비는 품행이 바르지 못한 여자 하인의 유혹에 빠져서 광대(atsara)와 어울리는데, 이것은 결국 불교의 가르침(dharma)에 역행하는 행위로 볼 수 있는 것이다. 이 춤 속에는 순간적인 실수 때문에 황태자비와 여자 하인은 자신들의 코를 베이는 고통을 겪게 되지만, 결국에는 자기반성과 의사의 도움으로 행복한 삶을 되찾는다는 교훈이 들어있다. 부탄의 종교적인 춤을 크게 세 가지 종류로 분류할 때 '교육적인' 혹은 '교훈적인' 춤으로 올바른 삶을 일깨워 주는 내용이 들어있는 것으로 '황태자와 황태자비의 춤', '숫사슴과 사냥개의 춤', '죽음의 심판과 관련된 춤' 등을 함께 포함시키는 것도 이러한 춤 속에 다분히 불교적인 교육과 교훈이 들어있기 때문이다.

⬆ 강릉의 관노가면극

　이러한 관점에서 부탄의 '황태자와 황태자비의 춤(Pholey Moley)'은 한국의 강릉단오제 때 연행되는 관노가면극과 조금의 연계성을 가질 수도 있을 것 같다. 즉 강릉의 관노가면극에서는 양반, 소매각시, 시시딱딱이, 장자마리 등이 등장하는데 부탄의 '황태자와 황태자비의 춤(Pholey Moley)'과

유사하게 피상적으로 보면 마치 양반에 대한 풍자와 여인의 정조관념을 나타낸 것 같다. 예를 들어서 관노가면극의 주요 내용을 요약하면 다음과 같다. 소매각시가 시시딱딱이의 강요에 넘어가서 함께 춤을 추게 된다. 이것을 본 양반은 소매각시를 부채로 매질을 하게 되고 자신의 결백을 주장하면서 소매각시는 자살소동을 벌이게 되며, 결국에는 장자마리의 도움으로 다시 살아나서 양반과 행복하게 화해의 춤을 추게 된다는 내용이다. 그런데 좀 더 심층적으로 관노가면극을 분석해 보면 서낭신제와 관련된 가면극이라는 사실을 알 수 있다. 즉 소매각시를 위협하여 양반으로부터 빼앗아간 시시딱딱이는 강릉지역의 서낭당에서 주로 모셔지는 여역지신(癘疫之神)으로, 장자마리는 토지지신(土地之神) 혹은 동해지신(東海之神)으로 볼 수 있고, 소매각시를 살리는데 사용한 신수(神樹), 즉 괫대에는 성황지신(城隍之神)이 내려온 것으로 볼 수 있다(김선풍 외, 1998).

부탄의 '황태자와 황태자비의 춤(Pholey Moley)'에서는 불교와 관련하여 교훈적인 내용이 들어있다면 한국(강릉)의 관노가면극에서는 전통적인 마을신앙인 서낭신과 관련한 교훈적인 내용이 숨어있는 것이다. 또한 '황태자와 황태자비의 춤(Pholey Moley)'과 관노가면극은 모두 겉으로는 귀족과 양반에 대한 풍자와 여성의 정조관념을 강조하고 있기도 하다. 그런데 좀 더 내면적으로 들어가 보면 나쁜 신의 유혹과 시련을 겪게 되지만 결국에는 불교 혹은 서낭신에 대한 강한 믿음으로 어려움을 극복하고 화해한다는 내용이다. 즉 연행을 통하여 지역에서 믿어지는 일반 대중들의 믿음을 더욱 더 견고하게 만드는데 '황태자와 황태자비의 춤(Pholey Moley)'과 관노가면극이 핵심적인 기능을 하고 있음을 알 수 있다.

4. 부탄의 가면 춤과 강릉의 관노가면극

부탄의 불교축제(tshechu)에서 연행되는 종교적인 춤(cham)과 가면은 부탄의 문화와 민속을 이해하는 데 중요한 부분을 차지한다. 특히 부탄 특유의 불교관련 민속을 살펴보는 데 종교적인 춤과 가면에 대한 고찰은 꼭 필요한 것 같다.

부탄의 종교적인 춤은 내용에 따라서 크게 세 가지로 나눌 수 있는데, 예를 들어서 첫째는 교육적이거나 교훈적인 춤으로 올바른 삶을 일깨워 주는 드라마와 같은 유형이고, 둘째는 불교축제가 행하여지는 행사장을 나쁜 신으로부터 정화하고 방어하기 위한 춤이다. 그리고 셋째는 부탄에 불교가 들어오는데 기여한 구루린포체의 업적 및 영광 그리고 나쁜 신에 대한 불교의 승리를 주제로 한 춤이다.

부탄의 불교축제 때 공연되는 종교적인 춤의 대부분은 가면 춤이다. 그러므로 여러 가지 종류의 가면이 종교적인 춤과 관련해서 부탄의 민속문화를 반영해준다. 주로 많이 등장하는 가면으로는 인간, 동물(원숭이, 소, 곰, 사자, 사슴, 뱀, 새, 개, 돼지 등), 구루린포체, 밀레라파, 성난 악마, 해골 등이 있다. 종교적인 춤이 어려운 불교의 교리를 마치 드라마의 형식으로 알기 쉽게 일반 대중들에게 전달하는 기능을 가지고 있다면, 종교적인 춤에서 볼 수 있는 다양한 종류의 가면은 불교의 진리를 더욱 더 가시화하고 마치 불교의 세계관을 직접 경험하는 듯한 착각이 들 정도로 사실적이고, 정교하게 묘사하는데 도움을 준다. 가면에 표현된 다양한 색깔, 표정, 그리고 장식 등은 현학적인 문헌이나 구술되는 불교의 교리와 인물, 그리고 불교와 관련된 설화 등을 생동감 있게 대중들에게 전달하는 데 부족함이 없다. 따라서 부탄인들은 불교축제에서 행하여지는 종교적인 춤을 성(聖)적이고, 신성한 것으로 믿는다.

한편 부탄의 불교축제에서 보여지는 여러 가지 종류의 종교적인 춤 중에서 몇 가지는 일부 한국의 민속적인 제의(祭儀)와 민속극과 비교해서 연구될 수 있는 가능성을 가지고 있다. 예를 들어서 부탄의 대표적인 종교적인 춤의 하나인 '죽음의 심판과 관련된 춤(Raksha Marcham)'에서 보여지는 극락세계를 상징하는 흰색 천은 한국의 진도 씻김굿에서 길닦기의 의례에 등장하는 저승길(즉 극락세계)을 상징하는 흰색 천과 비교민속학적으로 살펴봄직 하다고 할 수 있다. 또한 부탄의 불교축제에서 자주 볼 수 있는 교훈적인 내용의 '황태자와 황태자비의 춤(Pholey Moley)'은 겉으로는 귀족계급에 대한 풍자와 여성의 정조관념을 강조하고 있다. 그런데 내면적으로는 나쁜 신의 유혹 때문에 불교의 가르침에 위배되는 행동을 하게 되고 시련을 겪게 되지만 결국은 불교의 믿음으로 어려움을 극복하고 화해한다

는 내용이다. 이와 유사하게 강릉단오제 때 연희되는 관노가면극에서도
피상적으로는 양반에 대한 풍자와 여성들의 정조관념을 강조하고 있지만,
심층적으로는 전통적인 마을신앙인 서낭신과 관련한 교훈적인 내용이 내
재되어 있다고 볼 수 있다. 이러한 관점에서 부탄의 종교적인 춤인 '황태
자와 황태자비의 춤(Pholey Moley)'과 한국 강릉의 관노가면극은 비교민속학
적으로 연구될 수 있는 충분한 여지를 제공해 준다.

제 13 장

1980년대 영국민속학의 동향에 관한 연구

1. 왜 영국민속학인가?

영국민속학은 세계 민속학계에 지대한 영향을 끼쳐왔다. 미국의 대표적인 민속학자 리처드 도슨(Richard Dorson)은 영국민속학이 가지는 이러한 매력에 이끌려서 거의 20년에 걸친 연구를 통하여 『영국민속학사』(History of British Folklore)[39]라는 소중한 저서를 내어놓았다(Dorson, 1968). 리처드 도슨의 이러한 연구는 1960년대까지 영국민속학이 발전해 온 역사와 그 동안의 연구 성과를 자세하게 다루고 있다.

---

39) 한편 리차드 도슨(Richard Dorson)이 그의 저서 『영국민속학사』에서 '영국민속학'을 British Folklore라고 일컫고 있는 바와 같이 영국민속학은 잉글랜드(England), 스코틀랜드(Scotland), 웨일즈(Wales) 그리고 북아일랜드(Northern Ireland) 지역의 민속을 모두 포함하고 있는 것이다. 따라서 일반적으로 북아일랜드의 민속은 영국민속학으로 다루어지는 반면에, 아일랜드의 민속은 '다른' 민족의 민속으로 다루어지는 것이다. 필자도 리처드 도슨이 정의한 바와 같이 영국민속학을 단지 English Folklore와 같은 협의의 개념이 아니라, British Folklore와 같은 광의의 개념으로 보고자 한다.

영국의 민속학이 국내에 부분적으로 소개되기 시작한 것은 송석하(1960)에서 시작된다. 송석하와 손진태로 대표되는 1930년대는 한국민속학에서 민속학의 진흥기로 다루어지고 있는데(인권환, 1978), 이러한 분위기 속에서 송석하는 1890년에 영국에서 출간된 로렌스 곰(Laurence Gomme)의 민속학개론서와, 같은 내용에 수정과 보완을 가미해서 1913년에 차로테 번(Charlotte Burne)에 의하여 개정 출판된 민속학개론서인 『The Handbook of Folklore』(Burne, 1913)를 대략적으로 소개하고 있을 뿐이다. 송석하 이후에도 영국의 민속학은 줄곧 한국민속학계에서 외국의 민속학이라는 범주 속에서 빠지지 않고 조금씩은 언급되었다. 이러한 예는 이두현(1986), 이상일(1986), 최상수(1988), 이두현 외(1991) 등에서 찾아볼 수 있지만 리차드 도슨(Richard Dorson)의 입장과 마찬가지로 주로 1960년대의 연구동향 만을 대충 살펴보고 있을 뿐 1980년대와 그 이후의 연구성과에 대해서는 거의 언급하고 있지 않다. 또한 국내의 일부 민속학 관련 개론서에서는 세계 민속학의 동향을 기술하면서 미국, 일본, 독일의 민속학은 다루면서 영국의 민속학은 독립적으로 언급하고 있지 않기도 하다(김동욱 외, 1988 ; 장철수, 2000b).

리차드 도슨(Richard Dorson) 이후 영국민속학의 동향에 관한 국내의 관심은 거의 전무한 편이다. 특히 1960년대 이후의 연구성과에 대해서는 더욱더 자료가 절대적으로 부족한 형편이다. 그런데 다행스럽게도 1980년대의 주요한 영국민속학의 업적을 영국민속학회에서 3년에 걸쳐서 학술지 별로 분류한 자료집(Roud and Smith, 1989a ; 1989b ; 1990a ; 1990b ; 1991a ; 1991b)이 남아있다. 필자는 이 자료집을 바탕으로 여기에 수록된 논문을 면밀히 분석하여 1980년대 영국민속학의 동향과 연구성과를 부분적으로나마 살펴보고자 한다.

비록 영국민속학의 전반적인 분석은 아니라도 영국민속학의 최근 동향에 관한 1980년대의 자료는 국내 민속학계에도 아마도 중요한 의의를 가질 수 있다. 세계 민속학계에서 한국민속학의 위상을 확고하게 확립하기 위해서는 새로운 방법론의 모색이 절실하다는 점에서 영국민속학의 최근 연구 내용은 시사하는 바가 크다고 하겠다. 다시 말해서 최근에는 미국민속학(김선풍, 1984)과 독일민속학(이정재, 1998과 이상현, 1999)의 동향과 방법이 소개되었고, 프랑스민속학의 경우도 생티브가 저술한 『민속학개론』이 국내에서 번역되었다(생티브, 1995). 또한 최근에는 일본의 민속학(최인학 외, 1997)이 분야별로 정리되었고, 중국의 민속학(陶立璠, 1997)도 국내에서 번역되어 소개되기도 하였다. 이와 비교해 보면 최근에 진행되고 있는 영국의 민속학에 대한 관심 및 연구는 거의 전무한 실정이다. 이러한 국내 민속학계의 현실을 감안할 때 1980년대 영국민속학의 동향과 연구성과에 대한 세밀한 고찰은 나름대로의 의의를 가진다고 하겠다.

2. 1980년대 영국민속학의 주요한 내용분석

영국민속학의 최근(1980년대) 동향을 고찰하기 위하여 필자는 영국민속학회에서 1989년부터 1991년까지 3년 동안 『민속학에서의 최근내용(Current Contents in Folklore)』(Roud and Smith, 1989a ; 1989b ; 1990a ; 1990b ; 1991a ; 1991b)이라는 제목으로 발간한 자료집에 실려 있는 다양한 민속관련 논문을 중점적으로 분석하고자 한다. 이 자료집에는 영국에서 발행되고 있는 약 30여 종의 민속관련 학술지[40]에 실린 1980년부터 1990년대 초반까지

---

40) 필자가 주로 참고한 민속관련 영국의 학술지는 다음과 같다. 예를 들어서 Folk Life ; Folk Music Journal ; Folk Song Research ; Folklore ; History Today ; Roomer ; Talking Folklore;

의 논문이 학술지 별로 나열되어 있는데, 필자는 이것을 다시 주제별로 분류하여 살펴보았다. 한편 영국에서 나오는 민속관련 학술지를 30개 정도로 한정한 것은 영국에서 발행되는 학술지만을 대상으로 했기 때문이다.

필자는 민속관련 논문이나 단행본의 내용을 공통되는 주제별로 묶어서 편의상 열 가지 정도로 나누어 보았는데, 내용이 중복되는 것도 있다. 예를 들어서 '다른 민족의 민속'으로 분류한 내용 중에는 전설과 민담, 언어민속, 어린이의 민속, 물질민속 등의 영역으로 분류할 수 있는 것도 있다. 그러나 영국의 민속과 구분되는 '다른' 민족의 민속을 강조하기 위하여 주제와 내용에 상관없이 '다른' 민족의 민속을 하나로 독립적으로 묶어서 분류하였다. 이러한 열 가지 분류와 구체적인 내용을 살펴보면 다음과 같다.

(1) 전설과 민담

영국에는 전설과 민담이 많은 편이다. 영국의 전설과 민담은 각 지역의 특성에 맞는 유형이 있는가 하면, 아더왕(King Arthur)이나 로빈후드(Robin Hood)와 관련된 전설과 민담과 같이 실제로 존재하였다고 믿어지면서 전국적으로 보편적으로 나타나는 유형도 있다.

필자가 살펴본 바로는 최근 영국민속학의 연구결과 중에서 영국의 전설과 민담에 관한 내용은 그렇게 많지는 않다. 대표적인 예를 몇 가지 들어보면, 그윈테프(Gwyndaf, 1988), 베네트와 스미스(Bennett and Smith, 1989), 베네트(Bennett, 1989), 보우만(Bowman, 1990), 심슨(Simpson, 1991) 등이다. 그윈

Tocher ; Ulster Folklife ; International Folklore Review ; Lore and Language ; Reading Folklore ; Cosmos ; English Dance & Song ; FLS Children's Folklore Newsletter ; FLS News; Folklore Miscellany ; KESKIDEE(A Journal of Black Musical Traditions) ; Oral History ; Review of Scottish Culture ; Past and Present ; Review of Scottish Culture ; Rural History ; Social History ; Traditional Drama Studies ; Wiltshire Archaeological & Natural History Magazine ; Wiltshire Folk Life ; Cambridge Medieval Celtic Studies ; Traditional Dance 등이다.

테프(Gwyndaf, 1988)와 베네트(Bennett, 1989)는 전설 혹은 민담에 대하여 이야기 형식의 구조를 가진 틀 속에서 접근하고 있다. 즉 그윈테프(Gwyndaf, 1988)는 웨일즈 지방에서 전승되는 민속적인 이야기가 계승되고 순응되는 과정을 기술하고 있으며, 베네트(Bennett, 1989)는 전설은 입으로 행하여지는 이야기라는 기본형식을 전제로 좀 더 다양한 형태인 문헌으로 전승되는 경우를 들고 있다.

한편 베네트와 스미스(Bennett and Smith, 1989)는 '현대의' 전설에 대하여 소개를 하고 있는데, 이것은 쉽게 외부로 전파되는 경향이 있으며 개인의 이야기가 지역의 전설처럼 여겨지기도 한다. 또한 현대의 전설이 가지는 특징은 이야기하는 사람이 양면성을 가질 수도 있다는 것이다. 즉 이야기하는 사람들 중에서 일부는 청취자를 속이기도 하며, 또 다른 일부는 그들이 진실로 믿는 것을 이야기하기도 한다.

그 외에도 보우만(Bowman, 1990)은 여행자들의 민담과 이주에 관한 전설을 설명하고 있으며, 심슨(Simpson, 1991)은 영국과 스칸디나비아의 전설을 비교연구 하면서 그 속에서 엿볼 수 있는 여성들의 용기와 배짱을 살펴보고 있다.

(2) 민속예술

민속예술분야로는 영국의 민속 춤, 놀이, 음악 등을 한데 묶어서 고찰하였다. 특히 영국민속학의 두드러진 특징 중의 한가지로 꼽을 수 있는 것은 민속예술에 대한 관심과 연구가 활발하다는 것이다. 이러한 분위기를 반영하는 것이 민속예술 관련 학술지인데, 대표적인 것만 여섯 가지가 넘는다. 예를 들어서 이 분야에 관련된 영국의 학술지로는 『Folk Song Research』, 『English Dance & Song』, 『KESKIDEE』(A Journal of Black Musical Traditions),

『Traditional Drama Studies』, 『Traditional Dance』, 『Folk Music Journal』 등이 있다.

최근에 발표된 민속예술분야의 대표적인 논문으로는 포리스트(Forrest, 1988), 아쉬만(Ashman, 1988), 보스웰(Boswell, 1988), 호킨스와 메릭스(Howkins and Merricks, 1991), 닐란드(Neilands, 1991) 등을 들 수 있다. 포리스트(Forrest, 1988)는 춤과 음악 사이의 관계를 고찰하면서 새로운 접근방법을 모색하고 있는데, 민속에서 양자의 관계를 조화를 이루는 관계로 보고 있다.

한편 아쉬만(Ashman, 1988)과 보스웰(Boswell, 1988)은 영국의 대표적인 모리스 춤(Morris Dance)을 민속학적으로 검토하고 있는데, 민속예술과 관련한 영국민속학의 연구내용 중에서 모리스 춤은 자주 등장하는 주제이다. 모리스 춤은 영국 전역에서 봄과 여름에 주로 행하여지는 춤인데 다산과 풍요를 상징하며, 다가올 가을의 농작물 추수가 성공적임을 바라면서 진행되는 민속춤이다. 보통은 여섯에서 열 명의 남자가 흰옷을 입고 무릎에는 벨을 달고 춘다. 최근에는 여자들도 짝을 이루어서 모리스 춤을 추기도 하는데, 때로는 남자 연행자들과 뜨거운 언쟁거리가 되기도 한다. 아쉬만(Ashman, 1988)과 보스웰(Boswell, 1988)은 모리스 춤이 가지고 있는 이러한 여러 가지 사회 및 문화적인 면을 잘 보여주고 있다.

그밖에도 호킨스와 메릭스(Howkins and Merricks, 1991)는 쟁기를 말에 달고 끄는 농촌의 젊은이를 소재로 한 민속놀이를 살펴보고 있는 반면에 닐란드(Neilands, 1991)는 16세기에서 17세기에 영국에서 유행한 민요의 연행자와 연행과정을 고찰하고 있다.

(3) 민속언어

영국민속학에서는 방언, 속담, 문헌 속의 언어요소 등을 민속학적으로 다루고 있다. 다시 말해서 이것은 일상적인 언어생활을 민속학적으로 다루면서 언어 속에 담겨있는 생동감 있는 민속을 고찰하는 연구방법인 것이다. 영국에서 민속언어에 관한 연구는 다양한데, 그 중에서 몇 가지만을 예로 들어보면 윌리엄스(Williams, 1988), 깁슨(Gibson, 1989), 로빈슨(Robinson, 1989 and 1991), 첸드러(Chandler, 1988), 볼(Ball, 1990), 위도우선(Widdowson, 1990) 등이다.

영국에 존재하는 가지각색의 지역적인 방언을 잘 반영해 주듯이 방언에 관한 민속학적인 연구가 우선 눈에 들어온다. 즉 첸드러(Chandler, 1988)와 볼(Ball, 1990)은 잉글랜드의 남쪽에 위치해 있는 윌트셔(Wiltshire) 지방의 방언에 관련된 일상적이고, 부수적인 민속을 간략하게 소개하고 있다.

한편 영국에 속하지만 아일랜드의 북쪽에 위치해 있는 얼스터(Ulster) 지역의 언어와 관련된 민속학적 연구가 많은 편이다. 예를 들어보면, 윌리엄스(Williams, 1988)는 얼스터(Ulster)의 남쪽지역에서 수집한 속담을 분석하였고, 로빈슨(Robinson, 1989 and 1991)은 얼스터(Ulster) 지역에서 보여지는 스코틀랜드어의 영향을 제시해주고 있다. 즉 얼스터(Ulster) 지역에는 17세기부터 스코틀랜드어의 영향을 받았다고 볼 수 있는데, 오늘날에도 흔히 사용되고 있는 작은 마을 혹은 촌락을 의미하는 'Clachan'이라는 용어는 원래 스코틀랜드어인 'clach(돌)'에서 유래하였다는 사실을 설명하고 있다.

덧붙여서 민속언어에 관련된 연구는 몇 가지 더 있다. 깁슨(Gibson, 1989)은 구약성서에 나오는 신(神)에 관련된 언어를 민속학적으로 고찰하고 있으며, 위도우선(Widdowson, 1990)은 언어와 민속학이 가지는 연관관계를 다루면서 일상생활에서 사용하는 언어는 민속학에 다양한 소재와 자료를 제공해 준다고 기술하고 있다.

(4) 어린이들의 민속

영국의 민속학을 살펴보면서 어린이들의 민속이라고 하나의 영역을 독립적으로 설정한 것은 영국에서 어린이들과 관련된 민속의 연구가 많기 때문이다. 이러한 연구의 대부분은 어린이의 놀이와 동시(童詩)에 대한 내용을 담고 있다. 영국민속학에서 어린이들의 민속에 관한 대표적인 연구로는 브로너(Bronner, 1989), 오스틴(Austin, 1989), 모간(Morgan, 1991), 멕도날드(MacDonald, 1991), 스미스(Smith, 1991), 아담스(Adams, 1991) 등이 있다.

오스틴(Austin, 1989)은 북아일랜드 지역의 학교운동장의 문화를 통하여 어린이들의 민속을 고찰하고 있으며, 모간(Morgan, 1991)은 웨일즈 지방에서 볼 수 있는 어린이들의 놀이에 관련된 민속을 조사하였다. 또한 멕도날드(MacDonald, 1991)는 19세기 후반 스코틀랜드의 산악지역에서 행하여지던 놀이를 통하여 어린이들의 민속을 다루고 있으며, 아담스(Adams, 1991)는 한 세기 전에 다운(Down)지역에서 볼 수 있었던 어린이들의 놀이를 민속학적으로 분석하였다. 한편 스미스(Smith, 1991)는 자신이 직접 수집한 1950년대 런던의 동쪽 지역과 에섹스 지역 어린이들의 놀이와 동시(童詩)를 소개하고 있으며, 브로너(Bronner, 1989)는 어린이들의 민속을 나이가 들어가는 것의 한 적응과정으로 보았다.

어린이들 사이에서 전해져 내려오는 민속은 시대와 지역에 따라서 조금의 차이는 있지만 오늘날에도 계속 이어져오는 경우가 많다. 브로너(Bronner, 1989)의 주장대로 어린이들의 민속이 없다면 어른들의 민속도 생각할 수 없는 것이다. 그러므로 영국민속학에서 어린이들의 민속에 관한 연구성과가 꾸준히 나오고 있는 것도 어른들의 민속을 더욱 더 체계화시키는 한 과정인 것이다.

(5) 다른 민족의 민속

다른 민족의 민속을 민속학의 한 영역으로 다루는 것은 영국민속학이 가지고 있는 오랜 전통이면서, 장점이기도 하다. 영국민속학에서 다루는 다른 민족의 범위는 이웃의 유럽에서부터 북미, 아시아, 아프리카 지역까지 다양한 편이다.

다른 민족의 민속 중에서도 영국과 지리적으로 가까우면서 정치, 사회, 그리고 문화적으로 밀접한 관계가 있는 아일랜드에 관한 다양한 측면에서의 민속연구가 많은 편이다. 예를 들어서, 폴리(Foley, 1988)는 코크(Cork) 지역에서 연행되는 아일랜드의 전통적인 스텝 댄스를, 그리고 오네일(O'Neill, 1988)은 20세기 아일랜드의 전통적인 춤을 연구하였다. 또한 노란(Nolan, 1989)은 아일랜드 시골에서 행하여지고 있는 민간의료를 소개한 반면에 윌리엄스(Williams, 1990)는 아일랜드의 속담을 수집하고 분석하였다.

아일랜드의 민속 외에도 영국민속학에서는 유럽지역의 민속에 대하여 많은 관심을 기울이고 있는 것 같다. 따라서 다루어지는 유럽의 지역과 주제도 다양한 편이다. 예를 들어서, 호위(Howic, 1989)는 그리스의 다신교에 대하여 살펴보고 있으며, 엘우드(Ellwood, 1988)는 스페인의 파시즘과 관련된 구술사를 분석하였다. 한편 코렌흐마이넨(Kolenhmainen, 1988)은 핀란드에서 유래한 나무로 만든 자물쇠에 대하여 민속학적인 고찰을 하였고, 르중스톰(Ljungstrom, 1990)은 스웨덴에서 진행되고 있는 민속 수공예품을 문헌화하는 작업에 관련된 이야기를 통하여 과거 민중들의 생활과 삶을 이해할 수 있는 근거를 제시하고 있다. 그밖에도 슈로브(Schrover, 1990)는 네덜란드 캐러밴 거주자들의 기억과 정체성을, 니엘센(Nielsen, 1991)은 덴마크 어린이들의 민속을 연구하였고, 펄크스(Perks, 1991)는 구 소련의 사마르칸드(Samarkand) 지역에 대한 구술사를 민속학적으로 분석하였다. 특히 부카노비치(Vukanovic, 1988, 1989a and 1989b)는 유럽의 남동쪽에 위치해 있는 중부발칸(Balkans) 지역의 마녀주술과 코소보에 있는 서브인들(Serbs) 사이의 가축사육 전통에 대하여 논의하고 있다.

아시아 지역에 있는 여러 민족들의 민속도 눈 여겨 볼만하다. 예를 들어서 모세스(Moses, 1988)는 『몽골비사』에 나오는 서사시적인 내용을 다루고 있고, 양종승(Yang, 1988)은 한국의 무속을 검토하면서 민중들을 압도하는 '무당'의 입무과정에 대하여 자세하게 논의하고 있다. 또한 로리(Lowry, 1990)는 중국 북서지방의 축제를 연구하면서 연설과 노래 사이의 중간적인 기능을 가지고 있는 가창대회에 대하여 논의하고 있으며, 헨드리(Hendry, 1990)는 일본에서 행하여지고 있는 다양한 형태를 가진 어린이들의 콩쿠르를 민속학적으로 접근해보았다. 그 외에도 샬마(Sharma, 1990)는 힌두교에서 이야기하는 구원(Salvation)에 이르는 다양한 수행방법에 대하여 기술하고 있다.

영국민속학에서는 아시아 지역에 못지않게 아프리카 지역의 민속도 자주 다루어지는 편이다. 예를 들어서 오자데(Ojoade, 1988)는 아프리카에서 다양하게 나타나는 법률적인 관습을 일상적인 속담 속에서 찾아볼 수 있음을 제시하였고, 마눙고와 페트(Manungo and Peet, 1988)는 짐바브웨의 구술사를 다루면서 이야기하기(storytelling) 전통에 대하여 언급하고 있다. 또한 나와추구-아그바다(Nwachukwu-Agbada, 1990)는 여러 가지 문화적인 요소가 담겨있는 나이지리아의 속담에 대하여 분석하였다.

덧붙여서 다른 민족의 민속에 대하여 몇 가지 예를 더 들어보면 다음과 같다. 트롬프(Trompf, 1988)는 변화하는 멜라네시아 사회에서 보여지는 서구의 민담을 연구하였고, 바시로브(Basilov, 1988)는 우즈벡 샤먼에 대한 새로운 자료를 제시하였다. 또한 센하르(Shenhar, 1988)는 정치 및 사회적인 긴장감 속에서 나타나는 이스라엘의 민속에 대하여 논의하였고, 브로너(Bronner, 1988a)는 미국의 이데올로기를 형성하는데 민속이 어떻게 사용되었는지를 고찰하고 있다.

(6) 구술사와 지역의 전통 및 관습

영국민속학이 가지는 특징 중의 하나는 구술사(oral history)와 지역의 전통 및 관습에 대한 연구가 대단히 활발하다는 사실이다. 이러한 영국민속학의 동향은 영국이라는 사회가 다양한 민족과 지역의 정체성을 잘 반영해 주기 때문에 당연한 결과로 해석할 수 있다. 입에서 입으로 전해져 내려오는 생명력을 가진 이야기인 구술사와 각 지역의 독특한 전통 및 관습을 통하게 되면 영국과 영국인을 더욱 더 잘 이해할 수 있는 것이다. 구술사와 지역의 전통 및 관습과 관련된 민속학적인 연구를 살펴보면 다음과 같다.

먼저 지역의 다양한 전통과 관습 중에서 '죽음'과 '장례'에 관한 민속학적인 관심이 많이 보이는 편이다. 예를 들어서 프레철(Fletcher, 1989)은 1870년대 요그셔 지역에서의 죽음과 장례에 대하여 살펴보았고, 신슨(Simpson, 1990)은 일반적이지 않은 매장풍속 몇 가지를 소개하고 있으며, 놀란(Nolan, 1991)은 영국사회에서 죽음은 전적으로 가족의 문제임을 제시하고 있다.

한편 가먼(Gammon, 1988)은 18세기와 19세기에 영국에서 유행했던 노래와 장례의식에 대하여 고찰하고 있으며, 크라크(Clark, 1990)는 영국에서 재즈의 대중화 과정을 구술사에 의하여 접근하고 있다. 또한 러브라시(Lovelace, 1990)는 잉글랜드의 도세트(Dorset) 지방의 한 민간 치료사의 생애

사(life history)를 조사하였고, 쉐리던(Sheridan, 1990)은 2차 세계대전(1939~ 1945)을 경험한 영국의 여성들을 통하여 양면가치의 체험과 기억에 대하여 연구하였다. 구술사적인 민속학 연구방법은 몇 가지 더 있다. 즉 프리젤 (Frizzell, 1991)은 영국에서의 구술사가 뉴질랜드인에게는 어떻게 비추어지고 있는가에 주목하고 있으며, 히스로프와 제미마(Hyslop and Jemima, 1991)는 타이타닉호와 사우스함튼에 관한 당시의 구술적인 증거를 제시하고 있다.

특정한 지역의 전통과 관습은 잉글랜드의 남부에 위치해 있는 월트셔 (Wiltshire) 지역에 관한 것이 많이 보인다. 예를 들어보면, 트레토완(Trethowan, 1990)은 월트셔(Wiltshire) 지역의 농업에 대하여 기술하고 있으며, 크로스 (Cross, 1990)와 코완(Cowan, 1991)은 월트셔(Wiltshire) 지역의 도로 표지판과 얼음을 보관하는 장소에 대하여 각각 조사를 하였다. 한편 스코틀랜드와 웨일즈 지역에 관한 연구도 볼 수 있는데, 로버트슨(Robertson, 1988)과 워크 (Walker, 1988)는 스코틀랜드의 비둘기 요리 전통과 재래적인 양봉의 기술과 방법에 대하여 관심을 보이고 있다. 이것과 비교해서 웨일즈 지역의 민속에 대해서 티보트(Tibbott, 1990)는 시대의 변화에 따라서 전통적인 시골 부엌의 구조가 바뀌고 있음을 발견하였고, 무어-코리어(Moore-Colyer, 1991) 는 시골의 대장장이, 수의사, 말(馬) 등에 관하여 조사하였다.

덧붙여서 찰스리(Charsley, 1988)는 결혼식 케익의 역사와 의미에 대하여 조사한 반면에 와트선(Watson, 1988)은 얼스터(Ulster) 지역의 흰색 돼지를 사례로 해서 표준화된 가축사육 방법에 대하여 연구하였다. 또한 메희우 (Mayhew, 1989) 매년 11월 5일 영국 전역에서 불꽃놀이를 가져다주는 '가이폭스 밤(Guy Fawkes Night)'에 대하여 검토를 하였으며, 빌링톤(Billington, 1990)은 런던 지역의 축제에서 정육점 사람들과 생선 장수들의 역사적인 기여에 대하여 기술하고 있다. 이밖에도 영국민속학에서 구술사와 지역의 전통 및 관습에 관한 대표적인 연구를 좀 더 예시해 보면 다음과 같다. 즉 로우보텀(Rowbottom, 1990), 페레즈(Perez, 1988), 톰슨(Thompson, 1988), 롤스톤 (Rolston, 1988), 하리슨(Harrison, 1988), 델라니(Delaney, 1990), 펠시와 트리그스 (Percy and Triggs, 1990), 에브레익(Eveleigh, 1991) 등이다.

(7) 물질민속

물질민속은 민속학의 영역 중에서 일상적인 생업활동과 밀접한 관련을 가지고 있다. 따라서 물질민속을 통하여 영국인들의 삶을 쉽게 이해할 수 있는 것이다. 영국민속학에서 물질민속과 관련된 논문은 그렇게 많은 편은 아니다. 물질민속에 관한 연구를 몇 가지 살펴보면 다음과 같다.

먼저 판네트(Pannett, 1988)는 서번(Serven) 강 유역에서 사용되는 물고기를 잡는 어살에 대하여 조사를 하였다. 특히 영국은 유럽의 다른 지역에 비하여 어업이 발달한 곳이어서, 물고기를 잡는 어구(漁具)가 발달해 있는 편이다. 또한 영국 내 여러 지역의 다양한 자연환경에 맞는 어구(漁具)가 아직까지도 많이 남아 있어서 민속학적인 연구가 많이 기대되는 영역이기도 하다.

한편 게라드(Garrad, 1989)는 영국과 아일랜드 중간에 위치해 있는 맨 섬 (Isle of Man)에서 전해져 내려오는 넝마를 썩어서 짠 깔개의 제작방법과 사용에 대한 연구를 하였고, 칼드웰(Caldwell, 1988)은 스코틀랜드 지역에서 사용되었던 전쟁용 무기에 대하여 고찰하였다. 또한 스미스(Smith, 1991)는 남부 잉글랜드 지역에서 사용되었던 진흙용 신발과 진흙용 썰매 및 그것에 관련된 다른 여러 가지 부속 장비에 대하여 살펴보고 있다.

(8) 민간신앙 및 믿음

영국민속학에서 다루어졌던 민간신앙 및 믿음에 관한 연구는 주로 역사적인 관점에서 잉글랜드, 스코틀랜드, 그리고 유럽지역의 마녀주술(witchcraft)을 살펴본 것이 많은 부분을 차지하였다(Macfarlane, 1970 ; Larner, 1985). 그러나 최근에 들어오면서 마녀주술에 관한 내용은 줄어들고, 좀 더 원론적이고, 구조주의적인 입장에서 민간신앙을 접근하려는 움직임을 엿볼 수 있다. 최근에 나온 민간신앙 및 믿음과 관련된 몇 가지 연구를 살펴보면 다음과 같다.

우선 그람보(Grambo, 1988)는 운명론의 문제를 다루고 있으며, 힐다(Hilda, 1989)는 종교와 민속에서 나타나는 신화와 상징을 분석하고 있다. 또한 지올라인(Giollain, 1990)은 민간신앙의 민속학적인 연구가 가지는 전망에 대하여 논의하고 있다. 이러한 최근의 연구는 민간신앙이 공식적인 종교와 전통적인 민속문화 사이에서 어떠한 역할을 수행하고 있는지를 잘 보여주고 있으며, 때로는 공식적인 종교와의 긴장관계 속에서 나름대로의 기능을 담당하고 있음을 시사해 준다. 예를 들어서 잉글랜드(England)와 스코틀랜드(Scotland)의 여러 지역에서는 오늘날까지도 잔존하는 신성한 우물(holly wells)에 대한 민간신앙이 남아 있는데 공식적인 종교와의 긴장관계 속에서도 지역의 다양한 민속문화를 여전히 잘 반영해 주고 있는 셈이다. 민간신앙이 영국의 여러 지역에서 이렇게 오늘날까지 존재할 수 있었던 것은 민간신앙의 요소가 이야기, 소설, 연극 그리고 다른 형태의 매체를 통하여 나타날 뿐만 아니라 민간신앙은 인간이 살아오면서 겪었던 다양한 경험을 제공해주는 본질적인 기능을 하기 때문이다.

(9) 현대 및 도시민속학

영국민속학에서 새로운 분야로 떠오르는 것이 바로 현대 및 도시민속학 분야이다. 아직까지는 다른 분야에 비하여 양적인 열세를 가지고는 있지만 영국민속학에서 특히 젊은 민속학자들 사이에서 많은 관심을 보이고 있는 것 같다. 필자가 영국의 한 원로 민속학자와 면담을 하면서 느낄 수 있었던 것은 영국민속학계에서 불고 있는 변화의 바람이었다. 다시 말해서 원로 민속학자의 입장에서는 민속학의 연구 대상이 될 수 없는 보도의 벽면에 그려진 그림(fresco)을 요즘 젊은 민속학자들은 연구대상으로 선호하기도 한다는 것이다. 시대가 변하면서 민속의 대상과 주제가 다양해지는 것은 좋지만, 자칫 본래의 고유한 영역이 소홀히 취급되면 안 된다는 것이 원로 민속학자의 의견이었다. 최근에 다루어지고 있는 몇 가지 연구를 구체적으로 살펴보면 다음과 같다.

에버리(Eberly, 1988)는 신체장애자들의 민속을 다루면서 사회에서 냉대를 받고, 그래서 고독한 그리고 신체적으로 완전한 인간도 아닌 혼성의(hybrid) 정체성을 가진 장애자들의 일상적인 생활과 삶에 담겨있는 민속을 찾고자 시도하였다. 한편 몬거(Monger, 1991)는 영국 전역에서 일요일마다 열리는 일종의 중고시장의 형태인 카분세일(Car Boot Sales)에 나타난 민속을 조사하였다. 영국의 카분세일은 판매자가 집에서 사용하던 물건을 차에 싣고 나와서 직접 팔기 때문에 물건에 얽힌 집안의 내력이며, 이야기, 전통 등 다양한 민속을 엿볼 수 있는 기회를 제공해 준다.

(10) 민속학의 이론 및 현지조사 방법론

영국민속학에서 많이 다루어지고 있는 분야 중의 하나가 민속학에 관한 이론, 동향 그리고 현지조사(fieldwork) 방법론이다. 민속학은 현지조사에 기초를 두고 있기 때문에 현지조사방법론이 중요하게 여겨지고 있으며, 현지의 자료를 체계화하는 과정에서 필요로 하는 이론적인 틀을 마련하기 위하여 민속학의 이론이 다루어져야만 하는 것이다. 영국민속학에서 볼 수 있는 이러한 연구방향을 살펴보면 다음과 같다.

먼저 현지조사(fieldwork)에 관련된 여러 가지 측면의 논문이 있다. 예를 들어서 브론너(Bronner, 1988b)는 현지조사 그 자체에 대하여 민속학적인 가치와 역할에 대하여 소개하고 있으며, 비숍(Bishop, 1988)은 민속학적인 현지조사에서 만들어지는 예비의 참고문헌 일람표에 대하여 기술하고 있다. 또한 러셀(Russell, 1988)은 더비셔(Derbyshire) 지역의 윈스터(Winster)에서 자료제공자와의 대화과정을 예시하면서 현지조사에서 경험할 수 있는 여러 가지 문제점에 대하여 설명하고 있다. 이와 유사하게 버크란드(Buckland, 1988)는 과거와 현재의 관점에서 춤에 관한 자료를 수집하는 과정을 제시하면서 이러한 형태의 현지조사를 할 때 봉착할 수 있는 문제점을 설명하고 있다. 한편 콘웰과 게링(Cornwell and Gearing, 1988)은 나이든 사람들과 일대기적인 인터뷰를 하는 효과적인 방법을 모색하고 있다.

한편 민속학적인 현지조사(fieldwork)와 관련해서 민속조사자가 가져야할 마음자세와 입장 등을 연구한 논문도 있다. 즉 람차란(Ramcharan, 1988)은 현지조사와 관련해서 참여관찰(participant observation)을 할 때 민속조사자가 가져야할 윤리(ethics)에 대하여 많은 강조를 하고 있다. 다시 말해서 민속조사자가 현지조사에서 얻어지는 자료를 이론과 접목시키는 과정에서 현지의 실제적인 실행과 이론을 어떻게 조화를 유지시키는가 하는 것의 문제이다. 또한 스테인(Stein, 1990)은 정치적인 주제에 관한 민속학적인 연구에서 민속학자가 가질 수 있는 두려움과 실망에 대하여 기술하고 있다.

또한 민속학의 이론과 학계의 연구동향에 대한 논문도 제법 눈에 들어

온다. 예를 들어서, 사윈(Sawin, 1988)은 1986년 미국민속학회에서 특별히 기획한 민속학과 페미니스트 이론에 관한 연구계획을 소개하고 있으며, 세가런(Segalen, 1989) 프랑스 민족학(ethnology)의 최근 동향을 요약해서 정리하고 있다. 또한 심슨(Simpson, 1989)은 1950년대 이후 민속학에서 민속의 경향에 대하여 기술하고 있으며, 슈그루(Sughrue, 1988)는 민속문화를 다룰 때 흔히 등장하는 '전통(tradition)'과 '재생(revival)'을 대비하면서 이론적인 분석을 시도하였다. 덧붙여서 보에스(Boyes, 1990)는 민속학자 엘리스 곰 (Alice Gomme, 1852~1938)의 연구업적을 재평가하기도 하였다.

3. 한국민속학의 발전을 위하여

영국민속학이 국내에 소개되기 시작한 것은 1930년대 송석하에 의해서 인데, 그러한 노력에도 불구하고 최근까지 한국민속학계에서 영국민속학 은 잘 소개되지 않은 것도 사실이다. 세계민속학계에 한국민속학의 위상 을 확고히 하기 위해서는 좀 더 다양한 민속학의 동향과 접근방법을 파악 해야만 한다. 아마도 1980년대 영국민속학의 동향도 이러한 한 범주로 포 함시킬 수 있는 것이다.

필자는 1980년대 영국민속학의 동향을 고찰하기 위하여 1989년 영국민 속학회에서 발간한 자료집에 나오는 약 30여종의 민속학관련 학술지에 실 린 1980년부터 1990년대 초반까지의 논문을 꼼꼼하게 분석하여 비교적 많은 빈도수를 차지하는 열 개의 주제를 선별하였다. 예를 들어서 분류한 주제의 구체적인 예는 전설과 민담, 민속예술, 민속언어, 어린이들의 민속, 다른 민족의 민속, 구술사와 지역의 전통 및 관습, 물질민속, 민간신앙 및 민음, 현대 및 도시민속학, 민속학의 이론 및 현지조사 방법론 등이다. 이 중에서도 1980년대 영국민속학의 주요한 연구분야는 다음과 같은 세 가지 분야에 많은 관심이 집중되어 있음을 알 수 있다. 즉 다른 민족의 민속, 구술사와 지역의 전통 및 관습, 그리고 민속학의 이론 및 현지조사 방법론 등이다. 또한 1980년대 영국민속학에서는 어린이의 민속, 민속예술, 물질민속, 현대 및 도시민속 등에도 관심이 많았음을 알 수 있다.

필자가 이상에서 살펴본 1980년대 영국민속학의 동향은 하나의 시론에 불과하다. 다시 말해서 영국민속학의 최근 흐름을 대충이라도 파악하기 위하여 부분적인 자료를 검토하여 정리한 것이다. 한국 민속학의 발전을 위해서는 우선 세계의 다양한 민속학의 동향을 알고 있어야 한다. 특히 유럽의 민속학에 대하여 좀 더 많은 관심을 가지게 된다면 국내 민속학의 이론과 현장에 대한 새로운 방향을 가늠해 볼 수 있는 좀 더 넓은 눈을 가질 수 있다. 특히 영국민속학의 관심분야와 연구방향은 한국민속학의 새로운 방향 모색에도 조금의 기여를 할 수 있기 때문에 앞으로 좀 더 많은 연구의 필요성이 강조된다고 하겠다.

고재환, 『제주속담사전』, 민속원, 2002.

구미래, 『한국인의 상징세계』, 교보문고, 2000.

국립문화재연구소, 『중국 한인동포의 민속』, 국립문화재연구소, 2002(예정).

국립민속박물관, 『중국 길림성 한인동포의 생활문화』, 국립민속박물관, 1996.

___________, 『중국 요녕성 한인동포의 생활문화』, 국립민속박물관, 1997.

___________, 『중국 흑룡강성 한인동포의 생활문화』, 국립민속박물관, 1998.

___________, 『까자흐스딴 한인동포의 생활문화』, 국립민속박물관, 2000.

김계곤, 『경기도 사투리 연구』, 박이정, 2001.

김기형, 「속담, 수수께기의 이해」, 강등학 외, 『한국 구비문학의 이해』, 월인, 2000.

김내창, 『조선풍속사』, 평양 사회과학출판사, 1992.

김동욱 외 공저, 『한국민속학』, 새문사, 1988.

김명자, 「세시풍속과 민속신앙」, 김기덕 외 공저, 『한국전통문화론』, 북코리아, 2006.

김부식, 이병도 역주, 『삼국사기』, 을유문화사, 1983.

김　상 편저, 『조선민족의 성씨와 본』, 연변인민출판사, 1993.

김선섭, 『달력 속에서 만나는 숨은 우리날 찾기』, 씨앤드씨그룹, 2000.

김선풍 외, 『민속문학이란 무엇인가?』, 집문당, 1993.

김선풍, 「미국 민속학계의 동향과 방법」, 『관내논문집』, 12집, 관동대학교, 1984.

_____, 리용득 편저, 『속담이야기』, 국학자료원, 1993.

_____, 「한국민속놀이론」, 임동권 외, 『민속놀이론』, 민속원, 1997.

_____, 김경남 공저, 『강릉단오제연구』, 보고사, 1998.

_____, 「단오의 민속학적 성격」, 『경산문화연구』 제5집, 경산대학교 경산문화연구소, 2000a.

_____, 「몽골 현장답사기」, 『한몽수교 10주년의 회고와 전망』, 한국몽골학회, 2000b.

김성배 엮음, 『한국수수께끼사전』, 집문당, 1973.

김성배, 『한국수수께끼사전』, 집문당, 1988.

김연갑, 『북한아리랑연구』, 청송, 2002.

김영진, 「세시풍속 : 가을」, 고려대 민족문화연구원 편, 『한국민속의 세계』, 5권, 고대 민족문화연구원, 2001.

김영철 엮음, 『조선말속담분류사전』, 연변인민출판사, 1998.

김의숙, 전상국 편저, 『강원전통문화총서 : 민속』, 국학자료원, 1997.

김종대, 「개의 민속과 상징」, 김선풍 외, 『민속학적으로 본 열두 띠 이야기』, 집문당, 1995.

김주석 외 편, 『경주 속담 말 사전』, 한국문화사, 2001.

김창덕, 「우리말과 글의 순결성」, 『장백산』, 4월 호, 2000.

김택규, 「일본민속학의 형성과 그 성격」, 성병희·임재해 편, 『한국민속학의 과제와 방법』, 정음사, 1986.

김홍우, 『한국의 놀이와 축제』, 집문당, 2002.

나경수 편저, 『민속조사방법론』, 전남대 출판부, 1998.

남근우, 「민속의 문화재화와 관광화」, 『한국민속학』 43집, 한국민속학회, 2006.

도립번(陶立璠) 저, 김종식 역, 『중국민속학의 이해』, 집문당, 1997.

도유호 외, 『북한 학자가 쓴 조선의 민속놀이』, 푸른숲, 1999.

류정아, 『축제인류학』, 살림, 2003.

리제오, 『조선민속학』, 길일성종합대학출판사, 1989.

박용순 편, 『수수께끼집』, 평양 과학, 백과사전출판사, 1986.

박환영, 「경제적인 측면에서 본 현대 몽골의 실제적인 친족과 네트워크」, 『역사민속학』 제8호, 한국역사민속학회, 1998.

______, 「사회·경제적인 측면에서 본 현대 몽골의 가족과 민속에 대한 일 고찰」, 『한국문화인류학』 제33집 2호, 2000a.

______, 「히말라야의 평화스러운 나라」, 『考古와 民俗』 제3집, 한남대박물관, 2000b.

______, 「몽골의 야스(뼈)와 초스(피)」, 『비교문화연구』, 서울대 비교문화연구소, 제7집 (1호), 2001a.

______, 「현대 부탄(Bhutan)의 민속에 대하여」, 『아시아 문화 아시아 음악』 제1집, 아시아음악학회, 2001b.

______, 「현대 부탄(Bhutan)의 불교축제(Tshechu)에 대하여」, 『중앙민속학』 제9호, 중앙대 한국민속학연구소, 2001c.

______, 『부탄의 문화민속 엿보기』, 민속원, 2001d.

______, 「도시와 민속의 현장 : 경기지역의 축제를 중심으로」, 『한국문화연구』 6호, 경희대 민속학연구소, 2002a.

______, 「몽골과 한국의 민속학적 동질성」, 『민족발전연구』 제6호, 중앙대학교 민족발전연구원, 2002.b

______, 「사회공동체를 통한 민속보기」, 김선풍 외, 『우리민속학의 이해』, 월인, 2002c.

______, 「몽골의 속담과 수수께끼에 대한 일 고찰」, 『제2차 중앙아시아 한국학회 발표논문집』, 중앙아시아 한국학회, 2002d.

______, 「통일민속학 : 한민족 문화공동체」, 『제8회 조국통일에 관한 국제학술토론회 발표논문집』, 한반도통일연구회, 2002e.

______, 「민속학과 민속의 현장」, 실천민속학회 편, 『민속문화의 자료와 현장』, 집문당, 2003a.

______, 「속담과 수수께끼 속에 보이는 가족과 친족의 민속학적 연구」, 『강원민속학』 17집, 강원도민속학회, 2003b.

______, 「부탄의 불교축제 속의 종교적인 춤과 가면에 대한 민속학적인 연구」, 『세계무형문화유산과 민속예술』, 국학자료원, 2004.

______, 『도시민속학』, 역락, 2006a.

______, 「도시생활 속의 세시풍속」, 『중앙민속학』 11호, 중앙대 한국문화유산연구소, 2006b.

______, 「통일민속학시론」, 『중앙민속학』 제12집, 중앙대학교 한국문화유산연구소, 2007a.

______, 「몽골의 나담축제와 유래담 고찰」, 『구비문학연구』 24집, 한국구비문학회, 2007b.

반 겐넵 저, 전경수 옮김, 『통과의례 : 태어나면서 죽은 후까지』, 을유문화사, 2000.

비교민속학회 편, 『민속과 환경』, 민속원, 2002.

上野和男 外, 《民俗調査》, 吉川弘文館, 1987.

생티브 저, 심우성 역, 『민속학개론』, 대광문화사, 1995.

선희창 편, 『조선의 민속』, 평양 사회과학출판사, 1991.

성병희, 「단오민속의 현대적 의의」, 『경산문화연구』 제6집, 경산대학교 경산문화연구소, 2002.

손인수, 『한국인의 교육 세시풍속』, 문음사, 1991.

손진태 저, 김헌선 외 역, 『한국 민화에 대하여』, 역락, 2000.

손진태, 『민속학논고』, 대광문화사, 1984.

송석하, 『한국민속고』, 일신사, 1960.

송재선 엮음, 『농어속담사전』, 동문선, 1995a.

송재선 편, 『여성속담사전』, 동문선, 1995b.

송재선, 『상말속담사전』, 동문선, 1996.

______, 『동물속담사전』, 동문선, 1997a.

______, 『주색잡기속담사전』, 동문선, 1997b.

______, 『돈 속담사전』, 동문선, 1998a.

______, 『음식속담사전』, 동문선, 1998b.

신용철, 「중국 조선족의 문화와 남북한의 문화적 통합」, 『민족발전연구』 제5호, 중앙대
　　학교 민족발전연구원, 2001.

심우성, 『한국의 민속놀이』, 삼일각, 1975.

심재기, 「속담의 종합적 검토」, 이승재 외 편저, 『한국어와 한국문화』, 새문사, 1999.

연변사회과학원 언어연구소 편, 『섞갈리기 쉬운 조선말 사전』, 흑룡강조선민족출판사,
　　1999.

원영섭 엮음, 『우리속담사전』, 세창미디어, 1993.

유영대, 「충청남도의 세시풍속」, 『한국의 세시풍속 I』, 국립민속박물관, 1997.

유종현, 『아프리카의 부족과 문화』, 금광, 2000.

윤동환, 「동해안 무당의 대중가요 수용」, 실천민속학회 편, 『민속문화가 외래문화를 만
　　나다』, 집문당, 2003.

이강로, 『세시풍속과 민속놀이』, 세종대왕기념사업회, 1974.

이광규, 『가족과 친족』, 일조각, 1992.

______, 『재외동포』, 서울대출판부, 2000.

이기문 편, 『改正版 俗談辭典』, 一潮閣, 1997.

이기문 편, 『속담사전』, 일조각, 1962.

이두현 외 공저, 『한국민속학개설』, 일조각, 1991.

이두현, 「영미의 민속학」, 성병희, 임재해 편저, 『한국민속학의 과제와 방법』, 정음사,
　　1986.

______, 「한국축제의 향방: 역사민속학적 고찰」, 이상일 엮음, 『놀이문화와 축제』, 성균
　　관대학교 출판부, 1996.

이명규, 『서울·경기지역의 지명 및 방언』, 한국문화사, 2000.

이상일, 「유럽의 민속학」, 성병희, 임재해 편저, 『한국민속학의 과제와 방법』, 정음사,
　　1986 .

이상현, 「18세기와 19세기의 독일민속학」, 『비교민속학』 제17집, 비교민속학회, 1999.

李石來 校註, 『風俗歌詞集: 漢陽歌·農家月令歌』, 新丘文化社, 1974.

이승수, 『새로운 축제의 창조와 전통축제의 변용』, 민속원, 2003.

이우영, 『기지시줄다리기』, 집문당, 1986.

이익섭, 『방언학』, 민음사, 1987.

이인화, 「기지시줄다리기」, 김선풍 외, 『한국축제의 이론과 현장』, 월인, 2000.

______, 「기지시줄다리기의 재조명」, 『당진비젼』 21, 당진지역사회연구소, 2001.

이재철, 『한·일 양국의 민속줄다리기에 관한 고찰』, 한서대학교 교육대학원 석사학위 논문, 2003.

이정재, 「민속과 민속학」, 최운식 외 공저, 『한국 민속학 개론』, 민속원, 1998.

______, 「북한의 민속 연구사 검토」, 『춘계학술대회 발표논문집』, 경희대학교 민속학연구소, 2002.

______, 『지역민속연구』, 경희대학교출판부, 2004.

이창식, 『전통문화와 문화콘텐츠』, 역락, 2006.

인권환, 『한국민속학사』, 열화당. 1978.

______, 「충청남도 당진군편」, 『한국구비문학대계』 4-1, 한국정신문화연구원, 1980.

일연, 최호 역해, 『삼국유사』, 홍신문화사, 1991.

임기중 역주 / 해설, 유만공 원저, 『우리 세시풍속의 노래』, 집문당, 1993.

임도준, 『조선의 민속전통 : 민속명절과 놀이』 5, 과학백과사전종합출판사, 1994.

임동권, 『한국 세시풍속』, 서문당, 1973.

______, 「세시풍속 및 놀이」, 『한국민속종합조사보고서』, 충청남도편, 문화공보부 문화재관리국, 1975.

______, 『한국세시풍속연구』, 집문당, 1985.

임동권 외, 『세시풍속』, 한국문화재보호재단, 2000.

임재해, 『민속문화론』, 문학과 지성사, 1986.

______, 『한국 민속과 오늘의 문화』, 지식산업사, 1994.

______, 「민속문화와 외래문화가 만나는 다양한 실상과 그 포착」, 실천민속학회 편, 『민속문화가 외래문화를 만나다』, 집문당, 2003.

장덕순 외, 『구비문학개설』, 일조각, 1971.

장정룡, 『강원도 민속연구』, 국학자료원, 2002a.

______, 「강릉가면극 등장인물과 상징」, 장정룡 외, 『아시아의 단오민속』, 국학자료원, 2002b.

장철수, 「대보름」, 임동권 외, 『세시풍속』, 한국문화재보호재단, 2000a.

______, 『한국민속학의 체계적 접근』, 민속원, 2000b.

장홍권, 『일반사회언어학』, 요녕민족출판사, 2000.

전경수, 『문화의 이해』, 일지사, 1996.

______, 『문화시대의 문화학』, 일지사, 2000.

정연학, 「문에 나타난 한국문화의 상징성」, 홍순석 외 공저, 『전통문화의 상징 1』, 강남
    대학교출판부, 2001.
정태혁 외, 『북한불교답사기』, 민족사, 1994.
주강현, 『북한민속학사』, 이론과 실천, 1991.
______, 『한국민속학 연구방법론 비판』, 민속원, 1999a.
______, 『북한의 민속생활 풍습』, 민속원, 1999b.
______, 『북한의 우리식 문화』, 당대, 2000.
줄리아 크레인, 마이클 앙그로시노 공저, 한경구, 김성례 공역, 『문화인류학 현지조사방
    법』, 일조각, 1997.
천진기, 『한국동물민속론』, 민속원, 2003.
청주시지 편찬위원회 편, 『청주시지』, 청주시, 1961.
최상수, 『한국민속놀이의 연구』, 성문각, 1985.
______, 『한국민속학개설』, 성문각, 1988.
최인학 외 공저, 『일본민속학의 이해』, 시사일본어사, 1997.
최인학 외 공저, 『한국민속학 새로 읽기』, 민속원, 2001.
최창렬, 『우리속담연구』, 일지사, 1999.
최창호 편, 『중국조선어문』, 길림성 민족사무위원회 1998.
편무영, 「해방 전 평양의 단오」, 장정룡 외 공저, 『아시아의 단오 민속』, 국학자료원,
    2002.
한국민속학회 엮음, 『한국속담집』, 서문당, 1996.
허용봉 편, 『우리말 우리글』, 민족출판사, 1992.
홍기문, 「돌팔매놀이」, 도유호 외 공저, 『북한 학자가 쓴 조선의 민속놀이』, 푸른숲,
    1999.
홍석모 저, 최대림 역해, 『동국세시기』, 홍신문화사, 1989.
황루시, 『진도씻김굿』, 화산문화, 2001.

Adams, J. R, 'Children's Games in County Down a Century Ago', Ulster Folklife 37,
    1991.
Armington, S, Bhutan , London : Lonely Planet, 1998.
Ashman, Gordon, 'Custom in Conflict : The Morris Dance in the Shrewsbury and
    Ironbridge Area of Shropshire', Traditional Dance 5/6, 1988.
Austin, Roger, 「Playground Culture in Northern Ireland」, Ulster Folklife 35, 1989.

Ball, Eric, 'In a Manner of Speaking : A Sidelight on the Wiltshire Dialect', Wiltshire Folklife 20, 1990.

Basilov, V. N, 'New Data on Uzbek Shamanism', International Folklore Review 6, 1988.

Bennett, Gillian and Smith, Paul, 'Introduction to Contemporary Legend : Notes and Select Bibliography', Reading Folklore 3, 1989.

Bennett, Gillian, 'Are Legends Narratives?', Talking Foklore 6, 1989.

Billington, Sandra, 'Butchers and Fishmongers : Their Historical Contributions to London's Festivity', Folklore 101:1, 1990.

Bishop, Julia, 'Preliminary Bibliography of Folklore Fieldwork', Talking Folklore 5, 1988.

Bloch , M, Prey into Hunter : The politics of Religious Experience, 1992.

Boswell, Pru, 'Trends in Morris Dancing on the Lancashire Plain from 1890', Traditional dance 5/6, 1988.

Bowman, Marion, 'Travellers' Tales and Malleable Migration Legends', Folklore 101:2, 1990.

Boyes, Georgina, 'Alice Bertha Gomme(1852~1938) : A Reassessment of the Work of a Folklorist', Folklore 101:2, 1990.

Brauen, M, 'A Village in Central Bhutan' in Christian Schicklgruber & Francoise Pommaret (eds.) Bhutan-Mountain Fortress of the Gods (Vienna : Museum für Völkerkunde), 1997.

Bronner, Simon, 'Use of Folklore in the Shaping of American Ideology, 1880-1900', International Folklore Review 6, 1988a.

______, 'Talking Fieldwork', Talking Folklore 5, 1988b.

______, 'Children's Folklore as an Adaptation to Aging', Talking Folklore 7, 1989.

Buckland, Theresa, 'Problems in Fieldwork : Documenting a Processional Dance from Past and Present Perspectives', Traditional Dance 5/6, 1988.

Burne, Charlotte Sophia, The Handbook of Folklore : Traditional Beliefs, Practices, Customs, Stories And Sayings, London: Senate, 1913.

Butters, C, 'Introduction' , in Chris Butters and Sigmund K. Saetreng(eds.) The Treasure Revealer of Bhutan (Kathmandu : EMR), 1995.

Caldwell, Donald, 'Use and Effect of Weapons : The Scottish Experience', Review of

Scottish Culture 4, 1988.

Cambridge : Cambridge University Press.

Chandler, John, 'Wiltshire Dialect', Wiltshire Folklife 16, 1988.

Charsley, Simon, 'Wedding Cake : History and Meanings', Folklore 99 : 2, 1988.

Choe, S-S, Annual Customs of Korea, Seomun-dang, 1983.

Clark, Chris, 'An Oral History of Jazz in Britain', Oral History 18 : 1, 1990.

Cornwell, Jocelyn and Gearing, Brian, 'Biographical Interviews with Older People', Oral History 17 : 1, 1988.

Cowan, Michael, 'Wiltshire Ice Houses', Wiltshire Folklife 22, 1991.

Cross, Don, 'Wiltshire Road Sign', Wiltshire Folklife 21, 1990.

Delaney, James, 'The Cock in Irish Tradition, With Special Reference to the Midlands', Lore & Language 9 : 1, 1990.

Dorji, C.T, History of Bhutan Based on Buddhism, Delhi : Prominent, 1994.

Dorson, Richard, History of British Folklore, vol. 1 & 2, Routledge & Kegan Paul Limited, 1968.

Douglas, M, Purity and Danger : An analysis of the Concepts of Pollution and Taboo, London and New York : Routledge, 1996.

Eberly, Susan, 'Fairies and the Folklore of Disability : Changelings, Hybrid and the Solitary Fairy', Folklore 99 : 1, 1988.

Ellwood, Sheelagh, 'Oral History and Spanish Fascism', Oral History 16 : 2, 1988.

Evans-Pritchard, E, The Nuer, Oxford University Press, 1969.

Eveleigh, D, 'The English Tradition of Open-Fire Roasting', Folk Life 29, 1991.

Fletcher, J. S, 'Deaths and Funerals in Yorkshire, 1870s', Folklore Miscellany 1, 1989.

Foley, Catherine, 'Irish Traditional Step-Dance in Cork', Traditional Dance 5/6, 1988.

Forrest, John, 'Who Calls the Tune? New Methods for Exploring the Relationships Between Dances and their Music', Folk Music Journal 5 : 4, 1988.

Frizzel, Helen, 'A New Zealander's View of Oral History in Britain', Oral History 19 : 1, 1991.

Gammon, Vic, 'Singing and Popular Funeral Practices in the 18th and 19th Centuries', Folk Music Journal 5 : 4, 1988.

Garrad, Larch, 'Making and Use of Rag Rugs in the Isle of Man', Folk Life 27, 1989.

Geertz, C, The Interpretation of Cultures, New York : Basic Books, 1973.

Gibson, John, 'Language About God in the Old Testament', Cosmos 5, 1989.

Gilberg, R and J. Savantesson, 'The Mongols, Their Land and History', in O. Bruun and O. Odgaard(eds.) Mongolia in Transition : Old Patterns and New Challenges, Curzon, 1996.

Giollain, Diarmuid, 'Perspectives in the Study of Folk-Religion', Ulster Folklife 36, 1990.

Grambo, Ronald, 'Problems of Fatalism', Folklore 99 : 1, 1988.

Gudeman, 'Spiritual Relationships and Selecting a Godparent', Man, Vol 10, no.2, 1975.

Gudeman, S, 'The Compadrazgo as a Reflestion of the Natural and Spiritual Person', Proceeding of the Royal Anthropological Institute for 1971, 1972.

Gwyndaf, Robin, 'Welsh Folk Narrative Tradition : Continuity and Adaptation', Folk Life 26, 1988.

Harrison, Mary, 'Domestic Service Between the Wars : The Experience of Two Rural Women', Oral History 16 : 1, 1988.

Hendry, Joy, 'Children's Contests in Japan', Cosmos 6, 1990.

Hilda, Davidson, 'Myths and Symbols in Religion and Folklore', Folklore 100:2, 1989.

Holmes, Janet, An Introduction to Sociolinguistics, Longman, 1992.

Howie, J. G, 'Greek Polytheism', Cosmos 5, 1989.

Howkins, Alun and Merricks, Michael, 'The ploughboy and the Plough Play', Folk Music Journal 6 : 2, 1991.

Humphrey, C, 'Inside a Mongolian tent', New Society, 31 October, 1974.

Humphrey, C, 'Barter and Economic Disintegration', Man, Vol.20, no.1, 1985.

Humphrey, Caroline, 'Women, taboo and the suppression of attention', in Adenei Shirely(ed.) Defining Females : the Nature of Women in Society, Croom Helm, 1978.

Hymes, Dell, Foundations in sociolinguistics : an ethnographic approach, University of Pennsylvania Press, 1974.

Hyslop, David and Jemima, Sheila, 'The Titanic and Southampton : The Oral Evidence', Oral History 19 : 1, 1991.

Kolenhmainen, Alfred, 'Wooden Locks from Finland', Review of Scottish Culture 4, 1988.

Larner, Christina, Witchcraft and Religion : the Politics of Popular Belief, Oxford : Basil

Blackwell, 1985.

Lee, Kwang-Kyu, Overseas Koreans, Jimoondang Publishing Company, 2000.

Lee, Mun-Woong, Rural North Korea under Communism : A Study of Sociocultural Change, Rice University Studies, vol. 62, no. 1, 1976.

Ljungstrom, Asa, 'Craft Artefacts : Keys to the Past : Narrative from a Craft Documentation Project in Sweden', Folk Life 28, 1990.

Lovelace, Martin, 'Life History of a Dorset Folk Healer', Talking Folklore 8, 1990.

Lowry, Kathryn, 'Between Speech and Song : Singing Contests at Northwest China Festivals', Cosmos 6, 1990.

MacDonald, Colin, 'Games in the Scottish Hishlands in the Late 19th Century', FLS Children's Folklore Newsletter 5, 1991.

Macfarlane, Alan, Witchcraftin Tudor and Stuart England : A Regional and Comparative Study, London: Routledge, 1970.

Manungo, Ken and Peet, Stephen, 'We have a Tradition of Storytelling : Oral History in Zimbabwe', Oral History 16:2, 1988.

Mayhew, Horace, 'Guy Fawkes Night', Folklore Miscellany 1, 1989.

Ministry for Health and Education, A History of Bhutan-15th to 19th century, Thimphu, 1994.

Ministry for Trade and Industry, Bhutan-Land of the Thunder Dragon, Thimphu, 1998.

Monger, George, 'Car Boot Sales', Folk Life 29, 1991.

Moore-Colyer, R, 'Blacksmiths, Farriers and Horses in Wales', Folk Life 29, 1991.

Morgan, James, 'Two Children's Games from Wales', FLS Children's Folklore Newsletter 5, 1991.

Moses, Larry, 'Epic Themes in 『The Secret History of the Mongols』', Folklore 99:2, 1988.

Neilands, Colin, 'Irish Broadside Ballads: Performers and Performances', Folk Music Journal 6 : 2, 1991.

Nielsen, Erik, 'Children's Folklore in Denmark', FLS Children's Folklore Newsletter 5, 1991

Nolan, 'Death is a Family Affair', Folk Life 29, 1991.

Nolan, Peter, 'Folk Medicine in Rural Ireland', Folk Life 27, 1989.

Nwachukwu-Agbada, J. O, 'Nigerian Pidgin Proverbs', Lore & Language 9 : 1, 1990.

Nyambuu, U, Hamgiin erhem yeson(The most important customs), Ulaanbaatar, 1991.

O'Neill, Rosemary, 'Irish Traditional Dance in the 20th Century', Traditional Dance 5/6, 1988.

Ojoade, Olowo, 'Proverbial Evidence of African Legal Customs', International Folklore Review 6, 1988.

Onon, U, The History and the Life of Chinggis Khan(The Secret History of the Mongols), Leiden : E. J. Brill, 1990.

Pannett, David, 'Fish Weirs of the River Severn', Folk Life 26, 1988.

Park, Hwan-Young, Kinship in Post-Socialist Mongolia : Its Revival and Reinvention, Ph.D thesis, Cambridge University, 1997.

Park, H-Y, 'Lo spazio domestico : La tenda(ger) come centro delle relazioni sociali e di genere nella Mongolia post socialista'(The tent(ger) as a focus for gender and social networks in post-socialist rural Mongolia), la ricerca folklorica, vol. 40, 1999.

Percy, Christine and Triggs, Teal, 'The Crafts and Non-Verbal Learning', Oral History 18 : 2, 1990.

Perez, Josep, 'Encountering the Irrational : Some Reflections on Folk Healers', Folklore 99 : 2, 1988.

Perks, Robert, 'By Train to Samarkand : A View of Oral History in the Soviet Union', Oral History 19 : 1, 1991.

Ramcharan, Paul, 'Accomplishment of Ethics in Practical Action : A Reconciliation of Theory and Practice? The Case of Participant Observation', Talking Folklore 5, 1988.

Robertson, Una, 'Pigeons as a Source of Food in 18th Century Scotland', Review of Scottish Culture 4, 1988.

Robinson, 'The Use of the Term 『Clachan』 in Ulster', Ulster Folklife 37, 1991.

Robinson, Philip, 'Scots Language in 17th Century Ulster', Ulster Folklife 35, 1989.

Roldan, Arturo Alvarez, 'Malinowski and the origins of the ethnographic method', in Han F. Vermeulen and Arturo Alvarez Roldan(eds.) Fieldwork and Footnotes, Routledge, 1995.

Rolston, Bill, 'Belfast Republicanism in the Thirties : The Oral Evidence', Oral History 16 : 2, 1988.

Roud, Steve and Smith, Paul, Current Contents in Folklore, No.1, London : Folklore Society, 1989a.

Roud, Current Contents in Folklore, No. 2, London : Folklore Society, 1989b.

Roud, Current Contents in Folklore, No. 3, London : Folklore Society, 1990a.

Roud, Current Contents in Folklore, No. 4, London : Folklore Society, 1990b.

Roud, Current Contents in Folklore, No. 5, London : Folklore Society, 1991a.

Roud, Current Contents in Folklore, No. 6, London : Folklore Society, 1991b.

Rowbottom, Ann, 'We Should be in the Right Mood After This! : A Victorian Christmas, 1989', Talking Folklore 10, 1990.

Russell, Ian, 'Problems in Fieldwork: A Discussion of Work in Progress at Winster in Derbyshire', Traditional Dance 5/6, 1988.

Salzmann, Zdenek, Language, Culture and Society-An Introduction to Linguistic Anthropology, Westview, 1993.

Sawin, Patricia, 'Folklore and Feminist Theory Special Program at the American Folklore Society 1986', Talking Folklore 1 : 4, 1988.

Schrover, Marlou, 'Memory and Identity of Dutch Caravan Dwellers', Oral History 18:1, 1990.

Segalen, Martine, 'Current Trends in French Ethnology', Folk Life 27, 1989.

Sharma, D. L, 'Different Paths to the Hindu Concept of Salvation', Cosmos 6, 1990.

Shenhar, Aliza, 'Israeli Folklore Under Condition of Stress', International Folklore Review 6, 1988.

Sheridan, Dorothy, 'Ambivalent Memories : Women and the 1939~45 War in Britain', Oral History 18:1, 1990.

Simpson, 'Some Irregular Burial Customs', Talking Folklore 9, 1990.

________, 'Be Bold, But Not Too Bold : Female Courage in Some British and Scandinavian Legends', Folklore 102 : 1, 1991.

Simpson, Jacqueline, 'Folklore in 『Folklore』 : Trends since 1959', Folklore 100 : 1, 1989.

Smith, Alan, 'Children's Games and Rhymes Collected by Alan Smith in East London/Essex in the 1950s', FLS Children's Folklore Newsletter 5, 1991.

Smith, J. B, 'Mud-Shoes, Mud-Sledges and Related Equipment in Southern England', Folk Life 29, 1991.

Stein, Mary, 'Fear and Frustration : A Fieldworker's Account of Research on a Political Topic', Talking Folklore 8, 1990.

Sughrue, Cynthia, 'Some Thoughts on the 『Tradition』 Versus 『Revival』 Debate', Traditional Dance 5/6, 1988.

Taylor, A, An Annoted Collection of Mongolian Riddles, The American Philosophical Society, 1954.

Thompson, Willie, 'British Communists on the War 1939~1941', Oral History 16 : 2, 1988.

Tibbott, Minwel, 'Going Electric : The Changing Face of the Rural Kitchen in Wales', Folk Life 28, 1990.

Trethowan, H. M, 'Farming in South Wiltshire 1920-1940', Wiltshire Folklife 20, 1990.

Trompf, Garry, 'Western Folktales in Changing Melanesia', Folklore 99 : 2, 1988.

Trudgill, Peter, Sociolinguistics-An Introduction to Language and Society, Penguin Books, 1988.

Vukanovic, 'Witchcraft in the Central Balkans 1 : Characteristics of Witches', Folklore 100:1, 1989a.

________, 'Witchcraft in the Central Balkans 2 : Protection Against Witches', Folklore 100:2, 1989b.

Walker, Penelope, 'Bee Boles and Past Beekeeping in Scotland', Review of Scottish Culture 4, 1988.

Wardhaugh, Ronald, An Introduction to Sociolinguistics, Blackwell, 1992.

Wasilewski, J, 'Space in nomadic cultures : A spatial analysis of the Mongol yurts', Altaica, vol. 9, 1976.

Watson, Mervyn, 'Standardisation of Farming Practice : The Case of the Large White Ulster Pig', Ulster Folklife 34, 1988.

Widdowson, J. D, 'Language and Folklore: A National Resource', Folklore 101 : 2, 1990.

Williams, 'An Irish Threshing Proverb', Folk Life 28, 1990.

Williams, Fionnaula, 'Triads and Other Enumerative Proverbs from South Ulster', Ulster Folklife 34, 1988.

Yang, Jongsung, 'Korean Shamanism : The Training Process of Charismatic Mudang', Folklore Forum 21 : 1, 1988.

찾아보기

ㄱ

저자 박환영(朴奐榮, Hwan-Young Park)

1965년 부산 출생.
중앙대학교 국어국문학과 졸업.
영국 리즈(Leeds) 대학교 몽골학 석사.
영국 케임브리지(Cambridge) 대학교 사회인류학 석사.
영국 케임브리지(Cambridge) 대학교 사회인류학 박사.
(현재) 중앙대학교 민속학과 교수, 중앙대학교 국제교류부장, 한국민속학회 이사, 비교민속학회 이사, 한국몽골학회 이사, 한국문화인류학회 연구위원.

저서 『도시민속학』, 『부탄의 문화민속 엿보기』, 『몽골의 유목문화와 민속 읽기』, 『우리 민속학의 이해』(공저), 『한국 축제의 이론과 현장』(공저), 『민속문화의 자료와 현장』(공저), 『세계 무형문화 유산과 민속예술』(공저), 『아시아인의 축제와 삶』(공저), 『마을민속 비교 어떻게 할 것인가』(공저), 『언어와 사회』(공저), 『동아시아의 祖上』(공저), 『東アジアの民俗と環境』(공저), *The Greenwood Encyclopedia of World Folklore and Folklife*(공저).

논문 「도시와 민속의 현장」, 「도시생활 속의 세시풍속」, 「민속학과 민속의 현장」, 「경기지역의 축제」, 「속담과 수수께끼에 나타난 한국인의 환경관」, 「속담과 수수께끼 속에 보이는 가족과 친족의 민속학적 연구」, 「한국과 몽골의 민속학적 동질성」, 「한국과 몽골의 색깔상징 연구」, 「한·몽 주거공간의 비교민속학적 고찰」, 「몽골의 나담축제와 유래담 고찰」, 「민속조사와 인터뷰」, 「"왕꽃선녀님"의 드라마 소재와 구성의 학문적 적확성 고찰」, 「통일민속학 : 한민족 문화공동체」, 「영국의 도시민속학 경향에 대한 연구」, 「1980년대 영국민속학의 동향에 관한 연구」, 'Comparative Study between Korean and Japanese Burial Customs' 외 다수.

한국민속학의 새로운 지평

New Horizons of Korean Folkloristics

초판 인쇄 2007년 12월 4일
초판 발행 2007년 12월 14일

지은이 박환영
펴낸이 이대현
편 집 이소희
펴낸곳 도서출판 역락
　　　서울 서초구 반포4동 577-25 문창빌딩 2층
　　　전화 3409-2058, 3409-2060 | FAX 3409-2059
　　　이메일 youkrack@hanmail.net
　　　홈페이지 http://www.youkrack.co.kr
　　　등록 1999년 4월 19일 제303-2002-000014호
ISBN 978-89-5556-580-5 93380

정 가 12,000원

* 잘못된 책은 교환해 드립니다.